Johannes Berchmans Göschl

DAS KIRCHENJAHR IM GREGORIANISCHEN CHORAL

Die Messgesänge aller Sonn- und höchsten Festtage

Johannes Berchmans Göschl

DAS KIRCHENJAHR IM GREGORIANISCHEN CHORAL

Die Messgesänge aller Sonn- und höchsten Festtage

eos

Umschlagsbild:
Miniatur aus dem Graduale von St. Katharinental, fol. 188r, um 1312
Zürich, Schweizerisches Nationalmuseum, LM 26117

ISBN 978-3-8306-8072-7

2. verbesserte Auflage 2022
www.eos-books.com
mail@eos-books.com

Bibliografische Information der Deutschen Bibliothek
Die Deutsche Bibliothek verzeichnet diese Publikation
in der Deutschen Nationalbibliografie; detaillierte bibliografische Angaben
sind im Internet unter http://dnb.ddb.de abrufbar.

Balto Print, Vilnius
Printed in Lithuania

INHALT

VORWORT

Noch ein Buch über den Gregorianischen Choral? Gibt es davon nicht ohnehin schon zu viele? wird sich manche(r) fragen. Um darauf zu antworten, möchte ich kurz auf die Entstehung des vorliegenden Buches eingehen. Es basiert in der Substanz auf einer Überarbeitung und Adaptation – mit notwendigen Ergänzungen – sowie einer gebündelten Wiedergabe aller Einführungstexte (mitsamt den Gesangstexten lateinisch-deutsch), die als Beilagen zu der vom EOS-Verlag St. Ottilien herausgegebenen Audio-Gesamtausgabe mit insgesamt 15 CDs der gregorianischen Messproprien aller Sonn- und höchsten Festtage des Kirchenjahres verfasst wurden. In diesen Textbeiträgen geht es, neben einer Charakterisierung der Gesänge unter dem Aspekt ihrer musikalischen Form und dabei vor allem unter dem Aspekt des Wort-Ton-Verhältnisses, immer auch um informative Hinweise auf die jeweiligen liturgiegeschichtlichen Zusammenhänge. Das Ergebnis ist ein Überblick über das gesamte Repertoire der Messgesänge aller Sonntage und höchsten Festtage entlang des Kirchenjahres, und dies unter dem Blickwinkel sowohl der Gregorianik als auch ihrer Verortung innerhalb der Liturgiegeschichte.

Eine vergleichbare Veröffentlichung, zumal mit Rücksicht auf den durch die Gregorianische Paläographie und Semiologie in den letzten 70 Jahren erreichten Kenntnisstand bezüglich Aufführungspraxis und Interpretation der gregorianischen Gesänge sowie auf die durch die Liturgiereform nach dem Zweiten Vatikanum erwirkten Neuerungen und Veränderungen im Verständnis von Liturgie und von deren vielfältigen Ausdrucksformen sowie in Bezug auf die Struktur des Kirchenjahres scheint es derzeit nicht zu geben. Und so wurde an mich mehrmals der Wunsch herangetragen, die auf 15 CDs verteilten Beilagentexte gesammelt in einem Buch herauszugeben. Diesem Wunsch, dem sich erfreulicherweise auch die Leitung des EOS-Verlags St. Ottilien angeschlossen hat, soll hier stattgegeben werden.

Als verantwortlicher Herausgeber dieses Buches und Verfasser der meisten Einführungstexte liegt mir des Weiteren daran, darauf hinzuweisen, dass es sich hier nicht um ein wissenschaftliches Werk im strengen Sinn handelt. Dies betrifft einerseits bereits die Ausführungen zu spezifisch gregorianischen Gesichtspunkten. Obwohl hier natürlich genau darauf geachtet wurde, dem aktuellen, dank der Semiologie erreichten Wissensstand in Fragen der Interpretation soweit wie möglich gerecht zu werden, beruhen die diesbezüglichen Ausführungen noch mehr auf jahrzehntelangen persönlichen Beobachtungen und Erfahrungen im täglichen Umgang mit den gregorianischen Gesängen, Erfahrungen, die sich mitunter von Natur aus einer wissenschaftlichen Überprüfbarkeit entziehen. Und umso mehr sind die Einlassungen auf liturgiegeschichtliche Zusammenhänge keineswegs als Ergebnis eigener wissenschaftlicher Untersuchungen zu werten, sondern basieren größtenteils auf der Lektüre wichtiger Fachliteratur zur Liturgiegeschichte allgemein und zum Kirchenjahr im Besonderen. So wurden in diesem Punkt vor allem folgende Veröffentlichungen konsultiert: VATICANUM II, *Constitutio de Sacra Liturgia „Sacrosanctum Concilium“*, Rom 1964, hier besonders: Artikel 102-111: *Das Kirchenjahr;* Adolf ADAM, *Grundriß Liturgie*, Freiburg ^{6}1994, hier besonders: II. Kapitel: *Geschichte der Liturgie*, S. 19-52, und XX. Kapitel: *Die liturgische Zeit (Kirchenjahr)*, S. 256-295; Adolf ADAM und Rupert BERGER, *Pastoralliturgisches Handlexikon*, Freiburg ^{6}1994, hier mehrere Begriffe zu den Themen Liturgiegeschichte und Kirchenjahr; Hans-Christoph SCHMIDT-LAUBER und Karl-Heinrich BIERITZ (Hg.), *Handbuch der Liturgik. Liturgiewissenschaft in Theologie und Praxis der Kirche*, Leipzig 1995, hier besonders: Karl-Heinrich BIERITZ, *Das Kirchenjahr*, S. 453-489; Burkhard NEUNHEUSER, *Storia della Liturgia attraverso le epoche culturali*, in: Bibliotheca „Ephemerides Liturgicae“ – „Subsidia“, hg. v. A. Pistoia u. A. M. Triacca, Rom 1977; Professoren des PONTIFICIO ISTITU-

TO LITURGICO S. ANSELMO di Roma (Hg.), *L'anno liturgico. Storia, teologia e celebrazione,* in: Anàmnesis – introduzione storico-teologica alla Liturgia, Band 6, Genua 1988, hier besonders: mehrere Beiträge von Adrien NOCENT sowie weitere Beiträge von Marcel ROONEY, Ildebrando SCICOLONE und Matias AUGÉ.

Die in diesem Buch wiedergegebenen Ausführungen zur Gregorianik und deren Einordnung im Kirchenjahr unter liturgiegeschichtlichem Aspekt wenden sich also nicht primär an Leser/innen, die ausschließlich an wissenschaftlich begründeten Informationen und Argumentationen interessiert sind, sondern in erster Linie an alle, denen ein Leben mit der Liturgie der Kirche im Ablauf eines Jahres ein existentielles Anliegen ist und die in diesem größeren Kontext das persönliche Bedürfnis haben, mehr über das Wesen des Gregorianischen Chorals und dessen Stellenwert in der Liturgie und im Ablauf des Kirchenjahres zu erfahren.

Ein weiterer Gesichtspunkt betrifft die Gesangstexte im lateinischen Original und in deutscher Übersetzung, die in jedem Kapitel im Anschluss an die jeweiligen Kommentartexte wiedergegeben sind. Hier möchte ich vor allem darauf aufmerksam machen, dass mir an einer möglichst wörtlichen deutschen Übersetzung des lateinischen Originaltextes lag. Daran führt nach meiner Überzeugung kein Weg vorbei, da Gregorianischer Choral von seinem innersten Wesen her wortgezeugte Musik ist und folglich hier die Melodie eine untrennbare Symbiose mit dem ihr zugrunde liegenden Text eingegangen ist. Doch war es nicht immer einfach, diesen Weg zu beschreiten. Vor allem was die Position mancher Wörter im syntaktischen Gefüge des Satzes betrifft, konnte dem lateinischen Originaltext nicht immer eins zu eins in der deutschen Übersetzung entsprochen werden. So wünschenswert es wäre, hier in der deutschen Übersetzung der Position der Wörter im lateinischen Original möglichst genau zu folgen, waren doch mehrmals Kompromisse unumgehbar, um dem deutschen Sprachgefühl so gut wie möglich gerecht zu werden. Ein weiteres Problem stellte sich bei dem Bemühen, den Sinn mancher

Wörter des lateinischen Textes adäquat in der deutschen Übersetzung wiederzugeben. Der Griff zur Einheitsübersetzung der Bibel war hier in den meisten Fällen nicht hilfreich, da diese sich, was das Alte Testament betrifft, einerseits am hebräischen Urtext und nicht an lateinischen Bibelübersetzungen orientierte und andererseits manche Ausdrücke des Urtextes bewusst glättete, um dem heutigen Sprachgefühl entgegenzukommen, was aber oft mit einer Schwächung der bilderreichen Sprache der Bibel, zumal jener der Psalmen, einherging. Als sehr hilfreich in vielen Fällen erwies sich hingegen die Konsultation der von Dorothea Schütz besorgten, sehr wörtlichen deutschen Übersetzung der Psalmen (vgl. Dorothea SCHÜTZ, *Psalter. Aus dem Griechischen übersetzt*, München 1999). Hier handelt es sich zwar um eine deutsche Übersetzung der Psalmen aus der sog. Septuaginta, die ihrerseits eine griechische Übersetzung des Alten Testamentes ist. Da die Übersetzerin aber auch die lateinische Fassung der Vulgata zum Vergleich herangezogen hat, hilft eine Konsultation ihrer Übersetzung in nicht wenigen Fällen, den genaueren Sinn des in den gregorianischen Gesängen vorliegenden lateinischen Textes zu ermitteln.

Einen wichtigen Beitrag für eine fundierte und möglichst wörtliche deutsche Übersetzung hat sodann der Kollege Heinrich Rumphorst geleistet, der von seinem beruflichen Werdegang her in der Altphilologie ebenso bewandert ist wie im Gregorianischen Choral. Ihm sei an dieser Stelle ein besonderer Dank ausgesprochen. Desgleichen gilt mein Dank den Kollegen Franz Karl Praßl und Alexander M. Schweitzer für ihre Bemühungen um möglichst wörtliche Übersetzungen der lateinischen Gesangstexte, die sie für die von ihnen geleiteten Aufnahmen der genannten CD-Reihe erarbeitet und die sie mir für eine Übernahme in die vorliegende Buchedition zugesandt haben. Großzügigerweise haben sie mir auch die Freiheit zugestanden – von der ich häufig Gebrauch gemacht habe –, die eine oder andere Änderung vorzunehmen, wenn ich glaubte, eine noch genauere Wendung gefunden zu haben.

Ein ganz besonderer Dank gebührt Prof. Dr. Franz Karl Praßl auch dafür, dass er mir zwei sehr kenntnisreiche Textbeiträge, die er zu zwei CDs der genannten Reihe des EOS-Verlags verfasst hatte, für die vorliegende Publikation überlassen hat. Ich habe sie inhaltlich und sprachlich unverändert wiedergegeben, musste lediglich für die Buchedition einige rein formale Adaptationen vornehmen. Und nicht zuletzt möchte ich mich bei Pater Dr. Dr. Cyrill Schäfer OSB, dem Leiter des EOS-Verlags St. Ottilien, bedanken für sein großes Engagement, mit dem er diese Publikation in all ihren Phasen persönlich begleitet und betreut hat.

Als Hilfestellung für die Leser/innen möge ein Index aller besprochenen Gesänge am Schluss des Buches dienen, der nach Gesangsarten (Introitus, Graduale usw.) und innerhalb der Gesangsarten alphabetisch nach dem Textanfang der Gesänge gegliedert ist. Auf diese Weise soll ein unmittelbareres und schnelleres Auffinden der betreffenden Stellen im Buch, sowohl was den Kommentartext als auch die Gesangstexte betrifft, ermöglicht werden.

Schließlich möchte ich der Hoffnung Ausdruck geben, dass die Lektüre dieses Buches dazu verhelfe, einen tieferen Einblick in die Welt des Gregorianischen Chorals zu gewinnen. Es war mir ein Bedürfnis, dem(der) Leser(in) etwas von dem zu vermitteln, was mir der Gregorianische Choral ein Leben lang bedeutete und woran ich ihn (sie) gerne teilhaben lassen möchte: Hier ist uns eine Gesangsform auf hohem künstlerischen Niveau anvertraut, das es zu erhalten und zu pflegen gilt. Dies aber letztlich nicht einzig und allein um der Kunst willen – im Sinne von „l'art pour l'art" –, sondern weil es hier um viel mehr geht: die Verklanglichung des Wortes Gottes, das Jahr für Jahr immer wieder neu in den liturgischen Feiern des Kirchenjahres an uns ergeht.

Kiel, Ostersonntag, 4. April 2021
Johannes Berchmans Göschl

EINFÜHRUNG

Der Gregorianische Choral in Geschichte und Gegenwart

Die Wurzeln des Gregorianischen Chorals reichen zurück bis in die Frühzeit des Christentums. Aus relativ einfachen Formen ist im Laufe von Jahrhunderten ein immenses, künstlerisch hochrangiges liturgisches Gesangsrepertoire entstanden, das seinen Höhepunkt vom 8. bis 10. Jahrhundert erlebte. Nach Zeiten zunehmender Vernachlässigung und fortschreitenden Niedergangs ab dem 11./12. Jahrhundert erwachte um die Mitte des 19. Jahrhunderts neues Interesse an der ursprünglichen Gestalt der gregorianischen Gesänge. Dabei war man sich im Klaren, dass der Weg dorthin nur über die Erforschung und das Studium der frühen mittelalterlichen Handschriften mit musikalischer Notation führen konnte. Als Frucht dieser Bemühungen sind kurz nach der Wende vom 19. zum 20. Jahrhundert die Vatikanischen Choralausgaben entstanden, darunter jene für die Eucharistiefeiern und die Tagzeitenliturgie des gesamten Kirchenjahres. Zweifellos eine Pionierleistung von epochaler Bedeutung!

Doch war damit nur ein erstes Etappenziel erreicht. Je größere Fortschritte im 20. Jahrhundert die Methodologie der wissenschaftlichen Erforschung der mittelalterlichen Quellen machte, desto mehr erkannte man, dass das angestrebte Ziel noch in weiter Ferne lag. Vor allem was die rhythmische Bedeutung der frühen Neumennotationen betrifft, war man über anfängliche Erkenntnisse nicht hinausgekommen, was man u. a. auch daraus ersehen kann, dass unter den Fachleuten in diesem für die gesangliche Ausführung zentralen Punkt keine Einigkeit erzielt werden konnte, ja unterschiedliche und zum Teil diametral entgegengesetzte Auslegungen miteinander konkurrierten. Hier bedurfte es des Genius einer Forscherpersönlichkeit, die es verstand, Klarheit zu schaffen und die erzielten wissenschaftlichen Erkenntnisse mit überzeugenden Argumenten sowohl einem interessierten Fachpublikum als auch den Praktikern des Gregorianischen Chorals nahezubringen. Die Rede ist von Dom Eugène Cardine, Benediktinermönch der französischen Abtei Solesmes, Professor am Päpstlichen Kirchenmusikinstitut in Rom von 1952 bis 1984 und Begründer des Wissenschaftszweiges der *Gregorianischen Semiologie.* Dank seiner Forschungen und derjenigen seiner Schüler konnte nachgewiesen werden, dass der Gregorianische Choral zur Zeit seiner Entstehung und frühen musikalischen Niederschrift bis hinauf ins 10./11. Jahrhundert eine rhythmisch subtil differenzierte und lebendig pulsierende Gesangskunst darstellte. Diese wieder entdeckt und für Gegenwart und Zukunft fruchtbar gemacht zu haben, ist das bleibende Verdienst von Dom Cardine und seiner Schüler im engeren und weiteren Sinn.

Damit war das zweite Etappenziel erreicht. Doch je mehr sich die Fachwelt mit den Ergebnissen der Gregorianischen Semiologie beschäftigte und gregorianische Vokalensembles danach sangen, desto mehr nahm man die zahlreichen Diskrepanzen wahr, die zwischen der Melodiefassung der Vatikanischen Choralausgaben und dem semiologischen Befund zu beobachten waren. So wuchs mehr und mehr das Bewusstsein, dass zu einer Ausführung der gregorianischen Gesänge nach den Erkenntnissen und Prinzipien der Semiologie auch eine damit bestmöglich korrespondierende Melodiefassung gehöre. Zum richtigen Rhythmus die richtige Melodie! lautete die Forderung. In diesem Sinn hat sich 1977, ermutigt durch Artikel 117 der Liturgiekonstitution des Zweiten Vatikanischen Konzils, es möge „eine kritischere Ausgabe“ (editio magis critica) der seit der Reform des heiligen Pius X. herausgegebenen Bücher besorgt werden“, eine international zusammengesetzte Gruppe von Fachleuten zum „Arbeitskreis Melodierestitution“ zusammengetan, mit dem Ziel, alle gregorianischen Messproprien des Kirchenjahres einer melodischen Revision zu unterziehen. Dieses Ziel ist nach über 40 Jahren intensiver Arbeit erreicht und liegt nun im

Graduale Novum, Bd. I: De Dominicis et Festis und *Bd. II: De Feriis et Sanctis,* vor.

Wesen und Stellenwert des Gregorianischen Chorals

Fragt man nun – mit Blick auf die durch die Semiologie erzielten Erkenntnisse – nach den wesentlichen Unterscheidungsmerkmalen des Gregorianischen Chorals, so ist – neben seiner Einstimmigkeit und den lateinischen Texten sowie seiner Verankerung in den gottesdienstlichen Feiern des römischen Ritus – vor allem sein *freier Rhythmus* zu nennen. Dieser Gesang unterliegt nicht einem festen Taktschema, und seine Notenwerte entsprechen nicht a priori festgelegten metrischen Proportionen. Vielmehr ist seine musikalische Form durch eine frei fließende rhythmische Bewegung geprägt, die sehr geeignet ist, auf eine andere, nicht durch die Gesetzmäßigkeiten von Raum und Zeit begrenzte Wirklichkeit hinzuweisen, die Verbindung herzustellen zu der Welt des Unendlichen, Ewigen und Göttlichen.

Diese dem Gregorianischen Choral wesensgemäße freie Rhythmik ist letztlich der unlöslichen Verbindung zu danken, die die Gesänge mit den ihnen zugrunde liegenden Texten – Texten, die mehrheitlich der Hl. Schrift entnommen sind – eingegangen sind. *Gregorianischer Choral ist in seinem tiefsten Wesen gesungenes Wort.* Der Primat gebührt hier klar dem Text gegenüber der Melodie. Es ist das Wort, das die Melodie gebiert und in dessen Dienst die Melodie steht. Anders herum ausgedrückt: Die Melodie ist der Klangleib, in den hinein das Wort sich inkarniert, der Resonanzkörper, durch den das Wort zum Schwingen kommt. Durch diese enge Verbindung von Wort und Ton haben die gregorianischen Komponisten Maßstäbe gesetzt für die sakrale Musik aller Zeiten, nicht zuletzt auch für die überwiegend muttersprachlich geprägte Kirchenmusik unserer Zeit.

Zu den Aufnahmen der CD-Reihe des EOS-Verlags

Parallel zur Erarbeitung und Veröffentlichung des *Graduale Novum, Bd. I: De Dominicis et Festis* hat der EOS-Verlag St. Ottilien mit insgesamt 15 CDs eine Gesamtausgabe der gregorianischen Messproprien aller Sonn- und höchsten Festtage des Kirchenjahres herausgebracht. Darüber hinaus wurden in dieser Reihe von der Karwoche – neben den Messgesängen des Palmsonntags – die Gesänge der Abendmahlsmesse am Gründonnerstag und der Karfreitagsliturgie zur Todesstunde Christi eingespielt, nicht aber die Messproprien der ersten drei Wochentage und das Proprium der Chrisammesse am Gründonnerstag. Die Osterwoche ist mit Ostersonntag (inklusive Osternacht) und Ostermontag, nicht jedoch mit den übrigen Wochentagen vertreten. Des Weiteren wurden auch die Messgesänge des 2. Februar (Fest der Darstellung des Herrn) und des Aschermittwochs, das Proprium der klassischen Requiemsmesse inklusive einiger Gesänge der Begräbnisliturgie und die klassische Kirchweihmesse berücksichtigt.

Der gemäß der Liturgiereform des Zweiten Vatikanums erneuerten Ordnung der biblischen Lesungen im Wortgottesdienst der Messe wurde bei diesen Einspielungen nicht immer Rechnung getragen. Wenn z. B. an einem bestimmten Sonntag für die Lesejahre A, B, C zwei (oder drei) unterschiedliche Communio-Antiphonen vorgesehen sind, wurde fast immer nur eine davon aufgenommen, vorzugsweise jene, die schon seit alters für den betreffenden Sonntag bezeugt ist. Ebenso wurde von den Messproprien des II., III., IV. und VI. Ostersonntags jeweils nur ein Alleluia mit Vers eingespielt und auf ein zweites, in den mittelalterlichen Handschriften weniger gut bezeugtes Alleluia mit Vers verzichtet. Von wenigen Ausnahmen abgesehen, wurde jeder Gesang nur einmal aufgenommen. Dort wo ein Gesang ein weiteres Mal im Kirchenjahr vorgesehen ist, wird im betreffenden Booklet auf die CD, in der er sich findet, zusammen mit der jeweiligen Tracknummer verwiesen.

Mit Ausnahme der Messproprien im Advent, an Weihnachten und Epiphanie wurden für die Offertorien keine Soloverse eingespielt, und deshalb wird auch in den folgenden Ausführungen auf eine Kommentierung aller Offertoriumsverse verzichtet. Der Grund: Die sehr schwierigen Arbeiten an den Melodierestitutionen der Offertoriumsverse befinden sich noch im Anfangsstadium.

Alle Gesänge sämtlicher 15 CDs geben die von dem oben genannten „Arbeitskreis Melodierestitution" nach den alten Quellen erarbeiteten Melodien wieder. Sie liegen fast ausschließlich im *Graduale Novum, Bd. I: De Dominicis et Festis* (ConBrio Verlag Regensburg / Libreria Editrice Vaticana Rom 2011) vor. Lediglich die ebenfalls eingespielten Messproprien der Vigilmesse von Weihnachten und des Festes der Darstellung des Herrn (2. Februar) sowie einige zu Gehör gebrachten Gesänge der Begräbnisliturgie finden sich im *Graduale Novum, Bd. II: De Feriis et Sanctis* (ConBrio Verlag Regensburg / Libreria Editrice Vaticana Rom 2018). Die Psalmverse zur Communio sind zum allergrößten Teil dem Versicularium des Codex 381 der Stiftsbibliothek St. Gallen (Ausgabe Michael HERMES, St. Ottilien ^{2}2010) entnommen.

Die CD-Gesamtausgabe des EOS-Verlags ist das Ergebnis einer Zusammenarbeit von drei Vokalensembles: der Schola Gregoriana Monacensis, dem Ensemble Graces & Voices und dem Consortium Vocale Oslo. Alle drei Ensembles wissen sich in der Ausführung der Gesänge den Prinzipien der Gregorianischen Semiologie verpflichtet. Nähere Informationen über Herkunft, Ausbildung und berufliche Aktivitäten ihrer Leiter sind den Curricula zu entnehmen, die sich in den Booklets der jeweiligen CDs finden.

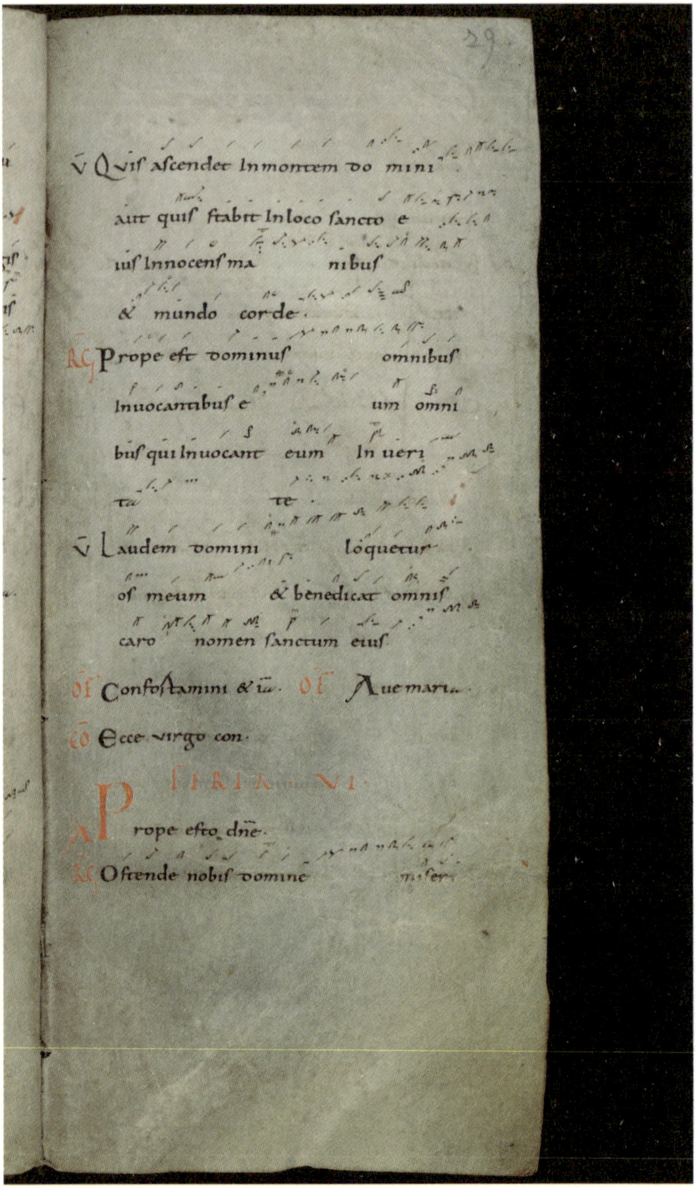

Graduale *Prope est Dominus* aus Sankt Gallen Codex 359, p. 29, ca. 920, Stiftsbibliothek St. Gallen

I. DER ADVENT

Die Einführung des Advents in das römische Kirchenjahr erfolgte vergleichsweise spät. Bis hinein in die erste Hälfte des 6. Jhs. ist in Rom nichts von einem als „Advent“ oder mit einem ähnlichen Ausdruck bezeichneten Abschnitt des Kirchenjahres, geschweige denn in ihm von einer adventlichen Prägung der Liturgie, bekannt. Anders in Gallien und Spanien, wo sich die Einführung des Advents bis ins 4. Jh. zurückverfolgen lässt. Dort wurde das Fest der Epiphanie am 6. Januar als Hauptfest der Geburt Christi und zudem als wichtiger Tauftermin gefeiert, dem, analog zur Fastenzeit vor dem Tauftermin in der Osternacht, eine mehrwöchige mystagogische Vorbereitungszeit mit Bußcharakter vorgeschaltet wurde. In der Liturgie war diese Zeit in besonderer Weise geprägt von eschatologischen Themen, und so stand denn auch das zweite Kommen Christi am Ende der Zeiten im Mittelpunkt der adventlichen Erwartung.

In Rom verläuft die Entwicklung anders. Mit Sicherheit ist Rom der Ort, an dem in der gesamten christlichen Welt zum ersten Mal das Weihnachtsfest gefeiert wurde, und zwar am 25. Dezember des Jahres 336. Vor diesem Hintergrund mag die späte Einführung des Advents in Rom überraschen. Einer der Gründe dafür dürfte wohl in der im Unterschied zu Gallien und Spanien anderen theologisch-liturgischen und spirituellen Ausrichtung der Kirche Roms liegen. Anders als in Gallien und Spanien wurde in Rom von Anfang an der 25. Dezember – und nicht der 6. Januar – als Hauptfest der Geburt Christi gefeiert. Der Blick war also nicht in erster Linie auf den Tauftermin in Verbindung mit dem Fest Epiphanie, sondern mehr auf das Christfest am 25. Dezember gerichtet. Und so sah man wohl am Anfang keine Notwendigkeit, diesem Fest eine längere Zeit der Vorbereitung vorangehen zu lassen.

Diese im Unterschied zu Gallien und Spanien andere theologische Gewichtung der beiden Weihnachtsfeste hat in Rom noch deutliche Spuren hinterlassen, als es dort in der 2. Hälfte des 6. Jhs. – mit Blickrichtung auf den Tauftermin am 6. Januar – dann doch zur Einführung des Advents kam. In der Tat stehen hier zu Anfang nicht so sehr der eschatologische Aspekt und im Zusammenhang damit der Bußcharakter im Mittelpunkt, als vielmehr die freudige Erwartung des ersten Kommens Christi, die Hinführung auf das Geheimnis seiner Menschwerdung. Als deutlichstes Zeichen der Sichtweise Roms in Bezug auf Stellung und Bedeutung des Advents ist die Tatsache zu werten, dass in der römischen Liturgie in den Sonntagsmessen der Adventszeit bis zum heutigen Tag als zweiter Zwischengesang des Wortgottesdienstes das Alleluia mit seinem Vers und nicht – wie in der Fastenzeit – ein Tractus gesungen wird.

Wenn in der römischen Liturgie der Advent von Anfang an eher den Charakter freudiger Erwartung aufweist, bedeutet dies andererseits nicht, dass dort der eschatologische Aspekt ganz fehlen würde. Vor allem seit dem 8. Jh. hat im Zuge der Begegnung und gegenseitigen Befruchtung altgallischer und römischer Liturgie vermehrt auch eschatologisches Gedankengut Eingang in die römische Liturgie des Advents gefunden. Das Ergebnis dieser Verschmelzung zweier Liturgietraditionen lässt sich an der Tatsache ablesen, dass in der heutigen römischen Liturgie, vorab in der Auswahl der Lesungs- und Evangeliumstexte am Ersten und Zweiten und teilweise am Dritten Sonntag im Advent der Akzent auf der Eschatologie, am Vierten Sonntag hingegen sowie in der gesamten letzten Woche vor Weihnachten (17.–24. 12.) auf der Hinführung auf das Fest der Geburt Christi in Betlehem (25. 12.) liegt.

Zur späten Einführung des Advents in Rom mögen noch weitere Gründe beigetragen haben, so vor allem die Tatsache, dass man in Rom das Weihnachtsfest zu Beginn nicht losgelöst von Ostern, sondern als heilsgeschichtlichen Anfang des österlichen Geheimnisses und folglich auf dieses hingeordnet betrachtete. Dies betont die zentrale Stellung, die von Anfang an dem Osterfest im Ablauf des Kirchenjahres eingeräumt wurde. In der Folgezeit ist es wohl den Auseinandersetzungen mit christologischen Fragen seit dem 4. Jh. und deren Klärung auf mehreren Konzilien sowie dem zu dieser Zeit aufkommenden Mönchtum, nicht zuletzt aber auch der Volksfrömmigkeit zu danken, dass dem Beginn des Erdenlebens Christi größeres Interesse entgegengebracht und so die Feier der Geburt Christi mehr und mehr in ihrer Eigenständigkeit betont wurde. Dies war, zusammen mit dem Tauftermin am 6. Januar, die Voraussetzung dafür, dass nun auch Weihnachten – nach dem Modell der Fastenzeit und doch mit anderen theologisch-liturgischen Akzentsetzungen – eine längere Zeit der Vorbereitung erhielt: den Advent.

Was die Dauer der Adventszeit betrifft, ist in Rom eine Entwicklung von anfangs sechs bis wenig später vier Wochen feststellbar. Unmittelbar nach der Einführung des Advents dürften es nach dem Vorbild Galliens und Spaniens sechs Wochen gewesen sein, wie heute noch in der ambrosianischen Liturgie der Diözese Mailand. Aber sehr bald, unter dem Pontifikat Gregors I. (590–604), setzte sich die bis heute gültige römische Lösung mit vier Adventssonntagen durch. Dabei war ursprünglich für den Vierten Sonntag im Advent keine Messe vorgesehen. In den liturgischen Büchern fand sich der Eintrag „dominica vacat“. Der Grund ist in der unmittelbar vorausgehenden Quatemberwoche (von quattuor tempora – es handelt sich um eine liturgisch geprägte Woche mit Bußcharakter zu Beginn einer jeden Jahreszeit) zu sehen, die mit einer Eucharistiefeier in der Nacht vom Samstag zum Sonntag zu Ende ging, wodurch sich die Messe am Sonntag erübrigte. Doch dauerte es nicht allzu lang, bis auch der Vierte Sonntag im Advent seine Messe erhielt. Was allerdings die Propriumsgesänge dieser Messe betrifft, griff man anstelle von Neukompositionen größtenteils auf bereits bestehende Gesänge, vorwiegend aus anderen Messen der Adventszeit, zurück. Die heutige Lösung mit dem Gesangsrepertoire des Mittwochs nach dem 3. Adventssonntag, des Mittwochs der Quatemberwoche, ist in dem einen oder anderen der ältesten Messantiphonalien seit dem 9. Jh. bezeugt. Ihr auffallend marianisch geprägter Charakter hat vor allem damit zu tun, dass in Rom der Stationsgottesdienst dieses Mittwochs in der Basilika Santa Maria Maggiore stattfand, die im 5. Jh. im Andenken an das Konzil von Ephesus (431) und dessen feierliche Verkündigung des Dogmas der Gottesmutterschaft Mariens erbaut wurde. Da der Vierte Adventssonntag stets in die letzte Woche vor Weihnachten fällt und die Liturgie dieser Woche den Blick verstärkt auf Personen und Ereignisse im Vorfeld des Geschehens von Betlehem lenkt, kann man die Übernahme dieses marianisch geprägten Messpropriums an der Schwelle zwischen Advent und Weihnachten als besonderen Glücksfall bezeichnen.

Was die Propriumsgesänge der übrigen drei Sonntagsmessen im Advent betrifft, ist die Zuordnung zu einem der beiden genannten Themenkreise, Eschatologie bzw. Vorbereitung auf Weihnachten, nicht eindeutig. Ihre Texte drücken ohne Ausnahme sehnsüchtige und freudige Erwartung der Ankunft des verheißenen Messias und die flehentliche Bitte um sein Kommen aus. Aber ob es sich dabei gemäß neutestamentlichem Verständnis primär um das erste Kommen Christi „im Fleische" oder sein zweites Kommen am Ende der Zeiten handelt, bleibt offen, wenn auch die Verbindung mit den Lesungs- und Evangeliumsabschnitten dieser drei Sonntage mehr auf den eschatologischen Aspekt hindeutet. Eine Sonderstellung nimmt das Messproprium des Dritten Adventssonntags ein. Die freudige Erwartung des Kommens Christi erreicht hier ihren Höhepunkt, was bereits sehr deutlich im Introitus *Gaudete* mit Text aus dem Brief des Apostels Paulus an die Philipper anklingt. Und doch lässt sich schwer sagen, ob hier der Akzent mehr auf der Erwartung der Wiederkunft Christi oder mehr auf der Erwartung des Geschehens von Betlehem liegt.

Auf ein fünftes Messproprium soll hier noch kurz eingegangen werden: jenes der Vigil von Weihnachten, das für den Abend des 24. Dezember vorgesehen ist. Es stellt einen unmittelbaren Auftakt zur liturgischen Festfeier von Weihnachten dar und gehört von daher eigentlich schon zu dieser. Andererseits sind seine Texte noch von adventlicher Erwartung geprägt, die ihren Blick auf das unmittelbar bevorstehende (aber noch nicht eingetretene) Ereignis richtet, worauf vor allem die vielen Futurformen der Verben hinweisen: „scietis" (ihr werdet wissen), „veniet" (er wird kommen), „salvabit" (er wird heilen) und „videbitis" (ihr werdet sehen) im Introitus und Graduale, „delebitur" (...wird getilgt werden) und „regnabit" (er wird herrschen) im Alleluiavers, „introibit" (er wird eintreten) im Offertorium, „revelabitur" (offenbar werden wird) und „videbit" (...wird schauen) in der Communio, sowie die Zeitangaben „mane" (morgen) im Introitus und Graduale und „crastina die" (am morgigen Tag) im Alleluiavers. Dieser Blick aber ist ein Blick voller Zuversicht, in dem sicheren Wissen („scietis" = ihr werdet wissen), dass das Ereignis auch tatsächlich eintreten wird.

Die Gesänge dieser fünf Messproprien seien nun noch im Einzelnen und mit der gebotenen Kürze unter dem Aspekt des Wort-Ton-Verhältnisses beleuchtet.

1. Erster Adventssonntag

Auf eindrucksvolle Weise setzt der Introitus *Ad te levavi* an, indem er aus dem tiefstmöglichen Bereich des VIII. Modus unverzüglich und auf kurzem Weg eine ganze Oktave emporsteigt. Mit dieser musikalischen Geste zu den Worten „Ad te levavi animam meam" (Zu dir erhebe ich meine Seele) ist es dem Komponisten gelungen, der Erlösungsbedürftigkeit und dem sehnsüchtigen Warten der darniederliegenden Menschheit auf das Kommen des Messias geradezu bildhaften Ausdruck zu verleihen. Dass dieses sehnsüchtige Warten nicht ins Leere läuft, dafür bürgt Gott selbst, den der Verfasser von Ps 24/25 in vertrauter Anrede *seinen* Gott („Deus *meus*") nennen und auf den er deshalb sein ganzes Vertrauen setzen darf. So erklären sich sowohl der herausragende melodische Höhepunkt des

Stückes bei den Worten „Deus meus" als auch die durch filigrane Tonreperkussionen hervorgehobenen Passagen „non erubescam" (nicht erröten werde ich) und „neque irrideant me" (nie und nimmer sollen mich [meine Feinde] verlachen), aus denen hoffnungsfrohe und freudige Erregung über die Unverbrüchlichkeit der Heilszusage Gottes spricht.

Das Graduale *Universi qui te exspectant* mit Text aus eben demselben Ps 24/25 knüpft nahtlos an die Gedanken des Introitus an, wobei in der Vertonung des Chorstückes ein besonderer Nachdruck auf der Erlösungsbedürftigkeit und messianischen Erwartung der *gesamten* („universi") Menschheit liegt. Deshalb die tiefe Lage vor allem der Anfangspassage, die sehr viel mehr dem unteren Grenzbereich des II. als dem des I. Modus entspricht. Demgegenüber schwingt sich der Solovers sofort vom Grundton *re* zum Rezitationston *la* des I. Modus auf, der dann über weite Strecken überboten wird durch eine neue Strukturebene auf der Oberterz *do* und sogar noch bis zum hohen *mi* vordringt. So erweist sich der Solovers als ein beeindruckendes Loblied auf die Wege des Herrn („vias tuas" – „semitas tuas"), die allen Menschen zu ihrem Heil vorgezeichnet sind, die voll Vertrauen ihre Hoffnung auf Gott („qui te exspectant" im Chorstück) setzen.

Das Alleluia mit Vers *Ostende nobis* wendet sich an Gott mit der Bitte um seine Barmherzigkeit und Erfüllung seiner Heilszusage, dies mit der bekannten, an diesem Sonntag zum ersten Mal im Kirchenjahr erklingenden Typusmelodie im VIII. Modus, die die Schlüsselbegriffe des Textes „misericordiam tuam" (deine Barmherzigkeit) und „salutare tuum" (dein Heil) durch ausgedehnte Melismata hervorhebt. Der Text des Offertoriums *Ad te Domine levavi* aus Ps 24/25 unterscheidet sich von jenem des Introitus *Ad te levavi* nur durch Hinzufügung des Vokativs „Domine" (Herr!). Charakteristisch ist auch für diesen Gesang der tiefe Beginn, ähnlich wie im Introitus. Im weiteren Verlauf aber überwiegt ein ruhigerer, weniger emotional geprägter Melodieverlauf, der andererseits aber auch die eine oder andere ausdrucksstarke Passage enthält, so besonders bei „non erubescam“ (nicht erröten werde ich) und „neque irrideant me“ (nie und nimmer sollen mich [meine Feinde] verlachen).

Schließlich wird in der sehr kurzen, aber sehr ausdrucksstarken Communio *Dominus dabit benignitatem* mit einem steil aufragenden Melodieanstieg auf der Akzentsilbe von „benignitátem“ die Güte Gottes besungen. Und im abschließenden Halbsatz lässt die lockere, ja beinahe heitere Tonbewegung bei „dabit“ ([und die Erde] wird geben, hervorbringen) etwas von der Freude darüber aufblitzen, dass diese *unsere Erde* („terra nostra“) – im adventlichen Kontext ein Bild für die Gottesmutter Maria – gewürdigt wurde, den Messias („fructum suum“ – ihre Frucht) hervorzubringen.

GESANGSTEXTE

Introitus *Ad te levavi* (Ps 24/25,1-4; V. Ps 24/25,4)

Ad te levavi animam meam:	Zu dir erhebe ich meine Seele;
Deus meus, in te confido,	mein Gott, auf dich vertraue ich,
non erubescam:	so werde ich nicht beschämt.
neque irrideant me	Nie und nimmer sollen über mich
inimici mei: etenim universi	meine Feinde lachen, denn alle,
qui te exspectant,	die auf dich hoffen,
non confundentur.	werden nicht zuschanden.
V. Vias tuas, Domine,	V. Deine Wege, o Herr,
demonstra mihi:	zeige mir
et semitas tuas doce me.	und deine Pfade lehre mich!

Graduale *Universi* (Ps 24/25,3; V. Ps 24/25,4)

Universi qui te exspectant,	Alle, die auf dich hoffen,
non confundentur, Domine.	werden nicht zuschanden, o Herr.
V. Vias tuas, Domine,	V. Deine Wege, o Herr,
notas fac mihi:	mache mir kund
et semitas tuas edoce me.	und deine Pfade lehre mich!

Alleluia mit Vers *Ostende nobis Domine* (Ps 84/85,8)

Alleluia.	Alleluia.

V. Ostende nobis, Domine,	V. Zeige uns, Herr,
misericordiam tuam:	dein Erbarmen
et salutare tuum da nobis.	und dein Heil gewähre uns!

Offertorium *Ad te Domine levavi* (Ps 24/25,1-3; V. Ps 24/25,5)

Ad te Domine	Zu dir, o Herr,
levavi animam meam:	erhebe ich meine Seele;
Deus meus, in te confido,	mein Gott, auf dich vertraue ich,
non erubescam:	so werde ich nicht beschämt.
neque irrideant me	Nie und nimmer sollen meine
inimici mei:	Feinde über mich lachen,
etenim universi qui te exspectant,	denn alle, die auf dich hoffen,
non confundentur.	werden nicht zuschanden.
V. Dirige me in veritate tua	V. Führe mich in deiner Treue
et doce me, quia tu es Deus	und lehre mich, denn du bist Gott,
salutaris meus:	mein Retter.
et te sustinui	Und auf dich harre ich
tota die.	den ganzen Tag.

Communio *Dominus dabit benignitatem* (Ps 84/85,13; V. Ps 84/85,2)

Dominus dabit benignitatem:	Der Herr schenkt Segen,
et terra nostra dabit fructum suum.	und unsere Erde gibt ihre Frucht.
V. Benedixisti Domine	V. Du hast, o Herr,
terram tuam:	dein Land begnadet
avertisti captivitatem	und die Gefangenschaft Jakobs
Iacob.	abgewendet.

2. Zweiter Adventssonntag

Thema des Introitus *Populus Sion* des Zweiten Adventssonntag ist die bevorstehende Ankunft des Messias, zum Heil und zur Freude des Volkes Israel. Unter modalem Gesichtspunkt ist die Überlieferung dieses Gesangs ambivalent. Obschon dem VII. Modus zugewiesen, bewegt sich der erste Satz in einigen Handschriften eher im Raum einer transponierten Protus-Melodie, genauer: mit Grundton *sol*,

Rezitationston *do* und *si bemolle* darunter. Dies entspräche folglich der modalen Struktur eines Protus zur Quart. Andere Handschriften hingegen präsentieren in diesem ersten Satz eine Melodie, die sich in den klassischen Bahnen des VII. Modus mit Rezitationston *re* bewegt, nehmen aber dadurch bei der aufsteigenden Figur der Akzentsilbe „Dóminus" den „verbotenen" Ton *do diesis* (= *cis*) in Kauf. Es ist schwer zu sagen, welche der beiden Melodiefassungen die ursprünglichere ist. Atmosphärisch unterscheiden sie sich jedenfalls beträchtlich: Während die Fassung mit Tenor *do* im ersten Teil des Stückes eine eher gedämpfte Stimmung vermittelt, garantiert die Fassung mit Tenor *re* schon von Beginn an eine dem VII. Modus eigene strahlende Atmosphäre. Vom Beginn des zweiten Satzes an, ab „et auditam faciet Dominus", treffen sich die beiden bis dahin unterschiedlichen Überlieferungen und bewegen sich fortan gemeinsam bis zum Ende des Gesangs in den bekannten modalen Strukturen des VII. Modus, sehr passend zur Strahlkraft des Textes: „Und er (der Herr) wird hören lassen die Herrlichkeit seiner Stimme, zur Freude eures Herzens".

Ist im Introitus vom „Volk von Zion" die Rede, so steht nun im Graduale *Ex Sion* der Berg Zion selbst im Mittelpunkt, und alles was sich mit dem Begriff „Zion" assoziativ verbindet: das Zentrum des religiösen, sozialen und politischen Lebens des Volkes Israel, der Ort, auf dem der Tempel steht, der Ort, an dem sich die Menschen versammeln, um Gott Opfer darzubringen und des Bundesschlusses zwischen Gott und dem Volk Israel zu gedenken, und schließlich der Ort, wo Gott selbst mitten unter seinem Volk Wohnung genommen hat. All dies schwingt im Text aus Ps 49/50 dieses Graduale mit. Dementsprechend festlich präsentiert sich seine Vertonung, mit vielen strahlenden Höhepunkten, vor allem bei „Sión" (mit Betonung auf der zweiten Silbe!), „species decoris eius" (Glanz seiner Schönheit), „Deus manifeste veniet" (Gott wird sichtbar kommen), „Congregate" (Versammelt [um ihn seine Heiligen]) und „testamentum eius" ([die] seinen Bund [schlossen]).

Ähnlich dem Introitus präsentiert sich auch das Alleluia mit Vers *Laetatus sum* unter modalem Gesichtspunkt höchst ambivalent. Einige Handschriften überliefern einen transponierten III. Modus, andere hingegen – dazu gehören vor allem die für eine rhythmisch differenzierte Ausführung maßgeblichen Handschriften der Notationsschulen von St. Gallen und Metz – einen I. Modus, nehmen aber dafür, sofern sie nicht transponieren, an einigen Stellen ein „verbotenes" *mi bemolle* (= *es*) in Kauf. Der Text ist Ps 121/122, einem Wallfahrtslied, entnommen. Dementsprechend sind in der Vertonung die Textpassagen „Laetatus sum" (Ich freute mich – Ausdruck der Freude über die Ankündigung der Wallfahrt) und „in domum Domini ibimus" (zum Haus des Herrn ziehen wir – Umschreibung des ersehnten Ziels der Wallfahrt) als expressive Höhepunkte des Gesangs hervorgehoben.

Mit der Bitte um Barmherzigkeit („misericordiam tuam") und Heil („salutare tuum") wendet sich das Offertorium *Deus tu convertens* an Gott, der dem Volk – zu dessen Freude („et plebs tua laetabitur in te") – neues Leben („vivificabis nos") schenken will. Mit vielen feinnervigen Tonreperkussionen vermittelt dieser Gesang im III. Modus eine freudig erregte Stimmung über das Heilshandeln Gottes an seinem Volk.

Schließlich ist mit der Communio *Ierusalem surge* dem gregorianischen Komponisten einer der schönsten und ausdrucksvollsten Gesänge der gesamten Adventszeit gelungen. Nach einem temperamentvollen, fast ungestümen Aufstieg der Melodie bei den Worten „Ierusalem surge, et sta in excelso" (Jerusalem, erhebe dich und stehe oben auf der Höhe!) zu Beginn des Stückes findet im nachfolgenden Gesangsteil, und dies sogar bis zum Ende des Stückes, ein gewisser Stimmungswechsel statt. Ausgelöst durch inhaltlich zentrale Begriffe bzw. Passagen wie „iucunditatem" ([schau] die Wonne), „veniet" ([die dir] kommen wird) und „a Deo tuo" (von deinem Gott), mischen sich hier sanftere Farben in das Klanggemälde, was in der Melodieführung und dem rhythmischen Bewegungsablauf u. a. durch ein häufiges liebevolles Umkreisen der Rezitations- und Hauptstrukturstufe *fa* des II. Modus erzielt wird.

GESANGSTEXTE

Introitus *Populus Sion* (cf. Jes 30,19. 30; V. Ps 79/80,2)

Populus Sion, ecce Dominus veniet ad salvandas gentes: et auditam faciet Dominus gloriam vocis suae, in laetitia cordis vestri.	Volk von Zion, siehe, der Herr wird kommen, die Völker zu erlösen. Und der Herr wird hören lassen die Herrlichkeit seiner Stimme, zur Freude eures Herzens.
V. Qui regis Israel, intende: qui deducis velut ovem Ioseph.	V. Der du Israel regierst, hab acht, der du Josef führst wie ein Schaf!

Graduale *Ex Sion* (Ps 49/50,2.3; V. Ps 49/50,5)

Ex Sion species decoris eius: Deus manifeste veniet.	Vom Zion her (strahlt) der Glanz seiner Schönheit; Gott wird sichtbar kommen.
V. Congregate illi sanctos eius, qui ordinaverunt testamentum eius super sacrificia.	V. Versammelt um ihn seine Heiligen, die einst mit ihm den Bund über den Opfern schlossen.

Alleluia mit Vers *Laetatus sum* (Ps 121/122,2)

Alleluia. V. Laetatus sum in his quae dicta sunt mihi: in domum Domini ibimus.	Alleluia. V. Ich freute mich darüber, was man mir sagte: wir ziehen zum Haus des Herrn.

Offertorium *Deus tu convertens* (Ps 84/85,7-8; V. Ps 84/85,2.3)

Deus tu convertens vivificabis nos et plebs tua laetabitur in te: ostende nobis, Domine, misericordiam tuam, et salutare tuum da nobis.	Gott, wenn du dich uns zuwendest, schenkst du uns Leben, und dein Volk wird in dir sich freuen. Zeige uns, o Herr, dein Erbarmen und dein Heil gewähre uns!
V. Benedixisti Domine terram tuam: avertisti captivitatem Iacob:	V. Du hast, o Herr, dein Land begnadet und die Gefangenschaft Jakobs abgewendet.

remisisti iniquitatem plebis tuae.	Vergeben hast du das Unrecht deines Volkes.

Communio *Ierusalem surge* (Bar 5, 5; 4, 36; V. Ps. 147, 1)

Ierusalem surge, et sta in excelso: et vide iucunditatem, quae veniet tibi a Deo tuo.	Jerusalem, erhebe dich und stehe oben in der Höhe, und schau die Wonne, die dir kommt von deinem Gott!
V. Lauda, Ierusalem, Dominum: lauda Deum tuum, Sion.	V. Lobe, Jerusalem, den Herrn, lobsinge deinem Gott, Zion!

3. Dritter Adventssonntag

Die Messe des Dritten Adventssonntags wird eröffnet durch den Introitus *Gaudete in Domino semper.* Nach ihm wird dieser Sonntag auch gerne „Sonntag Gaudete" genannt. Und dies zu Recht, denn besonders die Gesangstexte, aber auch einige Lesungstexte dieser Sonntagsmesse sind geprägt von freudiger Erwartung des bevorstehenden Ereignisses der Ankunft des Erlösers. Und ganz besonders ruft eben bereits der Introitus zu Beginn der Messe mit einem Text aus dem Philipperbrief zur Freude auf, ja zu einer Freude, die kein Ende finden soll. Dementsprechend stellt der Komponist gleich zu Beginn das Wort „semper" (immer) in das Zentrum des musikalischen Geschehens. Weitere Höhepunkte der Melodieführung finden sich bei „Dominus prope est" (der Herr ist nahe) – hier wird der Grund für den Aufruf zu immerwährender Freude genannt und entsprechend spannungsvoll in Musik umgesetzt – und bei „Nihil solliciti sitis" (um *nichts* macht euch Sorge), dem absoluten musikalischen Höhepunkt des Stückes, der als Konsequenz der bevorstehenden Ankunft des Erlösers die Aufforderung unterstreicht, alle übertriebenen existenziellen Ängste und Sorgen fallen zu lassen.

Dass der sehnsüchtig erwartete Messias auch die Macht besitzt, Heil und Erlösung zu bringen, das ist das Thema sowohl des Graduale *Qui sedes, Domine* als auch des Alleluia mit Vers *Excita, Domine*. Darüber hinaus unterstreicht die Melodieführung des Soloverses des Graduale den Gedanken, dass die Herrschaft des Messias-Königs über Israel („Qui regis Israel, intende" – der du Israel regierst, hab acht) keine Schreckensherrschaft ist, sondern eine Herrschaft der Milde und Fürsorge für das Volk wie für ein ihm anvertrautes Schaf („qui deducis velut ovem Ioseph" – der du Joseph wie ein Schaf führst). Im Licht des Neuen Testamentes und im Kontext der Liturgie des Advents drängt sich unwillkürlich das Bild des Guten Hirten auf. Davon ließ sich vermutlich auch der gregorianische Komponist inspirieren, da er die beiden angesprochenen Textpassagen mit ausgedehnten Melismata bis in die Spitzenlagen des VII. Modus ausstattete. Im Alleluiavers sind es andererseits die beiden zentralen Passagen „et veni" (und komm!) und „ut salvos facias nos" (damit du uns heil machst), die – auch hier wieder mit ausgeprägten Melismata – im Zentrum der Aufmerksamkeit stehen.

Das Offertorium *Benedixisti Domine* thematisiert im adventlichen Kontext zwei der segensreichen Folgen, die mit der Ankunft des Messias verbunden sind: die Herausführung des Volkes aus der Gefangenschaft („avertisti captivitatem Iacob" – du hast die Gefangenschaft Jakobs abgewendet) und die Vergebung der Sünden des Volkes („remisisti iniquitatem plebis tuae" – du hast das Unrecht deines Volkes vergeben). Oder ist damit ein und dieselbe Gefangenschaft gemeint: die der Sünde, die den Menschen und ein ganzes Volk gefangen hält? Die musikalische Umsetzung dieses Textes aus Ps 84/85 überrascht mit zwei kleineren Melismata: bei „Iacób" (Betonung auf der Endsilbe!) und „plebis tuae" (deines Volkes), in letzterem Fall mit einer fast zärtlich anmutenden Umkreisung ein und derselben Tonstufe.

In der Communio *Dicite: Pusillanimes* schließlich werden die Kleinmütigen und Verzagten („Pusillanimes") aufgefordert, Mut zu fassen („confortamini") und alle Angst und übertriebene Sorge („et nolite timere" – und fürchtet euch nicht!) hinter sich zu lassen. Der

Grund: Gott selbst wird kommen („ecce Deus noster veniet“), um uns Rettung und Heil zu bringen („et salvabit nos“). Eine Melodieführung bis in den oberen Grenzbereich des VII. Modus bei „confortamini“ und darüber hinaus eine von den mittelalterlichen Neumen eingeforderte spannungsvolle rhythmische Gestaltung bei „et nolite timere“ und „Deus noster veniet“ tragen der Bedeutung der wichtigsten Begriffe dieses Textes aus Jes 35 Rechnung.

GESANGSTEXTE

Introitus *Gaudete* (Phil 4,4.5; V. Ps 84/85,2)

Gaudete in Domino semper: iterum dico, gaudete: modestia vestra nota sit omnibus hominibus: Dominus prope est. Nihil solliciti sitis: sed in omni oratione petitiones vestrae innotescant apud Deum.	Freut euch im Herrn allezeit; noch einmal sage ich: freut euch! Eure Güte werde allen Menschen bekannt, denn der Herr ist nahe. Um nichts macht euch Sorgen, sondern in all eurem Beten sollen eure Anliegen vor Gott kund werden.
V. Benedixisti, Domine, terram tuam: avertisti captivitatem Iacob.	V. Du hast, o Herr, dein Land begnadet und die Gefangenschaft Jakobs abgewendet.

Graduale *Qui sedes Domine* (Ps 79/80,2.3; V. Ps 79/80,2)

Qui sedes, Domine, super Cherubim, excita potentiam tuam, et veni.	Der du, o Herr, über den Kerubim thronst, biete deine Macht auf und komm!
V. Qui regis Israel, intende: qui deducis velut ovem Ioseph.	V. Der du Israel regierst, hab acht, der du Josef führst wie ein Schaf!

Alleluia mit Vers *Excita Domine* (Ps 79/80,3)

Alleluia.	Alleluia.
V. Excita, Domine,	V. Biete auf, o Herr,

potentiam tuam, et veni, ut salvos facias nos.	deine Macht und komm, uns zu erlösen.

Offertorium *Benedixisti Domine* (Ps 84/85,2.3; V. Ps 84/85,3.4)

Benedixisti, Domine, terram tuam: avertisti captivitatem Iacob: remisisti iniquitatem plebis tuae.	Du hast, o Herr, dein Land begnadet und die Gefangenschaft Jakobs abgewendet. Vergeben hast du das Unrecht deines Volkes.
V. Operuisti omnia peccata eorum: mitigasti omnem iram tuam.	V. Zugedeckt hast du alle ihre Sünden, gedämpft all deinen Zorn.

Communio *Dicite pusillanimes* (cf. Jes 35,4; V. Jes 35,5)

Dicite: pusillanimes confortamini, et nolite timere: ecce Deus noster veniet, et salvabit nos.	Saget: Ihr Kleinmütigen, fasst Mut und fürchtet euch nicht! Seht, unser Gott wird kommen und uns heil machen.
V. Tunc aperientur oculi caecorum: et aures surdorum patebunt.	V. Dann werden die Augen der Blinden geöffnet und die Ohren der Tauben werden offen sein.

4. Vierter Adventssonntag

Der Vierte Sonntag im Advent, der stets in die letzte Woche vor Weihnachten fällt, weist sowohl in den Lesungen als auch in den Propriumsgesängen der Messe eine klare Ausrichtung auf das in Bälde bevorstehende Ereignis der Geburt Christi in Betlehem auf. In den Gesängen steht dabei vor allem die Gestalt der Gottesmutter Maria im Blickpunkt, so bereits im Introitus, besonders aber im Offertorium und in der Communio.

Der Introitus *Rorate caeli* mit einem Text aus dem Buch Jesaja ist eine wahrhaft festliche Eröffnung dieser Sonntagsmesse und wartet mit drei deutlich hervortretenden musikalischen Höhepunkten auf, so schon gleich zu Beginn bei „Rorate caeli desuper“ (Tauet, ihr Himmel, von oben!), dann unmittelbar danach bei „et nubes pluant iustum“ (und die Wolken mögen den Gerechten regnen) und schließlich bei „aperiatur terra“ (die Erde tue sich auf). Diese drei musikalisch hervorgehobenen Vorgänge aus dem Bereich der Natur sind im Kontext der Liturgie des Advents als besonders plastische Bilder sowohl für die Herabkunft des Heiligen Geistes auf Maria und damit für die Gottessohnschaft Christi als auch – und dies vor allem bei „aperiatur terra“ – die Geburt Jesu aus seiner Mutter Maria zu deuten.

Das Graduale *Prope est Dominus* mit Text aus Ps 144/145 kündigt in seinem ersten Teil – aus neutestamentlicher Sicht – die nahe bevorstehende Ankunft des Erlösers an. Diese ist ein Heilsangebot für alle Menschen, aber sie drängt sich dem Menschen nicht auf, sondern setzt voraus, Gott in Wahrheit, aufrichtig anzurufen („omnibus qui invocant eum in veritate“). Es kommt also auf Seiten des Menschen auf ein wahrhaftiges Eingehen auf das Heilsangebot Gottes an, was der gregorianische Komponist durch ein geradezu überbordendes Melisma bei dem Wort „veritate“ unterstreicht.

Das Alleluia mit Vers *Veni, Domine* ist – ähnlich wie das Alleluia des Zweiten Adventssonntags – unter modalem Aspekt sehr komplex. So weist das Alleluia samt Jubilus-Melisma eine klare Deuterusstruktur (III. Modus) auf, während der Vers sich bis zum Schluss in den Bahnen eines I. Modus bewegt. Darüber hinaus zeigt dieser Gesang, wie schwierig, ja geradezu unmöglich es da und dort sein kann, „verbotenen“ chromatischen Tönen auszuweichen. In den aktuellen Ausgaben der Messgesänge, sowohl im Graduale 1974 und Graduale Triplex 1979 als auch im Graduale Novum 2011, ist das Stück um eine Quarte höher transponiert. Damit kann gleich zu Beginn des Verses bei „Veni“ ein *fa diesis* (= *fis*) vermieden werden, welches eine Quarte höher als *si naturale* (= *h*) erscheint. Dies aber hat zur Folge, dass bei „et noli“ *fa diesis* zu notieren ist. In der Originallage des III. Modus

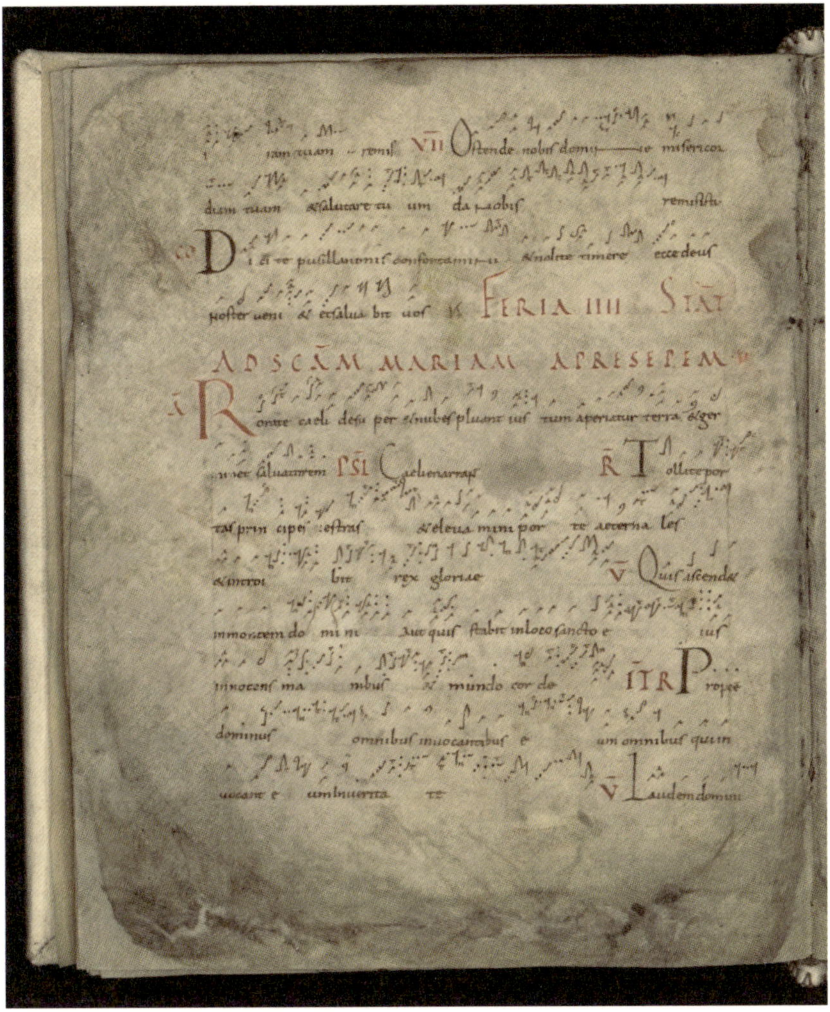

Introitus *Rorate* aus Codex Laon 239, fol. 5v, ca. 930,
Ville de Laon, Bibliothèque municipale

mit Grundton *mi* hingegen würde kein Weg daran vorbeiführen, bei „Veni“ *fa diesis* und zudem noch bei „et noli“ *do diesis* (= *cis*) zu notieren. Unter dem Gesichtspunkt des Wort-Ton-Verhältnisses ragen besonders die Passagen „et noli tardare“ (und säume nicht!) und „relaxa facinora“ (nimm weg die Frevel [deines Volkes]!) heraus, wodurch der gesteigerten Erwartungshaltung auf das unmittelbar bevorstehende Weihnachtsfest Ausdruck verliehen wird.

Die beiden restlichen Gesänge dieser Sonntagsmesse, Offertorium und Communio, weisen ein deutlich marianisches Gepräge auf. So wird zu Beginn des Offertoriums *Ave Maria* mit Text aus dem Lukasevangelium Maria namentlich angesprochen, und das wunderbare, rhythmisch subtil differenzierte Melisma der ersten Silbe von „Ave“ klingt bei richtiger Ausführung wie eine tiefe Verbeugung des Verkündigungsengels (und des gregorianischen Komponisten) vor der werdenden Gottesmutter Maria. Der Mittelteil „Dominus tecum“ ist in einigen gregorianischen Handschriften ausgelassen. In anderen Handschriften ist er enthalten, seine musikalische Fassung aber einem der Verse des Offertoriums *Angelus Domini* des Ostermontags entlehnt. Der melodische Höhepunkt unseres Offertoriums ist seinem Schlussteil vorbehalten. Er ist ein Loblied auf die Gesegnete unter den Frauen („benedicta tu in mulieribus“) und die gesegnete Frucht ihres Leibes („et benedictus fructus ventris tui“). Dies sind gemäß Lk 1,42 nicht Worte des Engels an Maria, sondern ihrer vom Heiligen Geist erfüllten Base Elisabeth anlässlich des Besuchs Marias bei Elisabeth.

Auch die Communio *Ecce virgo* ist eindeutig marianisch geprägt. Ihr Text aus Jes 7,14 ist eine prophetische Ankündigung all dessen, was in Maria wahr geworden ist: die Empfängnis („concipiet“) und Geburt („pariet“) ihres Sohnes („filium“), dessen Name „Emmanuel“ (Gott mit uns) ist. Alle bedeutsamen Wörter dieses Textes erfahren durch die Vertonung eine klare teils melodische teils rhythmische (oder auch sowohl melodische wie rhythmische) Hervorhebung, die bei „pariet“ (sie wird gebären) und dem messianischen Titel „Emmanuel“ besonders stark ausgeprägt ist.

GESANGSTEXTE

Introitus *Rorate caeli desuper* (Jes 45,8; V. Ps 18/19,2)

Rorate caeli desuper, et nubes pluant iustum: aperiatur terra, et germinet Salvatorem.	Tauet, ihr Himmel, von oben, und die Wolken mögen den Gerechten regnen. Die Erde tue sich auf und sprosse den Heiland hervor.
V. Caeli enarrant gloriam Dei: et opera manuum eius annuntiat firmamentum.	V. Die Himmel erzählen die Herrlichkeit Gottes, und das Werk seiner Hände kündet das Firmament.

Graduale *Prope est Dominus* (Ps 144/145,18; V. Ps 144/145,21)

Prope est Dominus omnibus invocantibus eum: omnibus qui invocant eum in veritate.	Nahe ist der Herr allen, die ihn anrufen, allen, die aufrichtig zu ihm rufen.
V. Laudem Domini loquetur os meum: et benedicat omnis caro nomen sanctum eius.	V. Das Lob des Herrn wird mein Mund verkünden, und alles Fleisch preise seinen heiligen Namen.

Alleluia mit Vers *Veni Domine*

Alleluia.	Alleluia.
V. Veni, Domine, et noli tardare: relaxa facinora plebis tuae.	V. Komm, Herr, und säume nicht; nimm hinweg die Frevel deines Volkes!

Offertorium *Ave Maria* (Lk 1,28.42; V. Lk 1,34.35)

Ave Maria, gratia plena, Dominus tecum: benedicta tu in mulieribus, et benedictus fructus ventris tui.	Gegrüßt seist du, Maria, voll der Gnade, der Herr ist mit dir. Du bist gebenedeit unter den Frauen, und gebenedeit ist die Frucht deines Leibes.

V. Quomodo in me fiet hoc, quae virum non cognosco? Spiritus Domini superveniet in te et virtus Altissimi obumbrabit tibi.	V. Wie wird dies in mir geschehen, die ich keinen Mann erkenne? Heiliger Geist wird über dich kommen, und die Kraft des Allerhöchsten wird dich überschatten.

Communio *Ecce virgo concipiet* (Jes 7,14; V. Ps 18/19,6.7)

Ecce virgo concipiet, et pariet filium: et vocabitur nomen eius Emmanuel.	Siehe, die Jungfrau wird empfangen und einen Sohn gebären, und sein Name wird sein: Emmanuel.
V. Exsultavit ut gigas ad currendam viam: egressio eius a summo caelo.	V. (Die Sonne) frohlockt wie ein Held, ihre Bahn zu laufen, am einen Ende des Himmels geht sie auf.

5. Vigilmesse von Weihnachten

Wie oben erwähnt, ist dieses Messproprium bereits Teil der liturgischen Feier des Weihnachtsfestes, doch verbreitet es durchaus noch adventliches Fluidum, wie vor allem die vielen über das gesamte Proprium verteilten Futurformen der Verben nahelegen. Aus dem insgesamt ruhigen Fluss im VI. Modus des Introitus *Hodie scietis* ragt lediglich das Wort „scietis" ([Heute] werdet ihr wissen) durch eine bewusste Höherführung der Melodie bis zum *si bemolle* hervor. Ansonsten entfernt sich die Melodie kaum oder nur geringfügig von ihrem Grundton *fa*. Dennoch erfahren weitere Schlüsselbegriffe des Textes eine deutliche Hervorhebung in rhythmischer Hinsicht: „Hodie" (heute) durch eine filigrane Tonreperkussion, „salvabit vos" (er wird euch Heil bringen), „veniet" ([der Herr] wird kommen) und „gloriam" ([seine] Herrlichkeit) durch markante Neumen auf der jeweiligen Akzentsilbe.

Das Graduale *Hodie scietis* knüpft unmittelbar an den Introitus mit eben demselben Text an. Seine Vertonung basiert auf der bekannten Typusmelodie im II. Modus, der man gerade in der Adventszeit – dort vor allem an Wochentagen – häufig begegnet sowie auch in der Mitternachtsmesse von Weihnachten, am Ersten Fastensonntag, in der Tagesmesse des Ostersonntags und noch weitere Male im Ablauf des Kirchenjahres. Auch hier werden in der Vertonung Schlüsselbegriffe wie „scietis" (werdet ihr wissen), „veniet" (er wird kommen), „salvabit vos" (er wird euch Heil bringen) und darüber hinaus auch „mane videbitis" (morgen werdet ihr schauen) klar hervorgehoben. Und der Solovers wartet mit vielen musikalischen Höhepunkten auf, so u. a. bei „intende" ([der du Israel regierst,] hab acht!) und „appare" ([der du über den Kerubim thronst,] erscheine ...!).

Das Alleluia mit Vers *Crastina die* ist eine spätgregorianische Adaptation des Alleluia mit Vers *Benedictus es, Domine* des Dreifaltigkeitsfestes, das ebenfalls nicht zum Kernrepertoire des Gregorianischen Chorals zählt. Hier überraschen vor allem (wie an entsprechenden Stellen im Alleluia des Dreifaltigkeitsfestes) zwei feingliedrige Reperkussionsneumen, die erste über der allerersten Textsilbe des Verses „Crastina die" (am morgigen Tag), die zweite über der ersten Silbe des Wortes „Salvator" (Heiland, Retter), sehr passend als Ausdruck emotionaler Gefühlsregung im Hinblick auf das unmittelbar bevorstehende Ereignis der Geburt Christi.

Auch im Offertorium *Tollite portas* mit Text aus Ps 23/24, der wohl zusammen mit Ps 24/25 als der am meisten charakteristische Adventspsalm zu bezeichnen ist, sind es mehrere filigrane Reperkussionsneumen, so bei „principes" (ihr Fürsten), „elevamini" (hebt euch!) und nicht zuletzt bei „Rex gloriae" (König der Herrlichkeit), die geeignet sind, eine Atmosphäre freudiger Erregung in der Erwartung des nahe bevorstehenden Weihnachtsgeschehens zu erzeugen.

Und schließlich ist die wunderbare Communio *Revelabitur* in der Konzeption des gregorianischen Komponisten bereits ein bewusster und direkter Vorgriff auf die Liturgie des Weihnachtsfestes, zumal auf die Communio *Viderunt omnes fines terrae* der dritten Weihnachtsmesse (in die), und dies durch die identische Textpassage „salutare Dei nostri" mit identischer melodischer und rhythmischer Ausgestaltung. Aber in dem, was dieser Passage unmittelbar vorausgeht, unterscheiden sich die beiden Gesänge dann doch: „et videbit omnis caro salutare Dei nostri" (und sehen wird alles Fleisch das Heil unseres Gottes) in der Vigilmesse, „Viderunt omnes fines terrae salutare Dei nostri" (Gesehen haben alle Enden der Erde das Heil unseres Gottes) in der dritten Weihnachtsmesse. Die Futurform des Verbums „videre" steht dessen Perfektform gegenüber. Die Feier der Vigilmesse gedenkt des unmittelbar bevorstehenden, die Feier der dritten Weihnachtsmesse des bereits eingetretenen Ereignisses von Weihnachten.

Für alle fünf Messproprien, diejenigen der vier Adventsonntage und jenes der Vigilmesse von Weihnachten, gilt: sie sind fast ohne Ausnahme Zeugnisse der Hochblüte des Gregorianischen Chorals, in der Wort und Ton in vollkommener Einheit zusammenklingen. Diese Perfektion, mit der hier das Wort zum Klingen gebracht wird, gilt auch heute noch als Idealverwirklichung und Maßstab jeglicher Musica Sacra, deren vornehmste Aufgabe es ist, das Wort Gottes in der Liturgie mit ganzer Hingabe des Herzens zu verkünden.

GESANGSTEXTE

Introitus *Hodie scietis* (cf. Ex 16,6.7; Jes 35,4; V. Ps 23/24,1)

Hodie scietis, quia veniet Dominus, et salvabit vos: et mane videbitis gloriam eius.	Heute sollt ihr wissen, dass der Herr kommen und euch retten wird. Und morgen werdet ihr schauen seine Herrlichkeit.
V. Domini est terra, et plenitudo eius: orbis terrarum, et universi qui habitant in eo.	V. Des Herrn ist die Erde und was sie erfüllt, der Erdkreis und alle, die auf ihm wohnen.

Graduale *Hodie scietis* (cf. Ex 16,6.7; Jes 35,4; V. Ps 79/80,2.3)

Hodie scietis,
quia veniet Dominus,
et salvabit vos:
et mane videbitis
gloriam eius.

Heute sollt ihr wissen,
dass der Herr kommen
und euch retten wird.
Und morgen werdet ihr schauen
seine Herrlichkeit.

V. Qui regis Israel, intende:
qui deducis velut ovem Ioseph:
qui sedes super Cherubim,
appare coram Effrem,
Beniamin, et Manasse.

V. Der du Israel regierst, hab acht,
der du Josef führst wie ein Schaf.
Der du thronst über den Kerubim,
erscheine vor Efraim,
Benjamin und Manasse.

Alleluia mit Vers *Crastina die*

Alleluia.

Alleluia.

V. Crastina die delebitur
iniquitas terrae:
et regnabit super nos
Salvator mundi.

V. Am morgigen Tag wird
das Unrecht der Erde getilgt,
und herrschen wird über uns
der Heiland der Welt.

Offertorium *Tollite portas* (Ps 23/24,7; V. Ps 23/24,1)

Tollite portas, principes, vestras:
et elevamini, portae aeternales,
et introibit
Rex gloriae.

Macht hoch eure Tore, ihr Fürsten,
und hebt euch, ihr ewigen Pforten!
Und es wird einziehen
der König der Herrlichkeit.

V. Domini est terra
et plenitudo eius:
orbis terrarum et universi,
qui habitant in eo.

V. Des Herrn ist die Erde
und was sie erfüllt,
der Erdkreis und alle,
die auf ihm wohnen.

Communio *Revelabitur* (cf. Jes 40,5; Ps 23/24,1)

Revelabitur
gloria Domini:
et videbit omnis caro
salutare Dei nostri.

Offenbart wird
die Herrlichkeit des Herrn,
und alles Fleisch wird schauen
das Heil unseres Gottes.

V. Domini est terra et plenitudo eius: orbis terrarum et universi, qui habitant in eo.	V. Des Herrn ist die Erde und was sie erfüllt, der Erdkreis und alle, die auf ihm wohnen.

Hinweis: Eine Einspielung der hier behandelten Messproprien ist zu finden auf der CD *Prope est Dominus. Der Advent im Gregorianischen Choral.* Schola Gregoriana Monacensis, Leitung: Johannes B. Göschl, ISBN 978-3-8306-7409-2.

II. WEIHNACHTEN UND EPIPHANIE

Seit dem 4. Jh. n. Chr. feiern die meisten christlichen Kirchen, im Westen wie im Osten, zwei Weihnachtsfeste: den 25. Dezember als Geburtsfest des Herrn (in nativitate Domini) und den 6. Januar als Fest der Erscheinung des Herrn (in epiphania Domini). Die Thematik beider Feste ist letztlich identisch: sie handelt vom Kommen des Sohnes Gottes auf die Erde, in Raum und Zeit menschlichen Lebens und jeglicher kosmischen Realität. Doch sind die Akzente beider Feste verschieden: Steht an Weihnachten (25.12.) der Gedanke der Inkarnation (Menschwerdung) und deren Heilsbedeutung im Vordergrund, so betont das Fest der Erscheinung des Herrn (6.1.) die Offenbarung der Gottessohnschaft des Mensch gewordenen Christus und dessen Herrschaft über alles Sein. Beide unterschiedlichen Facetten ein und derselben Wirklichkeit finden besonders treffenden Ausdruck in den Eröffnungsgesängen der Festmesse am Tag (in die) des 25. Dezembers bzw. jener von Epiphanie. So hebt der Introitus *Puer natus* der Tagesmesse von Weihnachten gleich zu Beginn den Schlüsselbegriff „natus est" (geboren, Mensch geworden) hervor, nicht aber ohne sofort „nobis" (für uns) hinzuzufügen und um sogleich – in Variation desselben Gedankens – bestätigend fortzufahren: „datus est nobis" (für uns gegeben). Im Introitus *Ecce advenit* von Epiphanie hingegen ist es die Häufung der Begriffe „dominator Dominus" (Herrscher, der Herr), „regnum" (Königtum), „potestas" (Macht) und „imperium" (Herrschaft), die im liturgischen Kontext dieses Festes unmissverständlich auf die Gottessohnschaft Christi, sein Königtum und seine das All umfassende Herrschaft hinweist.

Auf beide Feste könnte eine Gemeinsamkeit bezüglich ihrer Entstehung zutreffen. In der Tat scheint der unmittelbare Anlass für die Einführung beider Feste die Reaktion der christlichen Gemeinden auf ein ursprünglich heidnisches Fest gewesen zu sein. Im Osten ist das Epiphaniefest bereits im 3. Jh. bezeugt, einer von mehreren Liturgiewissenschaftlern vertretenen Theorie zufolge als Reaktion auf das Geburtsfest des Gottes Äon. Und im Westen sei die Einführung des Weihnachtsfestes im 4. Jh. – nach einer Quelle aus dem Jahr 354 am 25. Dezember des Jahres 336 – als Reaktion auf das römische Geburtsfest des Unbesiegten Sonnengottes (sol invictus) erfolgt. Letzterem setzte dieser Theorie zufolge die römische Kirche das Geburtsfest Christi als der „Sonne der Gerechtigkeit" (Mal 3,20) und des „Lichtes der Welt" (Joh 8,12) entgegen, was dann auch die teilweise stark ausgeprägte Lichtsymbolik der Liturgie des Weihnachtsfestes erklären könnte.

Die beiderseitige Übernahme in Ost und West des je anderen Weihnachtsfestes ist bereits gegen Ende des 4. Jh. bezeugt. Zur raschen Ausbreitung der beiden Feste und zur Ausformung ihrer Liturgie dürfte des weiteren nicht wenig der theologiegeschichtliche Zeitkontext des 3. und 4. Jhs. beigetragen haben, insofern das Ringen um das christologische Dogma, das Verhältnis der beiden Naturen in Christus betreffend, mehr und mehr den Blick auch auf den Beginn des Erdenlebens Christi lenkte.

Was das westliche, d. h. römische Weihnachtsfest anbelangt, berichten die Quellen von einer auf das 4. Jh. zurückgehenden Festmesse (Missa in die), die der Papst am 25. Dezember um 9 Uhr in St. Peter feierte. Im 5. Jh. wird erstmals die Messe in der Nacht zum 25. Dezember (Missa in nocte) erwähnt, die der Papst in der Basilika Santa Maria Maggiore feierte. Diese Basilika, um die Mitte des 5. Jhs. im Andenken an das Konzil von Ephesus (431) und die dort erfolgte dogmatische Lehrverkündigung der Gottesmutterschaft Marias errichtet, enthielt eine Nachbildung der Geburtsgrotte von Betlehem und bildete so den geeigneten Rahmen für die liturgische Feier der Menschwerdung Christi. Im 6. Jh. kommt schließlich noch eine dritte Weihnachtsmesse hinzu, die der Papst am frühen Morgen des 25. Dezembers, „zur Morgenröte" (Missa in aurora), in der Kirche der hl. Anastasia feierte, einer vor allem bei den byzantinischen Statthaltern Roms in hohen Ehren stehenden Heiligen, deren Fest seit alters ebenfalls auf den 25. Dezember fällt. (Für weitere Informationen zu diesen geschichtlichen Fragen vgl. A. Adam, Grundriß Liturgie, Freiburg im Breisgau ^{6}1994, S. 275ff; A. Adam u. R. Berger, Pastoralliturgisches Handlexikon, Freiburg im Breisgau ^{6}1994, S. 123ff und 550ff; K.-H. Bieritz, Das Kirchenjahr, in: Handbuch der Liturgik, Liturgiewissenschaft in Theologie und Praxis der Kirche, hg. v. H.-C. Schmidt-Lauber u. K.-H. Bieritz, Göttingen 1995, S. 478f).

So weist das westliche Weihnachtsfest am 25. Dezember seit der Zeit der ausgehenden Antike drei Festmessen auf: die Missa in nocte (zur Nacht), die Missa in aurora (zur Morgenröte) und die Missa in die (am Tag) auf. Daran hat sich im römischen Ritus bis zum heutigen Tag nichts geändert. Auch im nachkonziliaren, aktuellen Missale sind die drei Weihnachtsfestmessen vorgesehen und dazu noch die Vigilmesse für den Abend des 24. Dezembers.

Was den Inhalt der Texte der vier Messproprien von Weihnachten und Epiphanie betrifft, so kehren einige Gedanken bzw. die von diesen ausgelösten Stimmungen und Affekte ständig wieder. Dazu gehören die Freude über die Menschwerdung des Sohnes Gottes und der mehrmalige emphatische Aufruf zur Freude und zum Jubel darüber, wie sie sich etwa im Offertorium *Laetentur caeli* der Mitternachtsmesse und im Graduale *Viderunt* der Tagesmesse von Weihanchten verdichtet haben, vor allem aber in der Communio *Exsulta filia Sion* der Messe zur Morgenröte an Weihnachten. Hier ist sodann die fast allgegenwärtige Lichtsymbolik zu nennen, die ihre stärkste Ausprägung in der Missa in aurora (zur Morgenröte) und dort vor allem im Introitus *Lux fulgebit hodie* und im Graduale *Benedictus qui venit* sowie ganz besonders im Graduale *Omnes de Saba*, im Vers *Vidimus stellam* des Alleluia und in der Communio *Vidimus stellam* von Epiphanie erhalten hat. Eine starke Präsenz weist schließlich auch der Gedanke von der Herrschaft des Mensch gewordenen Christus über die ganze Menschheit und den gesamten Kosmos auf, so im Graduale *Tecum principium* der Mitternachtsmesse von Weihnachten, im Introitus *Lux fulgebit* und im Alleluiavers *Dominus regnavit* der Missa in aurora von Weihnachten sowie ganz besonders im Introitus *Ecce advenit* von Epiphanie. Hier fließt auch der Gedanke mit ein, dass die allumfassende Herrschaft Christi ihren tiefsten Grund darin hat, dass er der Schöpfer der Welt ist und ihm deshalb Unterwerfung und Anbetung gebührt. Dies findet seinen dichtesten Ausdruck in den beiden Offertorien *Deus enim firmavit* der Missa in aurora und *Tui sunt caeli* der Tagesmesse (in die) von Weihnachten sowie – was den Aspekt der Anbetung betrifft – vor allem im Alleluiavers *Vidimus stellam*, im Offertorium *Reges Tharsis* und in der Communio *Vidimus stellam* von Epiphanie. So erweist sich gerade der zuletzt genannte Gedanke des in der Schöpfermacht gründenden Herrschaftsanspruchs Christi als wichtige inhaltliche Klammer, die die beiden Weihnachtsfeste, den 25. Dezember und den 6. Januar, zur Einheit verbindet.

Sosehr sich in den vier hier zur Frage stehenden Messproprien unter inhaltlichem Aspekt mehrfache wechselseitige Bezüge feststellen lassen, weisen doch alle vier Proprien – vor allem im Hinblick auf die Textvertonung und die dadurch erzielte Atmosphäre – ihre je eigenen, unverwechselbaren Charakteristiken auf. Davon soll im folgenden die Rede sein.

1. Weihnachten – Messe zur Nacht

In der Missa in nocte (zur Nacht) von Weihnachten fällt auf, dass die weihnachtliche Lichtsymbolik von allen vier Messproprien am schwächsten ausgeprägt ist. Dies hat mit den Texten zu tun, die auf eine andere, jenseitige Dimension verweisen, die sich dem Erfahrungs- und Verstehenshorizont eines jeden Menschen entzieht. So erstrahlt der Introitus *Dominus dixit ad me* keineswegs in festtäglichem Glanz und in leuchtenden Farben. Das Gegenteil ist der Fall: er präsentiert sich in äußerst schlichtem Gewand und wie in mystisches Dunkel gehüllt. Es ist der geheimnisvolle Text, der im Kontext der weihnachtlichen Liturgie als innertrinitarischer Dialog zwischen Vater und Sohn zu deuten ist und von der Zeugung des Sohnes aus dem Vater spricht, der den Komponisten in Ehrfurcht fast verstummen lässt und zur Anwendung sparsamster Mittel unter Verzicht auf jegliches festtägliche Gepränge angehalten hat. – Diese unverwechselbare Atmosphäre setzt sich dann am Anfang des Graduale *Tecum principium* und die gesamte Communio *In splendoribus sanctorum* über fort. Auch in diesen beiden Gesängen ist von der Zeugung des Sohnes aus dem Vater („ex utero ante luciferum genui te") die Rede, im Kontext der weihnachtlichen Liturgie ein klarer Hinweis auf die Präexistenz Christi, die kein menschlicher Verstand zu erfassen vermag. Entsprechend geheimnisvoll, wie aus einer anderen Welt kommend setzt das Graduale gleich bei den ersten Worten „Tecum principium" an, und dies unter Verzicht auf die sonst zu Beginn der Gesänge dieses Melodietyps üblichen Standardformel.

Anders verhält es sich mit dem Alleluia mit Vers *Dominus dixit ad me* – mit identischem Text wie im Introitus. Hier erfährt die inhaltlich zentrale Stelle „ego hodie genui te" (ich habe dich heute gezeugt) eine deutliche Hervorhebung, dies vor allem durch eine ausgeprägt melismatische Ausgestaltung der Melodie. Schließlich werden im Offertorium *Laetentur caeli* die beiden Sphären der geschaffenen Welt, Himmel („caeli") und Erde („terra"), einander gegenübergestellt. Beide werden zur Freude über die Ankunft des Herrn („quoniam venit" – denn er kommt, oder Perfekt: denn er ist gekommen) aufgerufen, wobei hier in der musikalischen Gestaltung der „Erde" eine stärkere Hervorhebung als dem „Himmel" zuteil wird. Ob damit der Komponist wohl zum Ausdruck bringen wollte, dass das Wunder der Inkarnation ja gerade darin besteht, dass Gott als Mensch auf die *Erde* herabgekommen ist, dass – mit anderen Worten – der Himmel aus entrückter, unerreichbarer Ferne sich zur *Erde* herabgeneigt hat und dass Gott durch die Geburt Jesu Christi einer von uns Menschen geworden ist?

GESANGSTEXTE

Introitus *Dominus dixit ad me* (Ps 2,7; V. Ps 2,1)

Dominus dixit ad me: „Filius meus es tu, ego hodie genui te."	Der Herr sprach zu mir: „Mein Sohn bist du, heute habe ich dich gezeugt."
V. Quare fremuerunt gentes: et populi meditati sunt inania?	V. Warum toben die Heiden und sinnen die Völker Torheiten?

Graduale *Tecum principium* (Ps 109/110,3; V. 109/110,1)

Tecum principium in die virtutis tuae: in splendoribus sanctorum, ex utero ante luciferum genui te.	Bei dir ist die Herrschaft am Tag deiner Macht. Im Glanz der Heiligen, aus dem Mutterschoß habe ich dich vor dem Morgenstern gezeugt.
V. Dixit Dominus Domino meo: „Sede a dextris meis: donec ponam inimicos tuos scabellum pedum tuorum."	V. Der Herr sprach zu meinem Herrn: „Setze dich zu meiner Rechten, bis ich hinlege deine Feinde als Schemel deiner Füße!"

Alleluia mit Vers *Dominus dixit ad me* (Ps 2,7)

Alleluia.	Alleluia.
V. Dominus dixit ad me: „Filius meus es tu, ego hodie genui te."	V. Der Herr sprach zu mir: „Mein Sohn bist du, heute habe ich dich gezeugt."

Offertorium *Laetentur caeli* (Ps 95/96,11a.13a; V. Ps 97/98,1a.4a)

Laetentur caeli et exsultet terra ante faciem Domini: quoniam venit.	Freuen sollen sich die Himmel, und es frohlocke die Erde vor dem Angesicht des Herrn, denn er ist gekommen.
V. Cantate Domino canticum novum, cantate Domino omnis terra.	V. Singt dem Herrn ein neues Lied, singt dem Herrn, alle Lande!

Communio *In splendoribus sanctorum* (Ps 109/110,3; V. Ps 109/110,1)

In splendoribus sanctorum, ex utero ante luciferum genui te.	Im Glanz der Heiligen, aus dem Mutterschoß habe ich dich vor dem Morgenstern gezeugt.
V. Dixit Dominus Domino meo: „Sede a dextris meis."	V. Der Herr sprach zu meinem Herrn: „Setze dich zu meiner Rechten!"

2. Weihnachten – Messe zur Morgenröte

Programmatisch beginnt der Introitus der zweiten Weihnachtsmesse (in aurora = zur Morgenröte) mit den Worten „Lux fulgebit hodie super nos". Die lebhafte Melodiebewegung, die gleich zu Beginn auf kürzestem Weg aus der Tiefe eine Septime nach oben strebt, macht deutlich, wie sehr sich der Komponist von dem Bild und der Vorstellung des hell aufleuchtenden Lichtes und den an Weihnachten damit verbundenen Assoziationen inspirieren ließ. Andererseits zielt diese Intonation auf einen anderen, musikalisch noch mehr herausgehobenen Begriff: das Wort „hodie" (heute), in dem sich die sakramentale Aktualität des Geschehens von Betlehem im Hier und Jetzt ausdrückt.

Im Graduale *Benedictus qui venit* kehrt mit den Worten „et illuxit nobis" der Gedanke des für uns aufstrahlenden Lichtes wieder. Welche Bedeutung dieser Textstelle zukommt, lässt ein Blick in die Handschrift Einsiedeln 121 (10. Jh.) erahnen, wo der Neumenschreiber der vordergründig extrem schlicht erscheinenden Vertonung der Worte „et illuxit" durch drei rhythmisch deutlich hervortretende Noten auf der Akzentsilbe von „il*lú*xit" und den beiden Silben unmittelbar davor entgegenzuwirken trachtet. Besonders eindrucksvoll wirkt in diesem Graduale der Schluss des Soloverses bei den Worten „et est mirabile in oculis nostris" (und es ist wunderbar in unseren Augen). Ausgeprägte Melismen und nicht enden wollende Tonreperkussionen laden Sänger und Hörer ein, dem Wunder der Geburt Christi staunend nachzuspüren und es „im Herzen zu bewegen".

Wie oben bereits erwähnt, wird im Alleluia mit Vers *Dominus regnavit* im Licht des Neuen Testamentes die allumfassende und machtvolle Königsherrschaft des Mensch gewordenen Christus hervorgehoben, in der musikalischen Umsetzung mit besonderen Akzentuierungen bei den Worten „regnavit“ (er regiert als König), „fortitudinem“ (Stärke) und „virtute“ (Macht). Im Offertorium *Deus enim firmavit,* das – wiederum neutestamentlich gedacht – im Kontext der weihnachtlichen Liturgie den Mensch gewordenen Christus als Schöpfer der Welt besingt, fallen vor allem die vielen filigranen Tonreperkussionen auf, die geeignet sind, im Sänger wie Hörer ein hohes Mass an emotionaler Anteilnahme auszulösen. In der Communio *Exsulta filia Sion* schließlich wird die Tochter Zion zur Freude über die Ankunft des ersehnten Messias-Königs und zu seinem Lob aufgerufen, wobei in der Vertonung zwei Stellen aus dem sonst eher verhaltenen Melodiefluss deutlich herausragen: „lauda filia Ierusalem“ (Lobe, Tochter Jerusalem!) und „Rex tuus venit“ (dein König kommt).

GESANGSTEXTE

Introitus *Lux fulgebit* (Jes 9,2.6.7; Lk 1,33; V. Ps 92/93,1)

Lux folgebit hodie super nos: quia natus est nobis Dominus: et vocabitur Admirabilis, Deus, Princeps pacis, Pater futuri saeculi: cuius regni non erit finis.	Ein Licht wird heute leuchten über uns; denn geboren ist uns der Herr, und er wird genannt werden Wunderbarer, Gott, Fürst des Friedens, Vater der Zukunft; seiner Herrschaft wird kein Ende sein.
V. Dominus regnavit, decorem indutus est: indutus est Dominus fortitudinem et praecinxit se virtute.	V. Der Herr regiert als König, mit Pracht ist er bekleidet; bekleidet hat sich der Herr mit Kraft und umgürtet mit Macht.

Graduale *Benedictus qui venit* (Ps 117/118,26.27; V. Ps 117/118,23)

Benedictus qui venit in nomine Domini: Deus Dominus, et illuxit nobis.	Gesegnet, der da kommt im Namen des Herrn. Gott ist der Herr, und er ist uns aufgestrahlt.
V. A Domino factum est: et est mirabile in oculis nostris.	V. Vom Herrn ist es geschehen; und es ist wunderbar vor unseren Augen.

Alleluia mit Vers *Dominus regnavit, decorem* (Ps 92/93,1)

Alleluia.	Alleluia.
V. Dominus regnavit, decorem induit: induit Dominus fortitudinem et praecinxit se virtute.	V. Der Herr regiert als König, er hat sich mit Pracht bekleidet; bekleidet hat sich der Herr mit Kraft und umgürtet mit Macht.

Offertorium *Deus enim firmavit* (Ps 92/93,1c.2; V. Ps 92/93,1)

Deus enim firmavit orbem terrae, qui non commovebitur: parata sedes tua, Deus, ex tunc, a saeculo tu es.	Ja, Gott hat fest gegründet den Erdkreis, der wird nicht wanken. Bereitet ist dein Thron, o Gott, von Anbeginn, von Ewigkeit bist Du.
V. Dominus regnavit, decorem induit: induit Dominus fortitudinem et praecinxit se virtute.	V. Der Herr regiert als König, er hat sich mit Pracht bekleidet; bekleidet hat sich der Herr mit Kraft und umgürtet mit Macht.

Communio *Exsulta, filia Sion* (Sach 9,9; V. Ps 92/93,1)

Exsulta filia Sion, lauda filia Ierusalem: ecce Rex tuus venit sanctus, et Salvator mundi.	Jauchze, Tochter Zion, lobe, Tochter Jerusalem! Siehe, dein König kommt, der Heilige und Erlöser der Welt.
V. Dominus regnavit, decorem indutus est: indutus est Dominus fortitudinem et praecinxit se virtute.	V. Der Herr regiert als König, mit Pracht ist er bekleidet: bekleidet hat sich der Herr mit Kraft und umgürtet mit Macht.

3. Weihnachten – Messe am Tag

Die Tagesmesse (in die) von Weihnachten weist einige Teile auf, deren Vertonungen wahrhaft festliche Atmosphäre erzeugen. Hier ist vor allem das Graduale *Viderunt* zu nennen, dessen schwungvolle Anfangspassagen in beiden Teilen und eine Reihe glanzvoller Höhepunkte das gesamte Stück über ein Maximum an Emphase und Ausdrucksdichte erzielen. Darüber hinaus fällt auf, mit welch großem Nachdruck hier das an zwei Stellen auftretende Wort „salutare" (Heil) versehen ist, wodurch der Heilsbedeutung der Geburt Christi – im Sinne des „natus est nobis" (*für uns* geboren) bzw. „datus est nobis" (*für uns* gegeben) des Introitus *Lux fulgebit* der Missa in aurora und des Introitus *Puer natus* der Missa in die von Weihnachten – der gebührende musikalische Nachdruck verliehen wird. – In anderen Teilen dieses Propriums halten sich glanzvolle Höhepunkte und zartere Tonbewegungen die Waage. So vor allem im Introitus *Puer natus* der Tagesmesse, wo der Quintsprung gleich zu Beginn schon den ersten festlichen Akzent setzt, dem noch zwei weitere musikalische Höhepunkte folgen, nämlich bei den textlichen Sinnspitzen „cuius imperium" (seine Herrschaft) und „magni consilii Angelus" (Künder des großen Ratschlusses), im übrigen aber über weite Strecken feingliedrige Tonreperkussionen vorherrschen, die eher dazu einladen, dem Geschehen von Weihnachten in der Stille und Tiefe des Herzens nachzusinnen.

Im Alleluia mit Vers *Dies sanctificatus* liegt das erste im Kirchenjahr auftretende Beispiel der bekannten Typusmelodie im II. Modus vor. Dass dieser Gesang zum Kernrepertoire des Gregorianischen Chorals gehört und damit ein hohes Alter aufzuweisen hat, dafür bürgt zum einen die psalmodische Grundstruktur des Verses mit den typischen und deutlich erkennbaren Elementen der Psalmodie: Intonation (Initium), Rezitation auf der Tenorstufe und Kadenz, zum anderen die Tatsache, dass hier neben der Rezitation auf dem Tenor *fa* des 2. Psalmtons über längere Strecken auch auf der Grundtonstu-

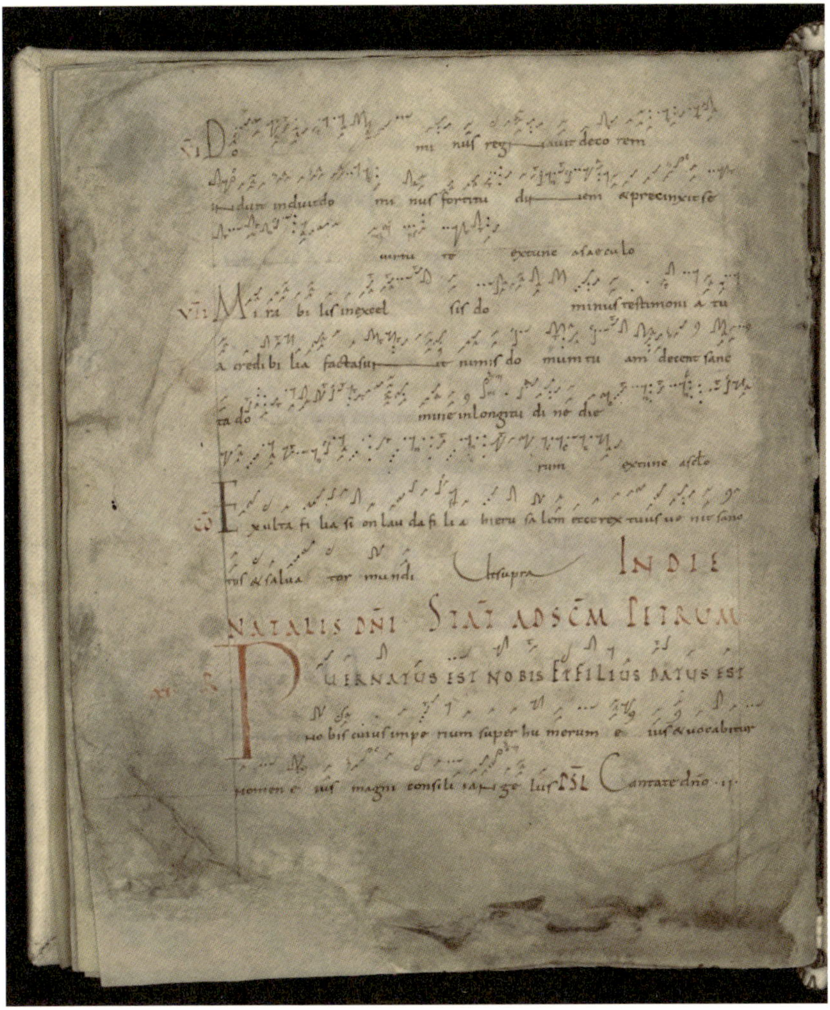

Introitus *Puer natus est* aus Codex Laon 239, fol. 9v, ca. 930,
Ville de Laon, Bibliothèque municipale

fe *re* rezitiert wird und damit dem Stück eine großenteils archaische Modalitätsstruktur zugrunde liegt. Dieser Gesang ist darüber hinaus ein schönes Beispiel dafür, dass auch in einer Typusmelodie zentrale Begriffe oder Passagen des Textes eine durchaus dem Text gemäße hervorgehobene Vertonung erfahren können, wie hier bei „Dies ... illuxit nobis“ (Ein [geheiligter] Tag leuchtet uns auf), „hodie“ (heute – in weihnachtlichem Kontext als Ausdruck für die sakramentale Aktualität des Geschehens von Betlehem im Hier und Heute) und „lux magna super terram“ (ein großes Licht auf die Erde).

Wie das Offertorium *Deus enim firmavit* der Missa in aurora ist auch das Offertorium *Tui sunt caeli* der dritten Weihnachtsmesse (in die) ein Lobpreis auf die Schöpfermacht Gottes (bzw. – im neutestamentlichen Kontext des Weihnachtsfestes – des Mensch gewordenen Christus), der musikalisch in der Vertonung der Textstelle „tu fundasti“ ([den Erdkreis und seine Fülle] hast du gegründet) gipfelt. Und wie im Offertorium der Missa in aurora weist auch hier der Melodieverlauf mehrere feingliedrige Tonreperkussionen auf, die eine freudige Erregung bei Sängern und Hörern auslösen können.

Als ein Gesang von geradezu mystischer Innigkeit erweist sich, trotz zweier herausragender Höhepunkte bei „fines terrae“ und „salutare“, die Communio *Viderunt*, dies vor allem wegen des ungemein beseelten Ausdrucks, der dem Schluss bei „Dei nostri“ (unseres Gottes) eigen ist. Hier ist dem Komponisten trotz der Kürze des Stückes ein Meisterwerk gelungen, das ganz aus der Versenkung und Hingabe an das Wort zu kommen scheint und Sänger wie Hörer zum meditierenden Verweilen einlädt.

GESANGSTEXTE

Introitus *Puer natus est* (Jes 9,6; V. Ps 97/98, 1)

Puer natus est nobis,	Ein Knabe ist uns geboren,
et filius datus est nobis:	ein Sohn ist uns geschenkt;
cuius imperium	seine Herrschaft
super humerum eius:	liegt auf seiner Schulter.

et vocabitur nomen eius magni consilii Angelus.	Und sein Name wird sein: großen Ratschlusses Künder.
V. Cantate Domino canticum novum, quia mirabilia fecit.	V. Singt dem Herrn ein neues Lied, denn er hat Wunderbares vollbracht.

Graduale *Viderunt omnes fines terrae* (Ps 97/98,3.4; V. Ps 97/98,2)

Viderunt omnes fines terrae salutare Dei nostri: iubilate Deo omnis terra.	Alle Enden der Erde haben gesehen das Heil unseres Gottes; jubelt Gott zu, alle Lande!
V. Notum fecit Dominus salutare suum: ante conspectum gentium revelavit iustitiam suam.	V. Bekannt gemacht hat der Herr sein Heil; vor dem Anblick der Völker hat er enthüllt seine Gerechtigkeit.

Alleluia mit Vers *Dies sanctificatus*

Alleluia.	Alleluia.
V. Dies sanctificatus illuxit nobis: venite gentes, et adorate Dominum: quia hodie descendit lux magna super terram.	V. Ein geheiligter Tag ist uns aufgestrahlt. Kommt, ihr Völker, und betet den Herrn an! Denn heute ist herabgestiegen ein großes Licht auf die Erde.

Offertorium *Tui sunt caeli* (Ps 88/89,12.15a; V. Ps 88/89,15b.18b)

Tui sunt caeli et tua est terra: orbem terrarum et plenitudinem eius tu fundasti: iustitia et iudicium praeparatio sedis tuae.	Dein sind die Himmel und dein ist die Erde; den Erdkreis und seine Fülle hast du gegründet. Gerechtigkeit und Recht sind die Stützen deines Thrones.
V. Misericordia et veritas praeibunt ante faciem tuam: et in beneplacito tuo exaltabitur cornu nostrum.	V. Erbarmen und Wahrheit gehen deinem Angesicht voraus, und in deinem Wohlgefallen erhebt sich unser Horn.

Communio *Viderunt omnes fines terrae* (Ps 97/98,3; V. Ps 97/98,1)

Viderunt omnes fines terrae	Alle Enden der Erde haben gesehen
salutare Dei nostri.	das Heil unseres Gottes.
V. Cantate Domino	V. Singt dem Herrn
canticum novum,	ein neues Lied,
quia mirabilia fecit.	denn er hat Wunderbares vollbracht.

4. Hochfest der Erscheinung des Herrn

Im vierten und letzten Messproprium, jenem des Festes der Erscheinung des Herrn (Epiphanie/Epiphanias), überwiegt, wie eingangs schon dargelegt, der Gedanke des Königtums und der allumfassenden Herrschaft des Mensch gewordenen Christus. Ihm sind alle Völker und Mächte dieser Erde dienend untertan, und alle Großen dieser Erde, hier vertreten durch die Könige von Tarschisch – nach dem Bericht des Evangelisten Matthäus Weise (wohl Sterndeuter) aus dem Orient –, entbieten ihm Gaben, Lob und Anbetung. Diese Thematik ist hier überall präsent, vom Introitus *Ecce advenit* über Graduale, Alleluia mit Vers und Offertorium bis hin zur Communio und findet durchweg adäquaten musikalischen Ausdruck. Darüber hinaus ist hier erneut – ähnlich wie in der Missa in aurora (zur Morgenröte) von Weihnachten – die Lichtsymbolik besonders stark ausgeprägt. Diese verdichtet sich einerseits im Bild des Sternes, der über Betlehem leuchtet, und von dem im Alleluiavers *Vidimus stellam* (einem weiteren Beispiel der Alleluia-Typusmelodie im II. Modus) und in der Communio *Vidimus stellam* die Rede ist, andererseits ganz besonders in der grandiosen, steil aufragenden melismatischen Vertonung des Wortes „illuminare" (werde licht!) im Solovers des Graduale *Omnes de Saba*. Mit einer besonderen musikalischen Kostbarkeit überrascht schließlich das Offertorium *Reges Tharsis* gleich zu Beginn: Die Endsilbe von „Thar*sis*" ist mit einer 7-tönigen, rhythmisch subtil differenzierten Unisono-Bewegung ausgestattet, die im klassischen Messrepertoire des Gregorianischen Chorals insgesamt

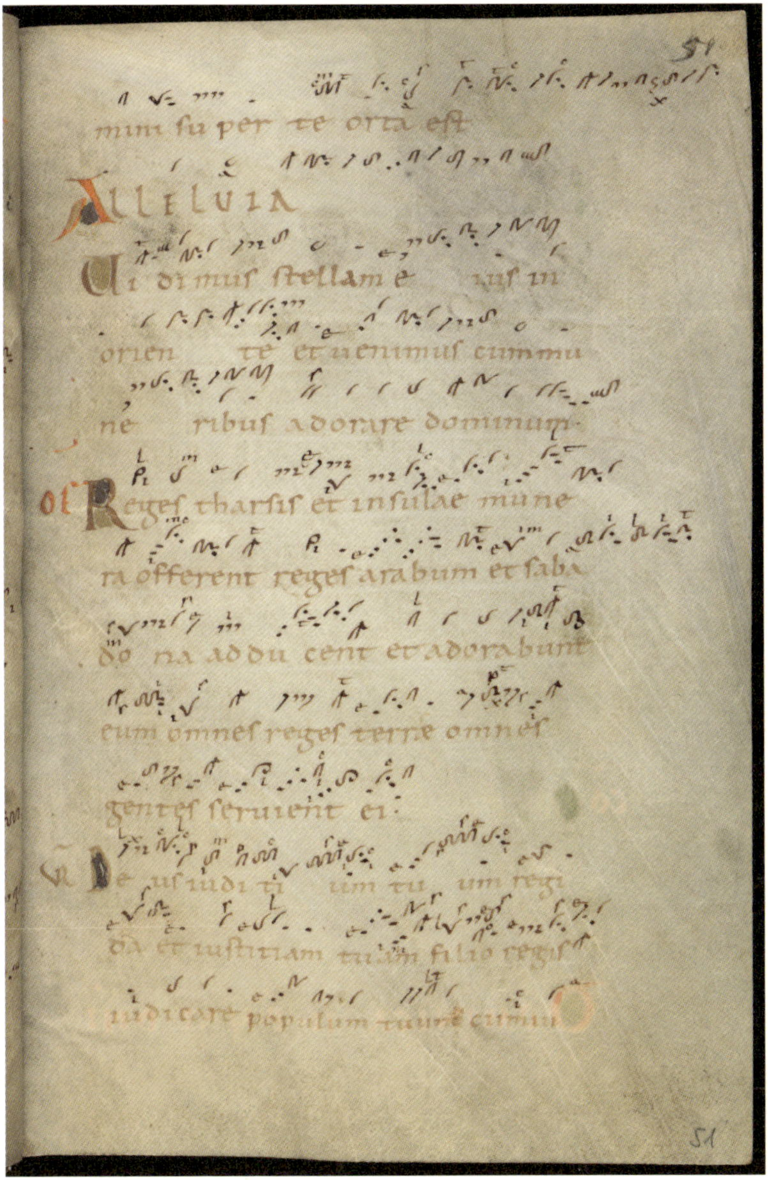

Offertorium *Reges Tharsis* aus Einsiedeln Codex 121, p. 51,
2. Hälfte 10. Jh., Stiftbibliothek Einsiedeln

sechsmal vorkommt, dabei stets einer Textaussage vorbehalten ist, die das Gefühl besonderer Fülle, Größe, Weite und Ferne oder auch das Gefühl übergroßer Freude, eines Übermaßes an Glück und Seligkeit oder restloser Hingabe und bedingungsloser Liebe vermitteln will. Hier könnte es die Vorstellung einer unsagbar fernen Welt, aus der die Sterndeuter aus dem Morgenland gekommen sind, gewesen sein, die den Komponisten zu dieser ungewöhnlichen Vertonung inspiriert hat.

Und nun noch eine Anmerkung zum Alter und zur Qualität der Messproprien von Weihnachten und Epiphanie. Angesichts der frühen Entstehungszeit der beiden Weihnachtsfeste am 25. Dezember und 6. Januar kann es nicht überraschen, dass sämtliche Propriumsteile der vier Messen dem bis auf älteste Zeit zurückgehenden Kernrepertoire des Gregorianischen Chorals angehören. Darauf weist vor allem die Tatsache hin, dass sie bereits in den frühen Texthandschriften seit dem 8. Jh. sowie – mit Ausnahme des im Codex Laon 239 verlorengegangenen Messpropriums von Epiphanie – in den ältesten Neumenhandschriften seit Beginn des 10. Jhs. belegt sind. Es handelt sich also um Gesänge aus der Hochblüte des Gregorianischen Chorals, Gesänge, in denen Wort und Ton eine perfekte Einheit auf hohem künstlerischen Niveau eingegangen sind.

GESANGSTEXTE

Introitus *Ecce advenit* (cf. Mal 3,1; 1 Chr 29,12; V. Ps 71/72,1)

Ecce advenit dominator Dominus: et regnum in manu eius, et potestas, et imperium.	Seht, gekommen ist der Herrscher, der Herr, und das Königtum liegt in seiner Hand, und die Macht und die Herrschaft.
V. Deus, iudicium tuum Regi da: et iustitiam tuam Filio Regis.	V. Gott, gib dein Gericht dem König und deine Gerechtigkeit dem Sohn des Königs.

Graduale *Omnes de Saba venient* (Jes 60,6; V. Jes 60,1)

Omnes de Saba venient, aurum et thus deferentes, et laudem Domino annuntiantes.	Alle werden von Saba kommen, bringen Gold und Weihrauch und verkünden das Lob des Herrn.
V. Surge, et illuminare Ierusalem: quia gloria Domini super te orta est.	V. Steh auf und werde licht, Jerusalem, denn die Herrlichkeit des Herrn ging über dir auf!

Alleluia mit Vers *Vidimus stellam* (Mt 2,2)

Alleluia.	Alleluia.
V. Vidimus stellam eius in Oriente, et venimus cum muneribus adorare Dominum.	V. Wir haben seinen Stern im Orient gesehen und sind gekommen mit Geschenken, den Herrn anzubeten.

Offertorium *Reges Tharsis* (Ps 71/72,10.11; V. Ps 71/72,1)

Reges Tharsis et insulae munera offerent: reges Arabum et Saba dona adducent: et adorabunt eum omnes reges terrae, omnes gentes servient ei.	Die Könige von Tharsisch und die Inseln bringen Gaben, die Könige der Araber und von Saba bringen Geschenke herbei, und alle Könige der Erde werden ihn anbeten, alle Völker ihm dienen.
V. Deus, iudicium tuum Regi da: et iustitiam tuam Filio Regis. iudicare populum tuum cum iustitia et pauperes tuos in iudicio.	V. Gott, gib dein Gericht dem König und deine Gerechtigkeit dem Sohn des Königs, zu richten dein Volk in Gerechtigkeit und deine Armen nach Recht!

Communio *Vidimus stellam* (Mt 2,2; V. Ps 71/72,1)

Vidimus stellam eius in Oriente,	Wir haben seinen Stern im Orient gesehen

et venimus cum muneribus adorare Dominum.	und sind gekommen mit Geschenken, den Herrn anzubeten.
V. Deus, iudicium tuum Regi da: et iustitiam tuam Filio Regis.	V. Gott, gib dein Gericht dem König und deine Gerechtigkeit dem Sohn des Königs.

Hinweis: Eine Einspielung der hier behandelten Messproprien ist zu finden auf der CD *Exsulta Filia Sion. Weihnachten und Epiphanie im Gregorianischen Choral.* Schola Gregoriana Monacensis, Leitung: Johannes B. Göschl, ISBN 978-3-8306-7409-2.

III. DIE NACHWEIHNACHTLICHEN SONN-UND FESTTAGE

Franz Karl Praßl

Neben dem Osterfestkreis entfalten sich weitere zentrale Stationen und Themen des Heilsmysteriums im Weihnachtsfestkreis, der ebenfalls in einem Dreischritt strukturiert ist: Vorbereitung (Advent) – zentrale Feiern (Weihnachten und Epiphanie) – Nachfeier. (Dazu kommt im Herrenjahr die Sonntagsfeier in einem Zyklus von 34 Wochen, in dem ebenfalls zahlreiche Ereignisse und Themen in der Geschichte Gottes mit den Menschen thematisiert werden.) Im Weihnachtsfestkreis gibt es in der Phase der zentralen Feste und deren Nachfeier neben traditionellen Heiligenfesten wie Stephanus, Johannes und Unschuldige Kinder einige Sonntage, die mit geistlichen Aspekten akzentuiert sind, welche sehr eng mit der zentralen Botschaft dieser drei Wochen verbunden sind, dem Erscheinen und Sichtbarwerden des Gottessohnes Jesus Christus in dieser irdischen Welt durch seine Geburt im Stall zu Betlehem. Am Sonntag innerhalb der Weihnachtsoktav wird die Heilige Familie gefeiert; am Oktavtag von Weihnachten, der heute zufällig auch der profane Neujahrstag ist, steht Maria als die immerwährend jungfräuliche Gottesgebärerin im Mittelpunkt. Der zweite Sonntag nach Weihnachten dient der theologischen Vertiefung des Mysteriums der Inkarnation: der vor aller Zeit existierende Gott tritt in die Welt ein und kann – nun sichtbar geworden – mit einem konkreten Namen angesprochen werden. Der Sonntag nach Epiphanie („Dreikönig") entfaltet einen der drei zentralen Aspekte des Festes der „Erscheinung des Herrn": die Taufe Jesu im Jordan. Nach heutiger liturgischer Praxis und Ordnung ist damit der Weihnachtsfestkreis abgeschlossen, vom frühen Mittelalter an bis zur letzten Kalenderreform 1970 war das im Rahmen der biblischen Berichte „natürliche" Ende der Weihnachtszeit jedoch das Fest der Darstellung des Herrn am 2. Februar, im Volksmund nach wie vor „Maria Lichtmess" genannt. Dem tragen auch die folgenden Ausführungen Rechnung und folgen damit einer inneren Logik der Weihnachtszeit, deren zentrales Thema das „Erscheinen" des Herrn ist, und die mit dem Erscheinen des Herrn im Tempel zu Jerusalem bei der Begegnung mit Simeon und Hanna als den Repräsentanten des Volkes Israel endet.

Das *Fest der Heiligen Familie* (Sonntag in der Weihnachtsoktav oder am 30. Dezember, wenn dieser Sonntag entfällt) ist Ausdruck einer sehr jungen neuzeitlichen Frömmigkeit, die im 17. Jh. aufgekommen und durch die Gründung einer Bruderschaft 1844 in Lüttich sehr gefördert worden ist. Leo XIII. machte das Thema (heilige) Familie zu seinem Anliegen und gestattete die Feier eines gleichnamigen Festes am Dritten Sonntag nach Epiphanie. Benedikt XV. hat 1921 die Feier dieses Festes allgemein vorgeschrieben und auf den Sonntag nach Epiphanie, also in die Oktav von Dreikönig, verlegt. Mit dem Missale Pauls VI. (1970) hat das Fest seinen heutigen Platz und auch seine heutige Ordnung der Gesänge bekommen. Die ältesten Texthandschriften für das Graduale – wie auch das Graduale Romanum 1908 – kennen für den Sonntag innerhalb der Weihnachtsoktav das Proprium *Dum medium silentium*, das heute bis auf Offertorium und Communio am Zweiten Sonntag nach Weihnachten steht. Allein die ursprüngliche Communio dieses Tages *Tolle puerum* konnte 1970 zumindest im Lesejahr A ihren historisch angestammten Platz behaupten.

1. Fest der Heiligen Familie

Für das Fest der Heiligen Familie wurde im späten 19. Jh. ein eigenes neogregorianisches Proprium komponiert, das im Ordo Cantus Missae 1972 entfernt und durch Gesänge aus dem gregorianischen Kernrepertoire ersetzt worden ist. Von ihnen hatte der Introitus *Deus in loco sancto suo* seinen ursprünglichen Ort am Elften Sonntag nach Pfingsten, heute steht er auch am Siebzehnten Sonntag im Jahreskreis, bei der Brautmesse, am Beginn des bürgerlichen Jahres usw. Das Graduale *Unam petii* wurde für den Sechsten und Siebzehnten Sonntag nach Pfingsten, sowie für den Freitag nach dem Aschermittwoch gebraucht, auch in der heutigen Liturgie wird es mehrfach verwendet. Das Alleluia mit Vers *Gaudete iusti* zählte zu den Communegesängen für Heilige in der Osterzeit, sowie für alte Märtyrerfeste. Das Offertorium *In te speravi* hatte seinen Platz am Dienstag der ersten Fastenwoche und am 13. Sonntag nach Pfingsten, heute steht es u.a. auch am Neunzehnten Sonntag im Jahreskreis. Die Communio *Fili, quid fecisti* gehörte ursprünglich zum Ersten Sonntag nach Epiphanie. Dieses Herumschieben von Gesängen – eine jüngere Erscheinungsform in der Liturgiegeschichte – ist zum einem durchaus Ausdruck einer theologischen Neukonzeption liturgischer Tage (ob dies etwas Besseres bringt, ist eine andere Frage), zum anderen ist es auch dem Bemühen geschuldet, das gregorianische Kernrepertoire nahezu vollständig in die nachkonziliare liturgische Ordnung zu integrieren.

Gott ermöglicht es, dass Menschen „wie ein Herz und eine Seele" unter einem Dach wohnen können: dieses „facit unanimes" ist die auch vom Melodieverlauf angezeigte Sinnspitze des Introitus, hier bezogen auf den konkreten liturgischen Tag. Der Text des Introitus *Deus in loco sancto suo* aus dem 67./68. Psalm ist stark centonisiert und folgt auch nicht im zentralen Begriff „unanimes" dem Wortlaut der Vulgata. (Deutsche Psalmenübersetzungen [aus dem Hebräischen] sind mit dem vorliegenden Text nicht kompatibel.) Die eindrücklich intensive rhetorische Ausprägung des „ipse dabit virtutem" (er selbst wird Kraft verleihen) ist der Ausdruck der Erfahrung, dass Gott *wirklich* die Kraft seinem Volke gibt. Der Modus dieses Stückes ist nicht eindeutig definierbar, er ist *äquivok*, d.h., einige Quellen nennen den V., andere den VII. Modus, weil das entscheidende Intervall, das beide Modi unterscheidet, im Stück selbst fehlt.

Das Graduale *Unam petii* besingt die Sehnsucht, im Hause des Herrn zu wohnen, seinen Willen zu erkennen und von seinem Tempel beschützt zu werden. „Wohnen" ist die Sinnspitze des Chorteils. Dieses „Daheimsein" als Ausdruck der Geborgenheit soll vor allem in einer Familie Platz haben und so auch auf die Geborgenheit in Gott verweisen, der die Gemeinschaft von Mann und Frau als Keimzelle der Familie als Abbild seines Wesens gewollt hat. Im Alleluia mit Vers *Gaudete iusti* werden die Frommen und Aufrichtigen aufgefordert, sich im Herrn zu freuen. Die Gestaltung des Wortes „Gaudete" mit leichten Tonwiederholungen verweist auf den emotionalen Charakter der Freude als eine innere seelische Gestimmtheit, das große Melisma über „decet" unterstreicht, dass rechtschaffene Menschen aus einem inneren Antrieb heraus Gott loben *müssen*: die Familie ist idealerweise auch der Ort primärer religiöser Sozialisierung. Das Offertorium *In te speravi* verweist auf die geistliche Erfahrung (ausgedrückt mit dem rhythmisch-melodisch profilierten Wort „dixi" – ich sprach), dass unsere Zeit in Gottes Händen (Sinnspitze „in manibus") liegt. Die beiden *Communiones de evangelio* erzählen in eher schlichter Weise Episoden aus der Kindheitsgeschichte Jesu: das Ende der Flucht nach Ägypten in der Communio *Tolle puerum* und der zwölfjährige Jesus im Tempel in der Communio *Fili, quid fecisti*. Letztere zielt musikalisch auf den Vorwurf Jesu an seine Eltern: *Wusstet ihr denn nicht*, dass ich in dem sein muss, was *meinem* Vater gehört?

GESANGSTEXTE

Introitus *Deus in loco sancto suo* (Ps 67/68,6.7.36; V. Ps 67/68,2)

Deus in loco sancto suo:	Gott ist an seinem heiligen Ort.
Deus, qui inhabitare facit	Gott, der einmütig
unanimes in domo:	im Haus wohnen lässt.
ipse dabit virtutem	Er ist es, der Kraft und Stärke
et fortitudinem plebi suae.	geben wird seinem Volk.

V. Exsurgat Deus, et dissipentur inimici eius: et fugiant, qui oderunt eum, a facie eius.	V. Gott stehe auf, und zerstieben sollen seine Feinde, und fliehen sollen, die ihn hassen, vor seinem Angesicht.

Graduale *Unam petii a Domino* (Ps 26/27,4)

Unam petii a Domino, hanc requiram, ut inhabitem in domo Domini.	Eines habe ich vom Herrn erbeten, dieses will ich suchen: dass ich wohne im Hause des Herrn.
V. Ut videam voluntatem Domini: et protegar a templo sancto eius.	V. Dass ich schaue den Willen des Herrn und beschützt werde von seinem heiligen Tempel.

Alleluia mit Vers *Gaudete iusti in Domino* (Ps 32/33,1)

Alleluia.	Alleluia.
V. Gaudete iusti in Domino: rectos decet collaudatio.	V. Freut euch, ihr Gerechten, im Herrn: den Redlichen geziemt der Lobgesang.

Offertorium *In te speravi, Domine* (Ps 30/31,15.16)

In te speravi, Domine: dixi: Tu es Deus meus, in manibus tuis tempora mea.	Auf dich habe ich gehofft, o Herr. Ich sagte: Du bist mein Gott. In deinen Händen (liegen) meine Zeiten.

Communio *Fili, quid fecisti* (Lk 2,48.49; V. Ps 99/100,1)

Fili, quid fecisti nobis sic? ego et pater tuus dolentes quaerebamus te. Et quid est quod me quaerebatis? an nesciebatis quia in his quae Patris mei sunt, oportet me esse?	Kind, was hast du uns da angetan? Ich und dein Vater, mit Schmerzen haben wir dich gesucht. Und was ist es, weshalb ihr mich gesucht habt? Wusstet ihr denn nicht, dass ich in dem, was meinem Vater gehört, sein muss?

V. Iubilate Domino omnis terra: servite Domino in laetitia.	V. Jauchzet dem Herrn, alle Lande! Dienet dem Herrn in Freude!

Communio (Lesejahr A) *Tolle puerum* (Mt 2,20; V. Ps 92/93,1)

Tolle puerum et matrem eius, et vade in terram Iuda: defuncti sunt enim, qui quaerebant animam pueri.	Nimm den Knaben und seine Mutter und zieh in das Land Juda. Denn gestorben sind, die nach dem Leben des Knaben trachteten.
V. Dominus regnavit, decorem indutus est: indutus est Dominus fortitudinem, et praecinxit se virtute.	V. Der Herr ist König, mit Pracht hat er sich bekleidet. Bekleidet hat sich der Herr mit Kraft und sich umgürtet mit Macht.

2. 1. Januar – Hochfest der Gottesmutter Maria

Im Laufe seiner Geschichte wurde der Oktavtag von Weihnachten, der 1. Januar, mit einer Fülle von Themen überfrachtet, was sich nicht zuletzt aus der Evangelienlesung des Tages ergibt. In Rom stand an diesem Tag zunächst ein Marienfest, möglicherweise das Kirchweihfest der Kirche Sancta Maria Antiqua in Foro Romano, die, wohl im 6. Jh., in die Vorhallenanlage für den höher gelegenen Palast des Tiberius eingebaut worden ist. Griechische Mönche, die hier gelebt haben, haben das Fest mit zahlreichen byzantinischen Troparien bereichert, die bis zum heutigen Tag als Antiphonen der Angelhoren Laudes und Vesper dienen. Das liturgisch gefeierte Mysterium dieses Tages wurde die immerwährende Jungfräulichkeit der Gottesgebärerin Maria: ein Skandalon für „aufgeklärte" Menschen – damals wie heute. Die konkrete liturgische Verortung dieser Feier lässt jedoch – in einem ersten Zugang – erkennen, dass zwischen dem Eintritt des vor aller Zeit existierenden Gottessohnes in die Welt und seiner Menschwerdung „sine virili semine" (ohne männlichen Samen) ein tiefer innerer Zusammenhang besteht, und dass das Mysterium der Jungfrauengeburt primär eine christologische Dimension aufweist.

Die ältesten französischen Texthandschriften für das Messproprium kennen daher allein eine Marienmesse (Introitus *Vultum tuum*, Graduale *Diffusa*, Offertorium *Offerentur* und als Communio [*Simile est regnum caelorum*] das Gleichnis vom Auffinden einer kostbaren Perle), nur das Rheinauer Graduale lässt zum Großteil die dritte Weihnachtsmesse wiederholen. Älteste römische Sakramentare vom Ende des 6. Jh. kennen freilich auch schon eine Feier der Oktav von Weihnachten. Das Gedächtnis der Beschneidung des Herrn gemäß dem Evangeliumsbericht entstand im 6. Jh. in Spanien und Gallien und setzte sich über die fränkisch-römischen Liturgiebücher ab dem 11. Jh. auch in Rom durch, wo bei der Messe das ursprüngliche Marienfest verdrängt worden ist, das marianisch geprägte Offizium jedoch alle Zeiten und Reformen überdauert hat. Das Graduale Romanum 1908 wiederholt daher bis auf das Alleluia mit Vers *Multifarie*, das erst im späten 10. Jh. in einigen deutschen Handschriften auftaucht, die dritte Weihnachtsmesse.

Das heutige Graduale Romanum präsentiert eine Auswahlmöglichkeit aus weihnachtlichen und marianischen Gesängen. Als Introitus sind *Lux fulgebit* (2. Weihnachtsmesse, siehe dort) und *Salve, sancta Parens* vorgesehen. Der Text dieses letzteren Introitus stammt vom südgallischen Dichter Sedulius († um 450), es sind die für die Liturgie leicht redigierten Verse 63 und 64 aus dem zweiten Buch seines auf fünf Bücher angelegten *Carmen Paschale*, eine Darstellung des Lebens Jesu in Hexametern. Als Melodie dient eine geglückte, dem neuen Text gut angepasste Paraphrase des Introitus *Ecce advenit* von Epiphanie, die wohl erst nach der Jahrtausendwende entstanden ist. Das Graduale ist das ursprünglich römische dieses Tages: *Diffusa est gratia*. Im Graduale Romanum 1974 und Graduale Novum, Band I, werden zwei Alleluia mit den Versen *Post partum* und *Multifarie* zur Auswahl angeboten. Neu an diesem Tag ist das Offertorium *Felix namque es*, das im Graduale Romanum 1908 bei der marianischen Votivmesse der Weihnachtszeit zu finden war. Der Text atmet den Geist byzantinischer Troparien, die Melodie gehört nicht zum gregorianischen Kernrepertoire, ist aber aufgrund der vielen alten Formeln nach dessen Gesetzen zu interpretieren. Die hier vorgesehene Communio *Exsulta, filia Sion* ist identisch mit jener der Missa in aurora (zur Morgenröte) des Weihnachtstages.

GESANGSTEXTE

Introitus *Salve, sancta Parens* (Sedulius, Carm. Pasch. 2 63.64; V. Ps 44/45,2)

Salve, sancta Parens, enixa puerpera Regem, qui caelum terramque regit in saecula saeculorum.	Sei gegrüßt, du heilige Mutter, lichtvoll hast du geboren den König, der über Himmel und Erde herrscht durch alle Zeit und Ewigkeit.
V. Eructavit cor meum verbum bonum: dico ego opera mea regi.	V. Mein Herz fließt über von gutem Wort: ich sage meine Werke dem König.

Graduale *Diffusa est gratia* (Ps 44/45, 3; V. Ps 44/45,5)

Diffusa est gratia in labiis tuis: propterea benedixit te Deus in aeternum.	Ausgegossen wurde Gnade über deine Lippen. Deshalb hat Gott dich gesegnet in Ewigkeit.
V. Propter veritatem, et mansuetudinem, et iustitiam: et deducet te mirabiliter dextera tua.	V. Wegen der Wahrheit und der Sanftmut und der Gerechtigkeit. Und führen wird dich wunderbar deine Rechte.

Alleluia mit Vers *Multifarie* (Hebr 1,1.2)

Alleluia.	Alleluia.
V. Multifarie olim Deus loquens in prophetis, novissime diebus istis locutus est nobis in Filio suo.	V. Gott, der auf vielfältige Weise einst gesprochen hat durch die Propheten, hat zuletzt in diesen Tagen zu uns gesprochen durch seinen Sohn.

Offertorium *Felix namque es* (nach Texten der byzantinischen Liturgie)

Felix namque es,	Glücklich nämlich bist du,
sacra Virgo Maria,	heilige Jungfrau Maria,
et omni laude dignissima:	und allen Lobes überaus würdig,
quia ex te ortus est	denn aus dir ist hervorgegangen
sol iustitiae,	die Sonne der Gerechtigkeit,
Christus Deus noster.	Christus, unser Gott.

3. Zweiter Sonntag nach Weihnachten

Auch dem zweiten Sonntag nach Weihnachten, der nur gefeiert wird, wenn der 1. Januar auf einen Mittwoch bis Samstag fällt, ist in der Neuzeit eine komplexe Liturgiegeschichte zugewachsen. Die ältesten Gradualien kennen kein eigenes Messformular für diesen Sonntag, spätestens seit dem Hochmittelalter wurden an diesen Tagen ohnedies die Oktaven von Stephanus, Johannes und Unschuldige Kinder, sowie die Vigil von Epiphanie gefeiert. So ist es auch im Graduale Romanum 1908 geregelt. Pius X. hat jedoch 1913 am ersten Sonntag im Januar die Feier des Festes Namen Jesu angeordnet. Für den Fall, dass dieser Sonntag der 1. oder 6. Januar war, wurde das Fest auf den 2. Januar verlegt. Die Verehrung des Namens Jesu wurde besonders von Bernhardin von Siena im 16. Jh. gefördert, der Minoritenpapst Clemens VII. gestattete seinem Orden eine liturgische Feier, die Innozenz XIII. 1721 auf Bitten des Habsburger Kaisers Karls VI. vorgeschrieben und auf den Zweiten Sonntag nach Epiphanie verlegt hat. So kennt das Graduale Romanum 1908 für diesen Sonntag zwei verschiedene Proprien, das angestammte mit Introitus *Omnis terra* und ein neu gebasteltes für den Namen Jesu. Im Zuge der Liturgiereform 1970 ist das Fest zunächst gänzlich verschwunden, erst in der 3. Auflage des nachkonziliaren Missale Romanum 2002 scheint es als nicht gebotener Gedenktag am 3. Januar wieder auf. Der Sonntag selbst hat jedoch mit dem Introitus *Dum medium silentium*, dem Graduale *Speciosus forma* und dem Alleluia mit Vers *Dominus regnavit* (identisch mit jenem der zweiten Weihnachtsmesse) das alte Proprium vom Sonntag der Weihnachtsoktav erhalten (siehe oben). Das Offertorium *Benedic anima mea* hatte am Freitag der Frühlings- und Herbstquatember usw. seinen angestammten Platz, die Communio *Domine Dominus noster* gehört zum Montag der zweiten Fastenwoche, heute auch zum Neunundzwanzigsten Sonntag im Jahreskreis.

Der Introitus *Dum medium silentium* (der Text ist – völlig anders vertont – heute auch als Magnificatantiphon am 26.12. vorgesehen) besingt den Abstieg des Gottessohnes, des „allmächtigen Wortes“, von seinem königlichen Thron um Mitternacht, als die Welt in tiefstem Schweigen, also aufnahmebereit war, still geworden ist. Weish 18, 14 als biblische Basis des Introitus stellt freilich den Todesengel vor Augen, der die Erstgeburt Ägyptens getötet hat. Aber schon Ignatius von Antiochien hat im Brief an die Epheser die Verbindung der Exoduserzählung mit der Weihnachtserzählung hergestellt und beides als Befreiungsgeschichten miteinander verknüpft: Die stille Mitternacht ist die Stunde der Erlösung, die Stunde des Eingreifens Gottes zugunsten seines Bundesvolkes.

Das Graduale *Speciosus forma* mit Text aus dem 44./45. Psalm besingt einen Menschen von schönster Gestalt, schöner als alle anderen. Dies wird schon im ältesten liturgischen Kontext diesmal nicht marianisch, sondern christologisch zu deuten sein. Die „forma“ (Gestalt) entfaltet sich in einem ausgedehnten Melisma, dem die Melismen über „gratia“ (Gnade) und „tuis“ im Chorstück gegenüber stehen. Die *Gnade* dieses Menschen, also seine göttliche Existenz, die seine Schönheit ausmacht, ist zusätzlich durch eine akustische Überraschung profiliert: wir finden hier mitten in einem III. Modus eine Formel der Gradualien des VII. Modus, eine Hervorhebung, die auch die Grenzen des musiktheoretisch Erlaubten sprengt, indem durch diese Centonisierung „unerlaubte“ Halbtöne entstanden sind, die man immer wieder retuschiert, im Graduale Novum aber wieder hergestellt hat. Das Offertorium *Benedic anima mea* ist ein Preislied auf Gottes Wohltaten, vor allem auf die *Erneuerung der Jugend*, also die immerwährende Gabe eines neuen Lebens, die durch die Menschwerdung Christi allen Menschen zuteil werden soll. Die Communio *Domine Dominus noster* schließlich rühmt mit Worten des 8. Psalms den wunderbaren Namen des neugeborenen Herrn und Gottes.

GESANGSTEXTE

Introitus *Dum medium silentium* (Weish 18,14.15; V. Ps 92/93,1)

Dum medium silentium tenerent omnia, et nox in suo cursu medium iter haberet, omnipotens sermo tuus, Domine, de caelis a regalibus sedibus venit.	Als das All inne hielt in tiefster Stille, und die Nacht in ihrem Lauf die Mitte erreichte, da ist dein allmächtiges Wort, o Herr, vom Himmel herab, vom Königsthron, gekommen.
V. Dominus regnavit, decorem indutus est: indutus est Dominus fortitudinem, et praecinxit se virtute.	V. Der Herr ist König, mit Pracht hat er sich bekleidet. Bekleidet hat sich der Herr mit Kraft und sich umgürtet mit Macht.

Graduale *Speciosus forma* (Ps 44/45,3; V. Ps 44/45,2)

Speciosus forma prae filiis hominum: diffusa est gratia in labiis tuis.	Schön an Gestalt bist du vor den Menschenkindern, ausgegossen wurde Gnade über deine Lippen.
V. Eructavit cor meum verbum bonum: dico ego opera mea regi: lingua mea calamus scribae velociter scribentis.	V. Mein Herz fließt über von gutem Wort: ich sage meine Werke dem König. Meine Zunge ist der Stift eines Schreibers, eines schnell schreibenden.

Offertorium *Benedic anima mea* (Ps 102/103,2.5)

Benedic anima mea Domino, et noli oblivisci omnes retributiones eius:	Preise, meine Seele, den Herrn und vergiss nicht all seine Wohltaten:

et renovabitur, sicut aquilae, iuventus tua.	und erneuert wird deine Jugend werden wie die eines Adlers.

Communio *Domine Dominus noster* (Ps 8,2; V. Ps 8,3)

Domine Dominus noster, quam admirabile est nomen tuum in universa terra!	Herr, unser Herr, wie wunderbar ist dein Name auf der ganzen Erde.
V. Ex ore infantium et lactantium perfecisti laudem propter inimicos tuos.	V. Aus dem Munde der Kinder und Säuglinge hast du dir Lob bereitet wegen deiner Feinde.

4. Fest der Taufe des Herrn

Ein Gedächtnis der Taufe Jesu wurde erst 1955 formell als eigene liturgische Feier namentlich definiert. Es verdrängte den Oktavtag von Epiphanie. Dies bedeutete primär das Auswechseln von Überschriften ohne substantielle Änderungen von Gebeten und Gesängen. Der Oktavtag von Epiphanie war in der Tagzeitenliturgie von jeher als Entfaltung eines der drei Themen des Festes, nämlich das der Offenbarung Jesu bei der Taufe im Jordan, angesehen worden. Die am Hofe Karls des Großen aus dem Griechischen übersetzte Antiphonenreihe *Veterem hominem renovans* über die Wirkungen der Taufe war z.B. mittelalterliches Allgemeingut, jedoch nicht im Breviarium Romanum 1568 enthalten. Sie wurde 1970 wieder in ihrem ursprünglichen Kontext eingesetzt. Bei der Messe selbst wurde das Proprium der Epiphanie wiederholt. Im Zuge der Kalenderreform 1970 kam es jedoch zur Abschaffung der Epiphanie-Oktav. Um die Feier der Taufe Jesu nicht ausfallen zu lassen, wurde der frühere Sonntag in der Oktav als Fest der Taufe des Herrn neu definiert und u. a. mit einem neuen Proprium ausgestattet, das sich jetzt auch in der Messe explizit auf die Taufe des Herrn bezieht. Das angestammte Proprium dieses Sonntags mit Introitus *In excelso throno* gilt seither nur für die Wochentage der jetzt neu geschaffenen ersten Woche im Jahreskreis.

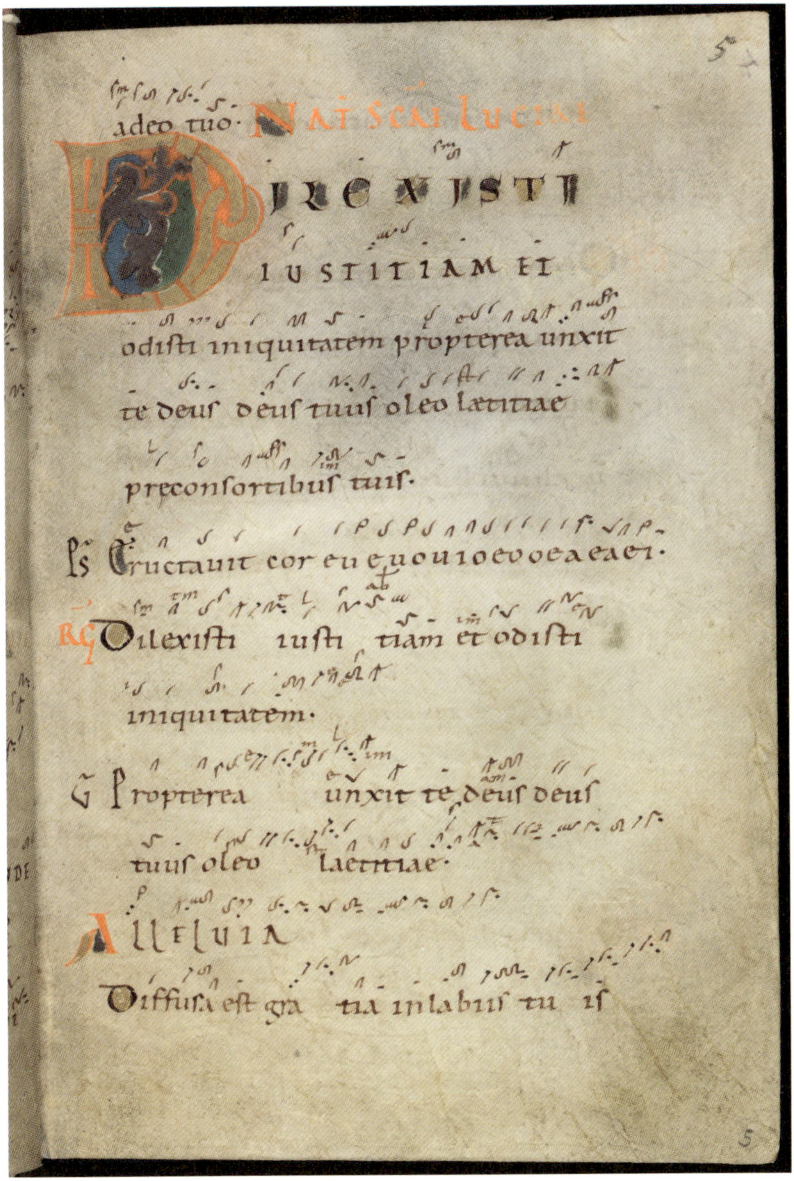

Introitus *Dilexisti* aus Einsiedeln Codex 121, p. 5,
2. Hälfte 10. Jh., Stiftsbibliothek Einsiedeln

Der Introitus *Dilexisti iustitiam* aus dem 44./45. Psalm, der ursprünglich in den Gradualien das erste Fest heiliger (Jung)Frauen geziert hat (Lucia), steht hier wieder in christologischer Deutung (wie es auch bei der Missa chrismatis am Gründonnerstag der Fall ist). Der von seinem Vater bei der Taufe durch Johannes Geoffenbarte ist der Gesalbte Gottes, der Messias, der die Gerechtigkeit liebt und das Unrecht hasst. Das Graduale *Benedictus Dominus* hat auch in der Neuausrichtung dieses Sonntags seinen ursprünglichen Platz behalten und verblieb obendrein im Proprium der folgenden ersten Woche im Jahreskreis. Es ist aus dem Psalm 71/72, einem der klassischen Epiphaniepsalmen, genommen. Der *Herr* (in der patristisch-liturgischen Exegese: Christus) wird hier als der *Gott Israels* angesprochen, der schon *seit Ewigkeit* (nachdrücklich unterstrichen im Schlussmelisma des Chorstückes) wunderbare Taten vollbracht hat. Er ist der, der den *Frieden* bringt, dies wird auch durch das ausgedehnte schwungvolle Melisma bei dem Wort „pacem" des Soloverses als Sinnspitze herausgearbeitet. Die Melodie des Chorstücks besteht über weite Strecken aus den Formeln für die Cantica der Osternacht. Hier schafft die Musik allein einen zusätzlichen theologischen Bezug. Der kundige Hörer assoziiert im Kontext der Offenbarung Jesu durch seinen Vater sofort die Feier der Auferstehung in der Osternacht. Was in der Offenbarung des Gottessohnes am Beginn seines irdischen Weges grundgelegt wird, vollendet sich im Mysterium der drei österlichen Tage.

Das Alleluia mit Vers *Inveni David* setzt den Gedanken des Introitus fort: Christus, der neue David, ist der Gesalbte des Herrn. Das Thema der königlichen Salbung wird durch die neu eingeführten Gesänge als ergänzender Festinhalt eingebracht, Taufe und Salbung zusammen erweisen sich als Legitimation für das zukünftige Wirken des von Gott gesandten Messias, beides zusammen ist auch der sakramentale Ausdruck dafür, dass Getaufte und Gefirmte in das Schicksal Jesu einbezogen sind, in seinen Tod und in seine Auferstehung, und in dieser Gemeinschaft das ewige Leben erhalten. Das

Offertorium *Benedictus qui venit* aus dem österlichen bzw. sonntäglichen Psalm 117/118 gehört zwar ursprünglich zum Samstag nach Ostern, ist aber eine thematisch besonders gelungene Übernahme in den neu kontextualisierten Sonntag. Der in der Taufe am Jordan geoffenbarte Christus (Messias) ist der, der im Namen Gottes kommt. Ja, er wird selbst als *Herr* und *Gott* angesprochen, der uns *erleuchtet* hat. Die starke rhetorische Verbreiterung der Wortes „illuxit" zusammen mit seinen herausragenden Hochtönen, die sich nur bei Wörtern wie *Herr* und *Gott* im melismatischen Kontext wiederholen, unterstreicht, dass die Begegnung mit dem Herrn in der Taufe *Erleuchtung* ist, tiefere Erkenntnis, die dem Leben Sinn, Richtung und Ziel gibt. Photismos, Erleuchtung, ist übrigens in der byzantinischen Tradition der Name für das Sakrament der Taufe. Um diese geht es auch in der Communio *Omnes qui in Christo,* die ebenfalls vom Samstag nach Ostern genommen ist und mit einem Wort des Apostels Paulus an die Galater an die Bedeutung der Taufe als Teilhabe an der Existenz Jesu erinnert.

Bei diesem neu geschaffenen Proprium wird in besonderer Weise eine Christologie „von oben" textlich wie musikalisch hervorgehoben, die im 4. Jh. als Abwehr gegen die arianischen Häresien die Zeugnisse der Schrift verdeutlichend interpretiert und im großen Glaubensbekenntnis der Kirchen einen bleibenden Ausdruck gefunden hat, sowie den eigentlichen und ursprünglichen Inhalt der weihnachtlichen Feste ausmacht.

GESANGSTEXTE

Introitus *Dilexisti iustitiam* (Ps 44/45,8; V. Ps 44/45,2)

Dilexisti iustitiam,	Geliebt hast du das Recht
et odisti iniquitatem:	und das Unrecht gehasst.
propterea unxit te Deus,	Darum hat Gott dich gesalbt,
Deus tuus, oleo laetitiae	dein Gott, mit dem Öl der Freude
prae consortibus tuis.	zum Vorzug vor deinen Gefährten.

V. Eructavit cor meum verbum bonum: dico ego opera mea regi.	V. Mein Herz fließt über von gutem Wort: ich sage meine Werke dem König.

Graduale *Benedictus Dominus Deus* (Ps 71/72,18; V. Ps 71/72,3)

Benedictus Dominus Deus Israel, qui facit mirabilia magna solus a saeculo.	Gesegnet sei der Herr, der Gott Israels, der große Wunder tut allein seit Ewigkeit.
V. Suscipiant montes pacem populo tuo, et colles iustitiam.	V. Empfangen sollen die Berge Frieden für dein Volk, und die Hügel Gerechtigkeit.

Alleluia mit Vers *Inveni David* (Ps 88/89,21)

Alleluia.	Alleluia.
V. Inveni David servum meum: oleo sancto meo unxi eum.	V. Gefunden habe ich David, meinen Diener, mit meinem heiligen Öl habe ich ihn gesalbt.

Offertorium *Benedictus qui venit* (Ps 117/118, 26.27)

Benedictus qui venit in nomine Domini: benediximus vos de domo Domini: Deus Dominus, et illuxit nobis, alleluia, alleluia.	Gesegnet sei, der kommt im Namen des Herrn. Gesegnet haben wir euch vom Haus des Herrn her. Gott ist der Herr, und er hat uns erleuchtet, alleluia, alleluia.

Communio *Omnes qui in Christo* (Gal 3,27; V. Ps 104/105,1)

Omnes qui in Christo baptizati estis, Christum induistis, alleluia.	Alle, die ihr auf Christus getauft seid, habt euch mit Christus bekleidet. Alleluia.
V. Confitemini Domino et invocate nomen eius: annuntiate inter gentes opera eius.	V. Preist den Herrn und ruft seinen Namen an, verkündet unter den Heiden seine Werke.

5. Fest der Darstellung des Herrn

Das Fest der Darstellung der Herrn am 2. Februar, 40 Tage nach Weihnachten, wurde bis zur jüngsten Kalenderreform 1970 gemäß dem lukanischen Kindheitsevangelium als festlicher Abschluss der Weihnachtszeit begangen. 40 Tage nach der Geburt war der Erstgeborene im Tempel zu präsentieren (und kultisch „freizukaufen“), dabei wurde auch die Mutter anhand von archaischen Vorstellungen kultisch „gereinigt“. Die gezähmte Version dieses Usus ist heute die Möglichkeit, Mutter und Kind vierzig Tage nach der Geburt feierlich segnen zu lassen, was den alten Purifikationsritus ersetzt hat. Das Fest lebte seit alters her von zwei Themen: die kultische Reinigung der Gottesmutter (Purificatio Mariae, Maria Lichtmess) und die Begegnung des Herrn mit Simeon und Hanna, den Repräsentanten des Alten Testaments im Tempel zu Jerusalem (Hypapante = Occursus = Begegnung). Christus offenbart sich jenen Frommen des Alten Testaments, die ihn sehnsüchtig als den Messias erwartet haben. Im 4. Jh. berichtet die Pilgerin Egeria von einer feierlichen Prozession in der Anastasis (der Grabeskirche) zu Jerusalem vierzig Tage nach Epiphanie. In Rom entwickelte sich eine Kerzenprozession vierzig Tage nach Weihnachten in Ablösung einer paganen Lichterprozession am Anfang des Februar. Um 450 ist – nachdem sich das Festdatum 2. Februar durchgesetzt hatte – in Jerusalem eine Lichterprozession bezeugt. Auf dem Weg von Betlehem nach Jerusalem hatte die reiche Witwe Vicellia eine Basilika errichten lassen, von der aus das *Festum occursus Salvatoris Dei cum candelis* seinen Ausgang genommen hat. Wichtig für das Verständnis der Prozessionsgesänge ist die Kenntnis des antiken Brauches, einem König bei seinem ersten Einzug in eine Stadt mit brennenden Lichtern entgegen zu gehen und ihn so zu empfangen. Der gallische Brauch einer Segnung der Kerzen hingegen war im Osten und zunächst auch in Rom unbekannt.

Einer der theologisch zentralen Gesänge des Festes, der gleich einmal zur Prozession angestimmt wird, ist die Antiphon *Lumen ad re-*

velationem gentium und das Canticum *Nunc dimittis* mit Text aus dem zweiten Kapitel des Lukasevangeliums, dessen letzter Vers wiederum den Gedanken der Begegnung als *Erleuchtung* ausspricht: Christus ist das Licht der Heiden und gleichzeitig die „gloria", die lichte Herrlichkeit für das Volk Israel, dem er sich zuerst geoffenbart hat. Dass die Erscheinung Gottes und der damit verbundene Ruf zu Umkehr und Nachfolge *allen* Menschen gelten, Juden wie Heiden (den *Völkern*), ist bei der heutigen theologischen political correctness eine schwer auszusprechende biblische Wahrheit; das Fest des 2. Februar aber spricht hier dennoch eine klare Sprache. Ein besonderes Kleinod unter den Prozessionsgesängen ist die Antiphon *Adorna thalamum*, die Übersetzung eines byzantinischen Troparions (im Graduale von Mont Blandin [Gent] ist dieser Gesang sogar zweisprachig enthalten), das zum Empfang jenes Königs einlädt, dem sein *Zion*, die Kirche, wie die klugen Jungfrauen mit brennenden Kerzen entgegengeht. Hier ist letztlich auf der Basis biblischer Bilder die mystische Hochzeit Christi mit seiner Kirche angesprochen, die liebende Vereinigung von Braut und Bräutigam.

Im Mittelpunkt der Messgesänge steht der 47./48. Psalm, aus dem ausgewählte Verse die Theologie des Festes entfalten. Der Psalm selbst besingt die herrliche Größe Gottes, der auf dem Zionsberg in seiner heiligen Stadt inmitten des Tempels einen Ort der Begegnung errichtet hat. Wie Simeon und Hanna hat auch die Gemeinde Christi ihren Herrn in der Mitte seines Tempels als die personifizierte Barmherzigkeit Gottes beim Hören auf das Wort und beim Brechen des Brotes *empfangen* bzw. *aufgenommen* („suscepimus"). Dieser konkrete Bezug eines Psalmverses im Introitus *Suscepimus Deus* und Graduale *Suscepimus Deus* zum Fest bzw. der Ausdruck des Festinhalts in einem Psalmvers wird nur in der Version der Vulgata erkennbar. In der Nova Vulgata und in der deutschen Einheitsübersetzung wird über die Barmherzigkeit Gottes im Tempel nur ein wenig *nachgedacht*. So unterschiedlich im Detail die Akzente in Introitus und Graduale gesetzt sind: der *Name* Gottes als Ausdruck seiner Identität ist in dieser

Darstellung eines Beziehungsgeschehens in beiden Fällen hervorgehoben.

Das Alleluia *Senex puerum* ist – musikalisch gesehen – eine spätgregorianische Paraphrase des Alleluia *Iustus ut palma.* Textlich gesehen atmet es den Geist der byzantinischen Liturgiesprache, welche das Paradoxon als literarisch-theologisches Stilmittel häufig verwendet, um sich dem Unsagbaren sprachlich anzunähern. Der 44./45. Psalm begleitet in Gestalt des Offertoriums *Diffusa est gratia* seit der karolingischen Epoche auch dieses Fest, steht in den ältesten Handschriften bei heiligen Märtyrinnen wie Agnes und ist heute auch im Commune der Marienfeste zu finden. Der, dem die Repräsentanten des Volkes Israel begegnen, ist der Träger der Gnade Gottes. Die Communio *Responsum accepit Simeon* greift einen Vers aus dem Lukasevangelium auf, der die Sehnsucht des Simeon thematisiert, den Gesalbten des Herrn noch bei Lebzeiten zu sehen. Es wurde ihm gewährt, vor seinem *Tod* den Messias zu schauen.

Einzelne Gesänge des Festes der Begegnung sind Zeugnisse ökumenischen Singens. Die östlichen wie westlichen Christen vereinen sich mit einer Stimme zum Lobpreis Gottes im gemeinsamen Glauben der ungeteilten Alten Kirche, die eins und doch verschieden gewesen ist. Auch am Fest der Gottesmutter (1.1.) und beim Fest der Taufe Jesu sind wir mit Zeugnissen des gemeinsamen Singens konfrontiert. Vieles aus den liturgischen Traditionen des Ostens wurde auch in der Westkirche rezipiert und bereichert bis zum heutigen Tag den liturgischen Gesang, der auch für sich gesehen eine Einheit in der Vielfalt bezeugt: gemeinsame Texte werden musikalisch je nach kultureller Tradition unterschiedlich in Klang gesetzt.

Insgesamt stellen die gregorianischen Gesänge der Weihnachtszeit ein einziges hymnisches Bekenntnis zum neugeborenen Kind im Stall von Betlehem dar, von dem es im Glaubensbekenntnis heißt: Gott von Gott, Licht vom Licht, wahrer Gott vom wahren Gott.

GESANGSTEXTE

Ad processionem candelarum – Zur Kerzenprozession

Antiphon *Lumen ad revelationem gentium* mit Canticum *Nunc dimittis* (Lk 2,32; Vv. Lk 2,29-31)

Lumen ad revelationem gentium: et gloriam plebis tuae Israel.	Licht zur Erleuchtung der Heiden, und zur Herrlichkeit deines Volkes Israel.
V. Nunc dimittis servum tuum, Domine, secundum verbum tuum in pace.	V. Nun entlässt du deinen Diener, o Herr, nach deinem Wort in Frieden.
V. Quia viderunt oculi mei salutare tuum.	V. Denn gesehen haben meine Augen dein Heil.
V. Quod parasti ante faciem omnium populorum.	V. Das du bereitet hast vor dem Angesicht aller Völker.

Antiphon *Adorna thalamum* (byzantinische Liturgie)

Adorna thalamum tuum, Sion, et suscipe Regem Christum: amplectere Mariam, quae est caelestis porta: ipsa enim portat Regem gloriae novi luminis: subsistit Virgo, adducens manibus Filium ante luciferum: quem accipiens Simeon in ulnas suas, praedicavit populis Dominum eum esse vitae et mortis, et Salvatorem mundi.	Schmücke dein Brautgemach, Zion, und nimm auf den König Christus. Umarme Maria, sie ist die himmlische Pforte. Sie nämlich trägt den König der Herrlichkeit des neuen Lichtes. Da steht die Jungfrau und trägt auf ihren Händen herbei den Sohn, (gezeugt) vor dem Morgenstern. Diesen empfing Simeon in seinen Armen und verkündete den Völkern, dass er der Herr ist des Lebens und des Todes und der Erlöser der Welt.

Ad missam / Zur Messe

Introitus *Suscepimus Deus* (Ps 47/48,10.11; V. Ps 47/48,2)

Suscepimus Deus,	Empfangen haben wir, o Gott,
misericordiam tuam	deine Barmherzigkeit
in medio templi tui:	in der Mitte deines Tempels.
secundum nomen tuum Deus,	Wie dein Name, o Gott,
ita et laus tua	so reicht auch dein Lobpreis
in fines terrae:	bis zu den Enden der Erde,
iustitia plena	von Gerechtigkeit
est dextera tua.	voll ist deine Rechte.
V. Magnus Dominus,	V. Groß ist der Herr
et laudabilis nimis:	und überaus zu loben,
in civitate Dei nostri,	in der Stadt unseres Gottes,
in monte sancto eius.	auf seinem heiligen Berg.

Graduale *Suscepimus Deus* (Ps 47/48,10.11; V. Ps 47/48,9)

Suscepimus Deus,	Empfangen haben wir, o Gott,
misericordiam tuam	deine Barmherzigkeit
in medio templi tui:	in der Mitte deines Tempels.
secundum nomen tuum Deus,	Wie dein Name, o Gott,
ita et laus tua	so reicht auch dein Lobpreis
in fines terrae.	bis zu den Enden der Erde.
V. Sicut audivimus,	V. Wie wir es gehört haben,
ita et vidimus	so haben wir es auch gesehen
in civitate Dei nostri.	in der Stadt unseres Gottes.

Alleluia mit Vers *Senex puerum* (Liturgie)

Alleluia.	Alleluia.
V. Senex puerum portabat:	V. Der Greis trug den Knaben,
puer autem senem regebat.	der Knabe aber lenkte den Greis.

Offertorium *Diffusa est gratia* (Ps 44/45,3)

Diffusa est gratia	Ausgegossen wurde Gnade
in labiis tuis:	über deine Lippen.
propterea benedixit te Deus	Deshalb hat Gott dich gesegnet
in aeternum, et in saeculum saeculi.	für immer, in alle Zeit und Ewigkeit.

Communio *Responsum accepit Simeon* (Lk 2, 26; V. Ps 47/48, 2)

Responsum accepit Simeon a Spiritu Sancto, non visurum se mortem, nisi videret Christum Domini.	Einen Bescheid erhielt Simeon vom Heiligen Geist: er werde den Tod nicht schauen, bis er gesehen hätte den Gesalbten des Herrn.
V. Magnus Dominus et laudabilis nimis: in civitate Dei nostri, in monte sancto eius.	V. Groß ist der Herr und überaus zu loben, in der Stadt unseres Gottes, auf seinem heiligen Berg.

Hinweis: Eine Einspielung der hier behandelten Gesänge ist zu finden auf der CD *Lumen ad revelationem gentium. Die nachweihnachtlichen Sonn-und Festtage im Gregorianischen Choral.* Ensemble Graces & Voices, Leitung: Franz Karl Praßl, ISBN 978-3-8306-7638-6.

IV. ERSTER BIS VIERTER FASTENSONNTAG

Der lateinische Ausdruck für die Fastenzeit, Quadragesima, bedeutet ursprünglich: der 40. Tag vor dem Fest, konkret vor dem Osterfest. Doch wurde er dann auf den gesamten Zeitraum von 40 Tagen vor Ostern angewandt. Für die Zahl 40 können mehrere biblische Vorbilder angeführt werden: die 40 Jahre der Wanderung Israels durch die Wüste, die 40 Tage, die Mose vor dem Bundesschluss auf dem Berg Sinai zubrachte, die 40 Tage der Wanderung des Propheten Elija zum Berg Horeb und nicht zuletzt das 40-tägige Fasten Jesu in der Wüste.

Erste Spuren eines Fastens vor dem christlichen Osterfest führen ins 2. Jh. n. Chr. zurück: Durch ein zweitägiges Trauerfasten bereitete sich die christliche Gemeinde auf die Feier von Leiden, Sterben und Auferstehung Christi vor, die zu dieser Frühzeit in ein und derselben Nacht, der Osternacht, begangen wurde. Eine 40-tägige Fastenzeit als Vorbereitung auf Ostern ist erst seit dem 4. Jh. bezeugt, jener Epoche, in der das Gedächtnis des Leidens und Sterbens Jesu aus dem Kontext der Osternacht herausgelöst wurde und sich zu einer eigenen liturgischen Feier am Freitag vor Ostern, dem Karfreitag, verselbstständigte.

Die 40 Tage Fastenzeit vor dem Osterfest umfassten ursprünglich den Zeitraum vom 6. Sonntag vor Ostern, dem nachmaligen Ersten Fastensonntag, bis zum Donnerstag vor Karfreitag, dem Gründonnerstag. Da jedoch die Sonntage von der Fastenpraxis ausgenommen wurden, man aber andererseits an der Zahl 40 festhalten wollte, suchte man im 5. Jh. nach einem Ersatz für die fehlenden Tage. So rechnete man nun auch den Freitag und Samstag vor Ostern, die ohnehin seit alters durch ein vorösterliches Trauerfasten geprägt waren, der Quadragesima zu und verlegte deren Beginn vom Ersten Fastensonntag auf den Mittwoch davor, den nachmaligen Aschermittwoch.

Inhaltlich waren diese 40 Tage in der christlichen Antike nicht nur durch strenges körperliches Fasten, d. h. den weitgehenden Verzicht auf Speise und Trank, gekennzeichnet, sondern auch – und dies sogar in erster Linie – durch die Unterweisung der Taufbewerber im christlichen Glauben und ihre schrittweise Hinführung zu den Initiationssakramenten in der Osternacht sowie durch die Kirchenbuße der von den Sakramenten ausgeschlossenen („exkommunizierten") Sünder bis zu deren Rekonziliation (Wiederversöhnung) und Wiederaufnahme in die eucharistische Gemeinschaft am Gründonnerstag. Die christliche Gemeinde solidarisierte sich mit beiden Gruppen, indem sie sich auf die Fundamente ihres Lebens als getaufte Christen besann sowie die Bereitschaft zu Umkehr und Buße erneuerte, um ein Leben als österliche Menschen zu führen.

Die erneuerte Liturgie nach dem Zweiten Vatikanum greift diese Gedanken auf und fügt ihnen noch eine soziale Komponente hinzu, indem sie der Intensivierung christlicher Nächstenliebe große Bedeutung beimisst. Allgegenwärtig ist aber auch hier die Ausrichtung auf das nahende Osterfest, was nicht zuletzt in der heute gebräuchlichen Bezeichnung „österliche Bußzeit" statt oder neben „Fastenzeit" zum Ausdruck kommt.

Die folgenden Ausführungen beschränken sich auf die Propriumsgesänge der Messe der ersten vier Fastensonntage. Die Messgesänge des Fünften Fastensonntags, des vormaligen „Passionssonntags", werden hingegen im folgenden Kapitel, zusammen mit den Gesängen der Karwoche behandelt. Aufgrund ihrer inhaltlichen Nähe zur Karwoche erschien diese Aufteilung gerechtfertigt.

1. Erster Fastensonntag

Die Propriumsgesänge der Messe des Ersten Fastensonntags zeichnen sich in textlicher Hinsicht durch einen betont einheitlichen Charakter aus. In der Tat sind die Gesangstexte dieser Messe ausnahmslos Ps 90/91 „Qui habitat in adiutorio Altissimi" (Wer unter dem Beistand des Höchsten wohnt) entnommen. Mit seiner Botschaft, dass der Mensch in all seinen Lebenslagen und gerade auch in Not und Drangsal nicht allein, sondern in Gottes wirkmächtiger Nähe geborgen ist, wenn er sich vertrauensvoll an sie wendet, ist dieser Psalm gewissermaßen der Psalm der Fastenzeit schlechthin. Seine ausdrucksstarken, auf die schützende Gegenwart Gottes verweisenden Bilder „Scapulis suis obumbrabit tibi" – „sub pennis eius sperabis" (Mit seinen Schultern spendet er dir Schatten – unter seinen Flügeln wirst du Hoffnung schöpfen) sind denn auch zu Leitmotiven geworden, die die Liturgie der gesamten Fastenzeit – und dort vor allem im Stundengebet – Tag für Tag begleiten.

Ohne Zweifel steht die Ausnahmestellung von Ps 90/91 für das Messproprium des Ersten Fastensonntags in einem inneren und ursächlichen Zusammenhang mit der für diesen Sonntag seit ältester Zeit vorgesehenen Evangeliumsperikope von der Versuchung Jesu in der Wüste (Mt 4,1-11), derzufolge der Satan Jesus auffordert, sich von den Zinnen des Tempels zu stürzen, und als Motiv dafür die Verse 11 und 12 von Ps 90/91 zitiert: „Denn er hat seinen Engeln deinetwegen geboten, dich zu behüten auf all deinen Wegen. Auf ihren Händen werden sie dich tragen, damit du deinen Fuß niemals an einen Stein stößt".

Letztere Verse des Psalms bilden denn auch die textliche Grundlage für das Graduale *Angelis suis*. Der vertrauensvollen Grundstimmung dieses Textes kommt die Verwendung der Typusmelodie der Gradualien im II. Modus mit ihren hellen Klangfarben und seiner tröstlich und befreit dahinfließenden Melodik sehr entgegen.

Der Introitus *Invocabit me* setzt bei der Textstelle „et glorificabo eum" (und ich werde ihn verherrlichen) einen deutlichen Akzent, der bereits auf Ostern hinweist, bezeichnenderweise mit einer Formel, die wir in den Cantica der Osternacht wiederfinden. Der Intention des Komponisten zufolge sollte wohl gleich zu Beginn der Fastenzeit ein klarer geistlicher Zusammenhang mit Ostern hergestellt werden.

Im Tractus *Qui habitat* ist fast der gesamte Ps 90/91 vertont. Nur die Verse 8-10 wurden nicht berücksichtigt. Hier fand die Typusmelodie der Tractus im II. Modus Verwendung, deren typische Formeln in strenger Konsequenz dem Text angepasst wurden. Bei aller Strenge der Adaptation findet sich jedoch auch die eine oder andere dem Text geschuldete Abweichung von der vorgegebenen Gestalt der Formel. So ganz besonders bei der Stelle „Quoniam in me speravit" (Denn er hat auf mich gehofft...). Vor dem ausgeprägten Melisma über der Akzentsilbe „sperávit" ist in den ältesten gregorianischen Handschriften – im Unterschied zu der vergleichbaren Stelle „Quoniam ipse liberavit me" zu Beginn von Vers 3 – ein subtil differenzierender Umgang mit den prätonischen Silben zu beobachten: Es wird – anders als in letzterem Fall – keine rhythmische Beschleunigung auf dem Weg zum Akzent von „sperávit" angezeigt. Vielmehr versieht der Schreiber des Cantatoriums St. Gallen 359 bereits die erste Note (über „Quoniam") mit einem Dehnungszeichen, für die zweite Silbe des Wortes gibt er ebenfalls eine Dehnung an, und der Einsilber „mé" ist nicht nur durch die Höherführung der Melodie, sondern durch zwei gedehnte Noten auch rhythmisch herausgehoben. Eine andere Handschrift, Laon 239, legt zudem auch für die Einzelnote der Präposition „in" eine Steigerung der klanglichen Substanz und des rhythmischen Wertes nahe. Das erste Ziel der Intonationsbewegung ist also nicht sofort die Akzentsilbe von „sperávit", sondern das betonte einsilbige Wort „mé", bevor dann die melodische und rhythmische Bewegung zu dem melismatisch ausgestalteten Akzent von „sperávit" weiterdrängt. Der Grund: das einsilbige Wort „mé" bezieht sich auf Gott, und hier, genau an dieser Stelle des Psalms, setzt erstmals die Rede Gottes ein, während vorher der Psalmist und eine weitere Person gesprochen haben. Dem größeren Gewicht der Rede Gottes entspricht es aber, dass sie von der ersten Silbe an mit bedeutungsvollerer musikalischer Geste eingeführt wird.

Offertorium und Communio *Scapulis suis* verwenden ein und denselben Text aus Vers 4 unseres Psalms, wobei im Offertorium das

Subjekt „Dominus“ (der Herr) hinzugefügt wurde. Im Zentrum des Textinhaltes und seiner musikalischen Ausformung stehen Bilder, die die Wirkmächtigkeit der schützenden Gegenwart Gottes plastisch vor Augen führen: „Scapulis suis“ (mit seinen Schultern), „obumbrabit“ (er wird Schatten spenden), „sub pennis eius“ (unter seinen Flügeln), „scuto“ (mit einem Schild).

GESANGSTEXTE

Introitus *Invocabit me* (Ps 90/91,15.16; V. Ps 90/91,1)

Invocabit me, et ego exaudiam eum: eripiam eum, et glorificabo eum: longitudine dierum adimplebo eum.	Er wird mich anrufen, und ich werde ihn erhören. Ich werde ihn herausreißen und verherrlichen. Mit der Länge der Tage will ich ihn erfüllen.
V. Qui habitat in adiutorio Altissimi, in protectione Dei caeli commorabitur.	V. Wer unter dem Beistand des Höchsten wohnt, wird im Schutz des Gottes des Himmels weilen.

Graduale *Angelis suis* (Ps 90/91,11; V. Ps 90/91,12)

Angelis suis mandavit de te, ut custodiant te in omnibus viis tuis.	Seinen Engeln hat er deinetwegen geboten, dich zu behüten auf all deinen Wegen.
V. In manibus portabunt te, ne umquam offendas ad lapidem pedem tuum.	V. Auf ihren Händen werden sie dich tragen, damit du deinen Fuß niemals an einen Stein stößt.

Tractus *Qui habitat* (Ps 90/91,1-7.11-16)

Qui habitat in adiutorio Altissimi, in protectione Dei caeli commorabitur.	Wer unter dem Beistand des Höchsten wohnt, wird im Schutz des Gottes des Himmels weilen.
V. Dicet Domino: Susceptor meus es,	V. Er wird zum Herrn sagen: Du nimmst dich meiner an

et refugium meum,
Deus meus: sperabo in eum.

und bist meine Zuflucht,
mein Gott, auf ihn will ich hoffen.

V. Quoniam ipse liberavit me
de laqueo venantium,
et a verbo aspero.

V. Denn er selbst hat mich befreit
aus der Schlinge der Jäger
und vor dem zornigen Wort.

V. Scapulis suis
obumbrabit tibi,
et sub pennis
eius sperabis.

V. Mit seinen Schultern
wird er dir Schatten spenden,
und unter seinen Flügeln
wirst Du Hoffnung schöpfen.

V. Scuto circumdabit
te veritas eius:
non timebis
a timore nocturno.

V. Mit einem Schild wird
dich seine Wahrheit umgeben,
und du wirst dich nicht fürchten
vor nächtlichem Schrecken.

V. A sagitta volante
per diem,
a negotio
perambulante in tenebris,
a ruina
et daemonio meridiano.

V. Vor dem Pfeil,
der am Tage fliegt,
vor dem Unheil,
das im Finstern daherschleicht,
vor dem Sturz
und dem Mittagsdämon.

V. Cadent a latere tuo mille,
et decem millia
a dextris tuis:
tibi autem
non appropinquabit.

V. Zu deiner Seite werden tausend
fallen und zehntausend
zu Deiner Rechten,
dich aber
wird es nicht treffen.

V. Quoniam Angelis suis
mandavit de te, ut custodiant te
in omnibus viis tuis.

V. Denn seinen Engeln
hat er deinetwegen geboten, dich
zu behüten auf all deinen Wegen.

V. In manibus portabunt te,
ne umquam offendas
ad lapidem pedem tuum.

V. Auf ihren Händen werden sie
dich tragen, damit du niemals
deinen Fuß an einen Stein stößt.

V. Super aspidem
et basiliscum ambulabis,
et conculcabis leonem
et draconem.

V. Über Natter
und Gewürm wirst du wandeln
und Löwe und
Drachen zertreten.

V. Quoniam in me speravit, liberabo eum: protegam eum, quoniam cognovit nomen meum.	V. Denn er hat auf mich gehofft, so werde ich ihn befreien. Ich will ihn schützen, denn er kennt meinen Namen.
V. Invocabit me, et ego exaudiam eum: cum ipso sum in tribulatione.	V. Er wird mich anrufen, und ich werde ihn erhören. Ich bin bei ihm in der Drangsal.
V. Eripiam eum, et glorificabo eum: longitudine dierum adimplebo eum, et ostendam illi salutare meum.	V. Ich werde ihn herausreißen und verherrlichen, mit der Länge der Tage werde ich ihn erfüllen und ihm zeigen mein Heil.

Offertorium *Scapulis suis* (Ps 90/91,4.5)

Scapulis suis obumbrabit tibi Dominus, et sub pennis eius sperabis: scuto circumdabit te veritas eius.	Mit seinen Schultern spendet der Herr dir Schatten, und unter seinen Flügeln wirst du Hoffnung schöpfen. Mit einem Schild wird dich seine Wahrheit umgeben.

Communio *Scapulis suis* (Ps 90/91,4.5; V. Ps 90/91,11)

Scapulis suis obumbrabit tibi, et sub pennis eius sperabis: scuto circumdabit te veritas eius.	Mit seinen Schultern spendet er dir Schatten, und unter seinen Flügeln wirst du Hoffnung schöpfen. Mit einem Schild wird dich seine Wahrheit umgeben.
V. Quoniam Angelis suis mandavit de te, ut custodiant te in omnibus viis tuis.	V. Denn seinen Engeln hat er deinetwegen geboten, dich zu behüten auf all deinen Wegen.

2. Zweiter Fastensonntag

Die Liturgiereform nach dem Zweiten Vatikanum hat tiefgreifende Einschnitte in das Gesangsproprium der Messe des Zweiten Fastensonntags vorgenommen. Von den im Graduale Romanum von 1908 für diesen Sonntag vorgesehenen Gesängen ist noch das Offertorium *Meditabor* übrig geblieben, und der herkömmliche Introitus *Reminiscere* wird noch fakultativ als Alternative zum Introitus *Tibi dixit cor meum* angeboten. Das Graduale *Tribulationes* wurde ersetzt durch das Graduale *Sciant gentes*, der Tractus *Confitemini* durch den Tractus *Commovisti* – letzterer Gesang stammt (wie auch Graduale *Sciant gentes*) aus dem Proprium des abgeschafften Sonntags Sexagesima – , die Communio *Intellege* schließlich durch die Communio *Visionem* vom Fest der Verklärung Christi am 6. August. Der ursprüngliche Ort für den Introitus *Tibi dixit cor meum* ist die Messe des Dienstags nach dem Zweiten Fastensonntag. Die beiden letzteren Gesänge, Introitus *Tibi dixit cor meum* und Communio *Visionem*, verdanken ihren neuen liturgischen Ort der Evangeliumsperikope von der Verklärung Christi, die für diesen Sonntag in allen drei Lesejahren nach den drei synoptischen Berichten vorgesehen ist. Die Hereinnahme des Graduale *Sciant gentes* und des Tractus *Commovisti* in das Proprium des Zweiten Fastensonntags dürfte wohl dem Bestreben zuzuschreiben sein, mit ihnen zwei prominente Gesänge der nun nicht mehr existierenden Vorfastenzeit an einem anderen geeigneten Ort unterzubringen. Die zwei dadurch verdrängten Gesänge – wie auch der Introitus *Reminiscere* und die ersetzte Communio *Intellege* – sind ja noch für einen anderen Tag der Fastenzeit bzw. Karwoche vorgesehen.

Aber nicht erst in unserer Zeit, sondern bereits seit der ausgehenden Antike war die Messe des Zweiten Fastensonntags einer bemerkenswerten Fluktuation unterworfen. So war es spätestens seit dem 6. Jh. üblich, die vier Quatemberwochen des Jahres und somit auch die Quatemberwoche im Frühling zwischen Erstem und Zweitem Fastensonntag mit einer Messfeier in der Nacht von Samstag auf

Sonntag zu beenden, was dazu führte, dass die Messe am Sonntag, so auch am zweiten Fastensonntag, entfiel. „Dominica vacat" lautet deshalb die Eintragung in vielen gregorianischen Handschriften bis hinauf ins 10./11. Jh., und dies, obwohl spätestens im 9. Jh. alle Sonntage nach den Quatemberwochen wieder eine eigene Messe hatten. Für das Proprium dieser vier Sonntagsmessen hat man allerdings keine neuen Gesänge komponiert, sondern auf bereits bestehende ältere Gesänge zurückgegriffen, im Fall des Zweiten Fastensonntags auf jene des Mittwochs der vorausgehenden Quatemberwoche.

Der Introitus *Tibi dixit cor meum*, der im Zuge der Liturgiereform nach dem Zweiten Vatikanum diesem Sonntag zugeteilt wurde, lässt gleich zu Beginn durch seine mehrtönige, rhythmisch subtil differenzierte Unisono-Bewegung auf der Endsilbe von „dixit" aufhorchen. Hier handelt es sich um eine von den Schöpfern der gregorianischen Gesänge bewusst eingesetzte Formel, der wir bereits im Offertorium *Reges Tharsis* von Epiphanie begegnet sind und die in den sechs Fällen ihres Vorkommens stets als Hinweis auf eine überdimensionale Wirklichkeit, in unserem Fall wohl als Ausdruck mystischer Versenkung und liebender Hingabe in der Schau des Antlitzes Gottes („vultum tuum" – „faciem tuam"), verstanden werden will.

Der herkömmliche Introitus *Reminiscere* konnte, wie bereits gesagt, als Alternative zum Introitus *Tibi dixit cor meum* seinen angestammten Platz in dieser Sonntagsmesse behaupten, vielleicht auch mit Rücksicht darauf, dass er in der Evangelischen Kirche bis zum heutigen Tag als Namensgeber dieses Sonntags fungiert. Sein Text aus Ps 24/25 erinnert den Gott Israels an die Taten seiner Barmherzigkeit seit Ewigkeit und verbindet damit die Bitte um Befreiung aus gegenwärtigen Bedrängnissen. Der in diesem Text ausgedrückten demütigen und vertrauensvollen Haltung des Beters entspricht eine extrem schlichte Melodieführung, die sich nur wenig vom Grundton *mi* des IV. Modus erhebt und dennoch, aufgrund einer permanenten Oszillation im Halbtonbereich *mi-fa*, von einer gewissen spannungsvollen Dichte geprägt ist.

Ist es im Introitus *Reminiscere* die Barmherzigkeit Gottes, an die sich der Beter wendet, so steht im Graduale *Sciant gentes* vor seinem geistigen Auge die alles überragende Größe und Allmacht Gottes. Doch dieser große und über alles erhabene Gott ist ihm so nahe, dass er ihn in vertrauter Anrede sogar „mein Gott" nennen und in großer Bedrängnis und Bedrohung durch Feinde auf seine befreiende und rettende Hilfe hoffen darf. Auffallend sind in diesem Gesang mehrere melodische Kulminationspunkte, die der emphatischen Ausgestaltung textlicher Sinnspitzen dienen, so bei „tu solus" (du allein), „Altissimus" (Allerhöchster), „super omnem terram" (über die ganze Erde), „Deus meus" (mein Gott) und ganz besonders „pone illos ut rotam" (mache sie wie ein Rad ...!).

Der Text des Tractus *Commovisti* aus Ps 59/60 spricht von der Schöpfermacht Gottes, die von ihm geschaffene Welt in Bewegung zu halten und zu verändern. In diesem Bewusstsein wendet sich der Beter voll Vertrauen an Gott mit der Bitte um Heilung allen geschaffenen Seins und Errettung seiner Erwählten aus der Bedrohung durch Feinde. Die Melodie des Tractus im VIII. Modus, die hier allerdings mit einer Reihe auf den Text zugeschnittener Originalpassagen durchsetzt ist, erweist sich aufgrund seiner stabilen und klaren Klangstrukturen als sehr geeignet, dieser Zuversicht musikalisch-künstlerischen Ausdruck zu verleihen.

Das Offertorium *Meditabor*, dessen Text Ps 118/119, dem „Psalm der göttlichen Wortoffenbarung", entnommen ist, lädt Sänger und Hörer zu einem meditativen Verweilen bei dem Begriff „Wort Gottes" – hier in der synonymen Textvariante „Weisungen (mandata) Gottes" – ein. Die kompositorische Gestaltung unterstreicht diese Grundhaltung mit wiederholtem Auftreten zweier, jeweils leicht variierter Melodieformeln, die die Substanz des gesamten Stückes ausmachen, sowie ganz besonders durch den Einsatz mehrerer tonreicher, meist filigraner Unisono-Bewegungen, durch die ein bemerkenswerter atmosphärischer Schwebezustand erreicht wird. Wer sich auf diese Einladung einlässt und den Klang des Wortes in seiner musikalischen Ausformung auf sich wirken lässt, dem kann die Offenheit und Bereitschaft erwachsen, sich aus der Verhaftung im Diesseits befreien zu lassen, hinein in die jenseitige Welt, die Welt Gottes.

Von ihrem Ursprung her ist die Communio *Visionem* eine Antiphon des Stundengebetes. Bei aller Schlichtheit der Melodieführung zeichnet sie sich durch eine perfekte klangliche Übereinstimmung mit den textlichen Gegebenheiten aus, indem die Sinnspitzen des Textes – „Visionem", „nemini", „mortuis", „resurgat" – klar herausgehoben und in ihrer relativen Eigenständigkeit betont werden.

GESANGSTEXTE

Introitus *Tibi dixit cor meum* (Ps 26/27,8.9; V. Ps 26/27,1)

Tibi dixit cor meum, quaesivi vultum tuum, vultum tuum, Domine, requiram: ne avertas faciem tuam a me.	Zu dir sprach mein Herz: Ich suchte dein Angesicht. Dein Angesicht, o Herr, will ich suchen. Wende dein Antlitz nicht ab von mir.
V. Dominus illuminatio mea, et salus mea: quem timebo?	V. Der Herr ist mein Licht und mein Heil, wen sollte ich fürchten?

Introitus *Reminiscere* (Ps 24/25,6.3.22; V, Ps 24/25,1.2)

Reminiscere miserationum tuarum, Domine, et misericordiae tuae, quae a saeculo sunt: ne umquam dominentur nobis inimici nostri: libera nos, Deus Israel, ex omnibus angustiis nostris.	Gedenke deiner Erbarmungen, Herr, und deiner Huld, die von Ewigkeit sind, damit niemals unsere Feinde über uns triumphieren. Befreie uns, Gott Israels, aus all unseren Nöten.
V. Ad te, Domine, levavi animam meam: Deus meus, in te confido, non erubescam.	V. Zu dir, o Herr, erhob ich meine Seele, mein Gott, auf dich vertraue ich, ich werde nicht erröten.

Graduale *Sciant gentes* (Ps 82/83,19; V. Ps 82/83,14)

Sciant gentes, quoniam nomen tibi Deus: tu solus Altissimus super omnem terram.	Erkennen sollen die Heiden, dass dein Name „Gott“ ist. Du allein bist der Höchste über der ganzen Erde.
V. Deus meus, pone illos ut rotam, et sicut stipulam ante faciem venti.	V. Mein Gott, mache sie wie ein Rad und wie ein Schilf vor dem Wind!

Tractus *Commovisti* (Ps 59/60,4.6.7)

Commovisti, Domine terram, et conturbasti eam.	Gerüttelt hast du, o Herr, das Land und hast es erschüttert.
V. Sana contritiones eius, quia mota est.	V. Mache heil seine Trümmer, denn es hat gewankt.
V. Ut fugiant a facie arcus, ut liberentur electi tui.	V. Damit sie fliehen können vor dem Bogen und deine Erwählten befreit werden.

Offertorium *Meditabor* (Ps 118/119,47.48)

Meditabor in mandatis tuis, quae dilexi valde: et levabo manus meas ad mandata tua, quae dilexi.	Nachsinnen will ich über deine Weisungen, die ich überaus liebe. Und ich will meine Hände erheben zu deinen Geboten, die mir lieb sind.

Communio *Visionem* (Mt 17,9; V. Ps 44/45,2)

Visionem quam vidistis, nemini dixeritis, donec a mortuis resurgat Filius hominis.	Von der Erscheinung, die ihr gesehen habt, berichtet niemandem, bis der Menschensohn von den Toten aufersteht!
V. Eructavit cor meum verbum bonum: dico ego opera mea regi.	V. Mein Herz brachte ein gutes Wort hervor: ich sage meine Werke dem König.

3. Dritter Fastensonntag

Mit dem Dritten Fastensonntag begannen in der christlichen Antike die näheren Vorbereitungen zur Taufe in der Osternacht. Von jetzt an wurden die Taufbewerber sog. Skrutinien unterzogen, d. h. Befragungen zu Themen des Glaubens und Prüfungen ihrer geistigen und sittlichen Reife, verbunden mit Exorzismen. Letztere sind wohl auch als der entscheidende Grund anzusehen, warum für diesen Sonntag in vorkonziliarer Zeit – und dies seit alters her – die Evangeliumsperikope von einer Teufelsaustreibung durch Jesus aus Lk 11,14-28 vorgesehen war. Ein tieferer Bezug zur Situation der Taufbewerber bestand in vorkonziliarer Zeit wohl auch in der Auswahl der Epistel aus Eph 5,1-9 mit ihrer zentralen Aufforderung: „Wandelt als Kinder des Lichtes!“ In diesem Sinne können nicht zuletzt auch die Propriumsgesänge dieser Messe verstanden werden, deren Texte zum Teil – im Introitus, Graduale und Tractus – vom Vertrauen auf die rettende Heilstat Gottes in Not und Bedrängnis sprechen, zum anderen Teil – im Offertorium und in der Communio – von der Freude und dem Glück derer, die durch Gott gerettet wurden und nun den Segen eines Lebens nach den Geboten Gottes (Offertorium) im Hause Gottes (Communio) erfahren dürfen. All dies ist beispielhaft Wirklichkeit geworden im Leben und Sterben des heiligen Märtyrers Laurentius, in dessen Kirche vor den Mauern Roms seit alter Zeit der Stationsgottesdienst dieses Sonntags stattfindet.

Das aktuelle Messproprium des Dritten Fastensonntags ist identisch mit jenem, das schon in den ältesten gregorianischen Handschriften seit dem 8. Jh für diesen Sonntag verzeichnet bzw. wiedergegeben ist. Der Introitus *Oculi mei* bringt gleich zu Beginn das ausdrucksstarke Bild der sehnsüchtig und vertrauensvoll auf Gott gerichteten Augen, unterstützt durch eine vom ersten zum zweiten Ton steil aufragende Melodiebewegung. Im Zentrum der Aufmerksamkeit steht jedoch das Wort „semper“, auf das die gesamte Intonationspassage hinzielt: *unablässig, unverwandt* sind meine Augen auf den Herrn gerichtet. Der folgende Halbsatz: „quia ipse evellet de laqueo pedes meos“ (denn er selbst zieht meine Füße aus der Schlinge) enthält bei dem Wort „evellet“ den strahlenden Höhepunkt des gesamten Stückes. Hier wird der Grund genannt, der die vertrauensvolle Ausrichtung auf Gott rechtfertigt: das befreiende, heilschaffende Eingreifen Gottes. – Dominieren in diesem ersten Satz Vertrauen, Jubel und Lobpreis, so tritt mit dem zweiten Satz ein plötzlicher Stimmungswandel ein, was sich in der musikalischen Ausgestaltung sehr deutlich durch das Absenken der modalen Strukturstufe bis zum Schluss ausdrückt. Im Vordergrund steht hier die Bitte um Erbarmen und Hilfe aus einer beklagenswerten Situation. So halten sich in diesem Gesang zwei Grundhaltungen des Menschen Gott gegenüber die Waage: Vertrauen, Lobpreis und Dank auf der einen Seite, demütige Bitte im Bewusstsein der eigenen Schwäche auf der anderen Seite.

Im Graduale *Exsurge ... non praevaleat* hat der Komponist bewusst eine Melodie im III. Modus gewählt, der von allen gregorianischen Modi der Dramatik des hier vorliegenden Textes aus Ps 9 am besten gerecht wird. Dies sowohl aufgrund der diesem Modus eigenen oftmaligen hin- und herschwingenden Pendelbewegung zwischen *si* und *do*, durch die große Spannung erzeugt werden kann, als auch durch den mehrmaligen Einsatz tonreicher Reperkussionen – vor allem im Solovers –, die bei richtiger Ausführung geeignet sind, im Sänger und Hörer starke Emotionen hervorzurufen.

Im Tractus *Ad te levavi* mit Text aus Ps 122/123 wird das Bild der auf Gott gerichteten Augen, das uns schon im Introitus begegnete, erneut aufgegriffen. Dieses und die damit verbundene vertrauensvolle Bitte um das Erbarmen Gottes finden in den klaren Strukturen der Tractusmelodie im VIII. Modus adäquaten klanglichen Ausdruck.

Der Text des Offertoriums *Iustitiae Domini* spricht von der beglückenden Verbundenheit des Menschen mit dem Wort und den Geboten Gottes. Dem entspricht ein insgesamt ruhiger Melodiefluss, der eigentlich die typischen Merkmale eines VI. Modus aufweist, ganz

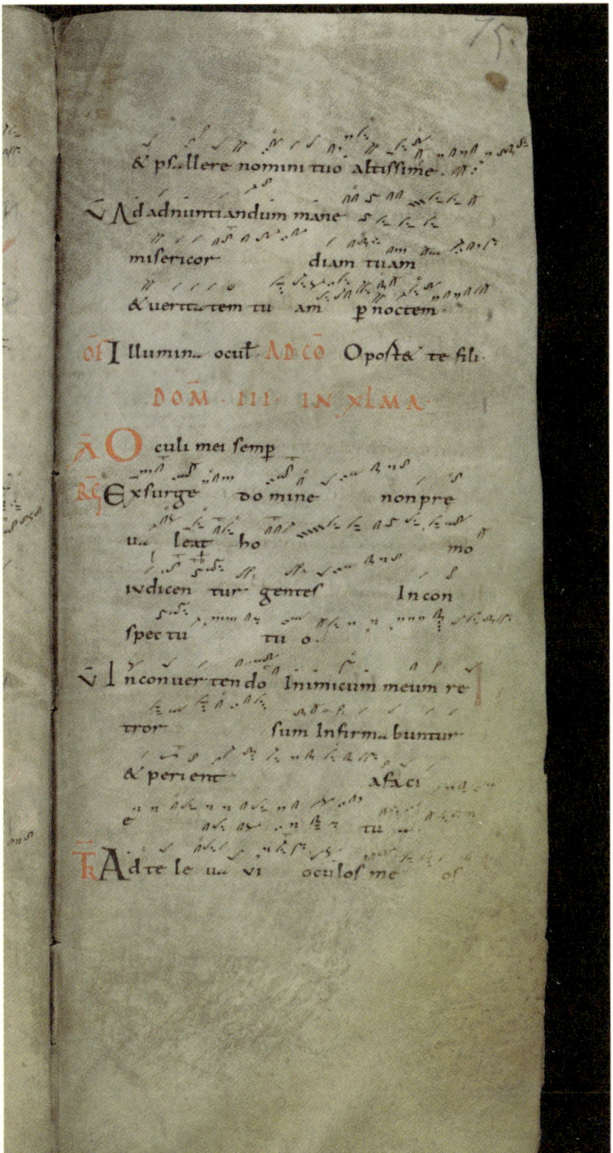

Graduale *Exsurge Domine* aus St. Gallen Codex 359, p. 75, ca. 920, Stiftsbibliothek St. Gallen

zum Schluss aber nicht auf dem Grundton *fa* des VI. Modus, sondern auf dem Grundton *mi* des IV. Modus endet. Durch diesen unerwarteten, nicht ohne Raffinesse ausgeführten Moduswechsel buchstäblich im allerletzten Moment werden Sänger und Hörer eingeladen, den eben meditierten Text nach dem letzten verklungenen Ton noch eine Weile im Herzen weiterklingen zu lassen.

Die Communio *Passer* mit ihrem bildhaften poetischen Text aus Ps 83/84 stellt einen einzigen Lobpreis auf die Gegenwart Gottes im Tempel dar und eine Seligpreisung aller Menschen, die im Hause Gottes Wohnung und Zuflucht finden. Eine wunderschöne, sehr ausdrucksstarke Melodie – mit gewissen tonmalerischen Anklängen zu Beginn – vermag die textlichen Sinnschwerpunkte, so vor allem jene, die sich auf den Begriff „Haus Gottes" beziehen, sehr plastisch hervorzuheben.

GESANGSTEXTE

Introitus *Oculi mei* (Ps 24/25,15.16; V. Ps 24/25,1.2)

Oculi mei semper ad Dominum, quia ipse evellet de laqueo pedes meos: respice in me, et miserere mei, quoniam unicus et pauper sum ego.	Meine Augen sind unablässig auf den Herrn gerichtet, denn er selbst wird meine Füße aus der Schlinge ziehen. Schau auf mich und erbarme dich meiner, denn ich bin einsam und arm.
V. Ad te, Domine, levavi animam meam: Deus meus, in te confido, non erubescam.	V. Zu dir, o Herr, erhebe ich meine Seele: mein Gott, auf dich vertraue ich, ich werde nicht erröten.

Graduale *Exsurge ... non praevaleat* (Ps 9,20; V. Ps 9,4)

Exsurge, Domine, non praevaleat homo: iudicentur gentes in conspectu tuo.	Steh auf, o Herr, dass nicht triumphiere der Mensch. Gerichtet werden sollen die Heiden vor deinem Angesicht.

V. In convertendo inimicum meum retrorsum, infirmabuntur, et perient a facie tua.	V. Wenn mein Feind zurückweicht, werden sie schwach und vergehen vor deinem Angesicht.

Tractus *Ad te levavi* (Ps 122/123,1.2.3)

Ad te levavi oculos meos, qui habitas in caelis.	Zu dir erhebe ich meine Augen, der du im Himmel wohnst.
V. Ecce sicut oculi servorum in manibus dominorum suorum:	V. Siehe, wie die Augen der Diener auf die Hände ihrer Herren
V. Et sicut oculi ancillae in manibus dominae suae:	V. Und wie die Augen der Magd auf die Hände ihrer Herrin,
V. Ita oculi nostri ad Dominum Deum nostrum, donec misereatur nobis.	V. So schauen unsere Augen auf den Herrn, unseren Gott, bis er sich unser erbarmt.
V. Miserere nobis, Domine, miserere nobis.	V. Erbarme dich unser, Herr, erbarme dich unser.

Offertorium *Iustitiae Domini* (Ps 18/19,9.11.12)

Iustitiae Domini rectae, laetificantes corda, et dulciora super mel et favum: nam et servus tuus custodiet ea.	Die Rechtsprechungen des Herrn sind richtig, sie erfreuen das Herz. Und sie sind süßer als Honig und Wabe. Ja, dein Knecht bewahrt sie.

Communio *Passer* (Ps 83/84,4.5; V. Ps 83/84,2)

Passer invenit domum suam, et turtur nidum, ubi reponat pullos suos: altaria tua, Domine virutum, Rex meus, et Deus meus: beati qui habitant in domo tua, in saeculum laudabunt te.	Der Sperling findet ein Haus und die Turteltaube ein Nest, wohin sie ihre Jungen legt: deine Altäre, Herr der Mächte, mein König und mein Gott! Selig, die wohnen in deinem Haus, in Ewigkeit werden sie dich loben.

V. Quam dilecta tabernacula tua, Domine virtutum: concupiscit et deficit anima mea in atria Domini.	V. Wie lieblich sind deine Zelte, Herr der Mächte! Meine Seele verlangt und vergeht nach den Vorhöfen des Herrn.

4. Vierter Fastensonntag

Die Besonderheit der Messe des Vierten Fastensonntags scheint bereits beim ersten Wort des Introitus *Laetare Ierusalem* (Freue dich, Jerusalem!) auf. Aber nicht nur der Introitus, sondern das gesamte Messformular dieses Sonntags ist von der Vorfreude auf Ostern geprägt.

Der insgesamt freudige Charakter dieser Messe drückt sich auch in der für sie seit dem Mittelalter vorgesehenen, heute nicht mehr verbindlich vorgeschriebenen liturgischen Farbe *rosa* (statt violett) aus. Sie geht vermutlich auf ein Frühlingsfest zurück, für das man als Symbol eine kostbare Rose verwendete. Ein besonderes Motiv der diesen Sonntag kennzeichnenden freudigen Stimmung ist dann auch in der Tatsache zu sehen, dass mit dem Ritus der „Öffnung der Ohren" am darauffolgenden Mittwoch eines der wesentlichen Elemente der Taufspendung in der Osternacht schon vorweggenommen wurde, womit ohne Zweifel eine Steigerung freudiger Erwartungshaltung auf das nahende Osterfest verbunden war.

Die Gesänge entsprechen dem herkömmlichen Messproprium dieses Sonntags, sofern man das traditionelle Offertorium *Laudate Dominum* und die traditionelle Communio *Ierusalem, quae aedificatur* zu singen hat und nicht das Offertorium *Illumina* und die Communio *Oportet te fili gaudere* oder die Communio *Lutum fecit*, die dann vorgesehen sind, wenn das Evangelium vom verlorenen Sohn (und barmherzigen Vater) bzw. das Evangelium von der Heilung des Blindgeborenen trifft.

Der festliche und geradezu fröhliche Introitus *Laetare Ierusalem* überrascht gleich zu Beginn mit einer ganz ungewöhnlichen Intonation. Befragt man hierzu die mittelalterlichen Quellen des Gregorianischen Chorals, kommt man unwillkürlich zu der Überzeugung, dass es sich eigentlich nicht um eine Intonationsformel, sondern um eine Kadenzformel handelt, und zwar mit großer Wahrscheinlichkeit um ein bewusstes Zitat der Schlusswendung des Alleluia mit Vers *Confitemini* der Osternacht. Erneut ist darin – ähnlich wie im Introitus *Invocabit me* des Ersten Fastensonntags bei der Textstelle „et glorificabo eum" – ein kräftiger Hinweis auf Ostern zu sehen.

Im Graduale *Laetatus sum* mit Text aus Ps 121/122, einem Wallfahrtslied, hat der gregorianische Komponist eine weiträumige Melodie geschaffen, die mehrmals bis an die Obergrenze des VII. Modus vordringt und damit starken Emotionen beim Gedanken an die geliebte Stadt Jerusalem, den Wohnsitz Gottes („domus Dei") inmitten seines Volkes, Raum gibt.

Die Faszination, die die Stadt Jerusalem und insbesondere der Berg Zion mit dem Tempel als der Wohnstätte Gottes auf den alttestamentlichen Menschen ausübte, ist auch im Tractus *Qui confidunt* zu Klang geworden. Die Tractusmelodie im VIII. Modus erweist sich erneut als sehr geeignet, der im Text enthaltenen freudigen Stimmung den entsprechenden musikalischen Rahmen zu verleihen.

Steht in den vorangegangenen drei Gesängen das Bild der Stadt Jerusalem und des Berges Zion als der Wohnstätte Gottes im Zentrum der Aufmerksamkeit, so ist es nun im Offertorium *Laudate Dominum* Gott selbst, dem ob seiner Schöpfermacht und Liebe das Lob der Menschen dargebracht wird. Eine relativ schlichte Melodie im II. Modus mit geringem Tonumfang, aber dennoch durch zahlreiche feinnervige Reperkussionen in Spannung gehalten, verleiht diesem Gesang einen geradezu mystischen, transzendentalen Charakter.

Die Communio *Ierusalem, quae aedificatur,* deren Text ebenso wie jener des Graduale dem Wallfahrtslied Ps 121/122 entnommen ist, greift noch einmal das Bild der Stadt Jerusalem auf. Sie wird hier beschrieben als gemeinschaftsbildendes Ziel all jener, die sich auf den Weg machen, um gemeinsam Gott zu preisen. Die Betonung des gemeinsamen Tuns in diesem Psalmtext darf in christlicher Deutung wohl als Hinweis verstanden werden, worauf es beim Empfang der eucharistischen Gaben ankommt: auf die Communio (Vereinigung) mit dem Herrn in der Gemeinschaft der Schwestern und Brüder untereinander. Ob wohl die exponierte Höhenlage der Textstelle „illuc enim ascenderunt tribus“ (dorthin stiegen die Stämme hinauf), bei der der Komponist bewusst die klassischen Strukturen des IV. Modus verlässt und in jene des III. Modus wechselt, als quasi-tonmalerischer Hinweis auf den Anstieg zum Tempel auf dem Berg Zion oder auch als musikalische Illustration des (nach mühevollem Pilgerweg und mühevollem Anstieg) erreichten Zieles auf dem Berg Zion zu deuten ist? Hierüber darf spekuliert werden. Auf jeden Fall aber ist festzuhalten, dass gerade diese Textstelle den Komponisten zu dem alles überragenden Höhepunkt des gesamten musikalischen Geschehens inspiriert hat.

Das große Thema der gregorianischen Gesangstexte des Vierten Fastensonntags kristallisiert sich somit in dem Eigennamen „Jerusalem“ und allem, was sich hinter diesem Namen in jüdischem oder christlichem Verständnis verbirgt. Dies drückt sich nicht zuletzt in der Wahl der römischen Stationskirche dieses Sonntags aus: Santa Croce in Gerusalemme (Kirche zum Heiligen Kreuz in Jerusalem). „Jerusalem“ bedeutet Stadt des Heiles und des Friedens. Heil und Friede ist die Verheißung dieses Sonntags, mit Blick auf Ostern, das Fest, welches schlechthin dem Menschen Heil und Frieden schenkt. Und in dieser Verheißung ist denn letztlich auch die Freude begründet, die alle Gesangstexte des Vierten Fastensonntags, des Sonntags „Laetare“, durchzieht.

GESANGSTEXTE

Introitus *Laetare Ierusalem* (vgl. Jes 66,10.11; V. Ps 121/122,1)

Laetare Ierusalem:	Freue dich, Jerusalem!
et conventum facite omnes	Und kommt zusammen alle,
qui diligitis eam:	die ihr sie (diese Stadt) liebt!
gaudete cum laetitia,	Freut euch und seid fröhlich,
qui in tristitia fuistis:	die ihr traurig wart!
ut exsultetis,	So möget ihr euch freuen
et satiemini	und sättigen
ab uberibus consolationis vestrae.	an den Quellen eurer Tröstung.
V. Laetatus sum in his	V. Ich freute mich darüber,
quae dicta sunt mihi:	was man mir sagte:
in domum Domini ibimus.	wir ziehen zum Hause des Herrn.

Graduale *Laetatus sum* (Ps 121/122,1; V. Ps 121/122,7)

Laetatus sum in his	Ich freute mich darüber,
quae dicta sunt mihi:	was man mir sagte:
in domum Domini ibimus.	wir ziehen zum Hause des Herrn.
V. Fiat pax in virtute tua:	V. Es werde Friede in deiner Kraft,
et abundantia	und Überfülle
in turribus tuis.	wohne in deinen Festungstürmen.

Tractus *Qui confidunt* (Ps 124/125,1.2)

Qui confidunt in Domino,	Die auf den Herrn vertrauen,
sicut mons Sion:	sind wie der Berg Zion:
non commovebitur in aeternum,	Nicht wird wanken in Ewigkeit,
qui habitat in Ierusalem.	der da wohnt in Jerusalem.
V. Montes in circuitu eius:	V. Berge umgeben es,
et Dominus in circuitu populi sui,	und der Herr umgibt sein Volk
ex hoc nunc et usque in saeculum.	von nun an bis in Ewigkeit.

Offertorium *Laudate Dominum* (Ps 134/135,3.6)

Laudate Dominum,	Lobet den Herrn,
quia benignus est:	denn er ist gütig,
psallite nomini eius,	singt seinem Namen,

quoniam suavis est:	denn er ist freundlich!
omnia quaecumque voluit,	Alles, was er wollte,
fecit in caelo	hat er geschaffen im Himmel
et in terra.	und auf Erden.

Communio *Ierusalem, quae aedificatur* (Ps 121/122,3.4; V. Ps 121/122,7)

Ierusalem, quae aedificatur	Jerusalem, erbaut
ut civitas,	als Stadt,
cuius participatio	an der alle zusammen
eius in idipsum:	teilhaben sollen;
illuc enim	denn dorthin
ascenderunt tribus,	zogen hinauf die Stämme,
tribus Domini,	die Stämme des Herrn,
ad confitendum	um deinen Namen
nomini tuo, Domine.	zu preisen, Herr.
V. Fiat pax in virtute tua:	V. Es werde Friede in Deiner Kraft,
et abundantia	und Überfülle wohne
in turribus tuis.	in deinen Festungstürmen.

Hinweis: Eine Einspielung der hier behandelten Messproprien ist zu finden auf der CD *Quoniam in me speravit. Erster bis Vierter Fastensonntag im Gregorianischen Choral.* Schola Gregoriana Monacensis, Leitung: Stephan Zippe, ISBN 978-3-8306-7572-3.

V. FÜNFTER FASTENSONNTAG UND KARWOCHE

In der 2000-jährigen Geschichte des Christentums stellt das vierte Jahrhundert n. Chr. eine epochale Zäsur dar, deren Bedeutung für die Grundlegung und Konsolidierung christlicher Theologie, für die Ausformung gottesdienstlicher Feiern sowie für die Entstehung und Entwicklung des liturgischen Jahres nicht hoch genug einzuschätzen ist. Ermöglicht wurde dieser große Aufbruch, auch in vielen anderen Bereichen christlichen Lebens, durch die konstantinische Wende, die dem Christentum, nach Jahrhunderten der Unterdrückung und Verfolgung, alle Voraussetzungen bot, sich in Freiheit und auf die denkbar kreativste Weise zu entfalten.

Dass dieser Aufbruch sich nicht in äußeren Organisationsformen oder den Fortschritten theologischer Reflexion erschöpfte, sondern auch tiefe Wurzeln in das Erdreich christlicher Spiritualität trieb, beweist u. a. die Entstehung des Mönchtums im 4. Jh. und mit ihm eine rasch aufblühende, an paulinischer Mystik orientierte Christusfrömmigkeit. Nicht zuletzt wurde dieser „Trend" der Zeit angestoßen und gefördert durch die großen ökumenischen Konzilien der christlichen Antike, angefangen vom Konzil von Nicäa (325) mit seiner dogmatischen Lehrverkündigung der Gottheit Christi und seiner Wesensgleichheit mit dem Vater.

All dies zusammen führte schließlich dazu, dass von nun an den Stationen des Erdenlebens Christi größere Aufmerksamkeit entgegengebracht wurde. Im übrigen entsprach diese historisierende Tendenz auch den Bedürfnissen der Volksfrömmigkeit, denen man ab dem 4. Jh. mehr und mehr gerecht zu werden suchte.

Dass all die genannten Entwicklungen und Strömungen ihren Niederschlag auch im Bereich der Liturgie fanden, kann nicht verwundern, ist doch diese – nach Aussage der Liturgiekonstitution des

Zweiten Vatikanums (Art. 10) – „culmen“ (Gipfel) und „fons“ (Quelle) allen kirchlichen Tuns sowie christlichen Lebens schlechthin. So wird in Rom noch im 4. Jh. die Kultsprache Griechisch durch die Volkssprache Latein in der Liturgie abgelöst. Und im Verständnis der gottesdienstlichen Feiern im Ablauf eines Jahres bleibt es nicht allein bei der Feier der Auferstehung Christi an Ostern und deren wöchentlicher Wiederholung an den Sonntagen. Vielmehr gedenkt man auch der anderen wichtigen historischen Ereignisse im Leben Jesu in eigenen liturgischen Feiern und an eigenen dafür festgesetzten Tagen. So entsteht in Rom noch in der ersten Hälfte des 4. Jhs. das Weihnachtsfest am 25. Dezember, dem wenig später, aber wohl noch im 4. Jh., als zweites Weihnachtsfest das Fest der Erscheinung des Herrn am 6. Januar (in Epiphania Domini) folgen wird. Ebenfalls noch im 4. Jh. entsteht das „Triduum Sacrum“, das (nach Aussage des hl. Augustinus) die heiligen drei Tage des Leidens und Sterbens, der Grabesruhe und der Auferstehung Christi umfasst. Das Osterfest als wichtigster Tauftermin des Jahres erhält bald eine 40-tägige Vorbereitungszeit und eine 50-tägige Nachfeier, deren Anfänge da und dort ebenfalls im 4. Jh. bezeugt sind. Wenig später, in Rom, aber erst im 6. Jh., wird auch den beiden Weihnachtsfesten – nicht zuletzt mit Blick auf den Tauftermin am 6. Januar – eine mehrwöchige Vorbereitungszeit vorgeschaltet: der Advent. Mit diesen beiden Festkreisen ist der Grundstock des liturgischen Jahres geschaffen, das unter Papst Gregor d. Großen (590– 604) seine endgültige Struktur erhält.

Gegenstand der folgenden Ausführungen sind die Propriumsgesänge der Messe des Fünften Fastensonntags und die Proprien der wichtigsten Gottesdienste (außerhalb des Stundengebetes) der Karwoche, angefangen vom Palmsonntag über die Messe vom Letzten Abendmahl des Gründonnerstags bis zur Feier vom Leiden und Sterben Christi am Karfreitag. Nicht berücksichtigt werden die drei Messen am Montag, Dienstag und Mittwoch der Karwoche sowie die sog. Chrisam-Messe am Vormittag des Gründonnerstags. Die insgesamt vier Gesangsproprien seien im folgenden nach liturgiegeschichtlichen, theologisch-geistlichen und kompositorischen Gesichtspunkten näher beleuchtet.

1. Fünfter Fastensonntag

Bis zur nachkonziliaren Reform der Messe und des liturgischen Jahres war dieser Sonntag unter dem Namen „Passionssonntag" bekannt. Mit ihm begann, nach viereinhalb Wochen Fastenzeit, die eigentliche Passionszeit. So war denn die Liturgie dieses Sonntags von Themen bestimmt, die mehr und mehr den Blick auf den Entscheidungskampf zwischen Jesus und seinen Gegnern und seine bevorstehende Passion lenkten. Dies besonders in den beiden bis zur Liturgiereform vorgeschriebenen Lesungen (Hebr 9,11–15; Joh 8,46-59). Im Vorgriff auf das Gedächtnis des bevorstehenden Leidens und Sterbens Jesu und als Zeichen der Trauer darüber wurden mit diesem Sonntag Altarkreuz und Altarbilder mit dunklen Tüchern verhängt, und am Ende von Psalmen, auch im Introitus der Messe, entfiel das „Gloria Patri" (Ehre sei dem Vater...). „Dominica de Passione Domini" (Sonntag vom Leiden des Herrn), diese Bezeichnung findet sich bereits in der einen oder anderen der ältesten Handschriften des Gregorianischen Chorals, so im Graduale von Compiègne (einer Texthandschrift der 2. Hälfte des 9. Jhs.) und im Codex Einsiedeln 121 (2. Hälfte des 10. Jhs.), während in anderen Handschriften dieser Frühzeit, wie z. B. im Cantatorium St. Gallen 359 (ca. 920) und in Laon 239 (ca. 930), die Überschrift „Dominica V in Quadragesima" (5. Sonntag in der Fastenzeit) bzw. nur „Dominica V" (5. Sonntag) anzutreffen ist.

Mit der Liturgiereform nach dem Zweiten Vatikanum und vor allem der damit verbundenen Änderung der Ordnung der biblischen Lesungen in der Messe hat sich auch der Charakter dieses Sonntags etwas verändert. Nicht mehr nur das bevorstehende Leiden Jesu steht jetzt im Vordergrund. Ebenso ist es der Aufruf zu Umkehr und Neuanfang bzw. die Einladung, sich auf die vergebende Liebe Gottes einzulassen, die stärkere Betonung erfahren und damit eine gewisse Kontinuität zu den Themen der vorausgegangenen viereinhalb Wochen Fastenzeit herstellen. Daraus erklärt sich, warum bei der Neuordnung des Kirchenjahres der Bezeichnung „Fünfter Fastensonntag“ der Vorzug gegeben wurde.

Dennoch ist nicht zu übersehen, dass auch die bevorstehende Passion Jesu, deren man in der Karwoche gedenkt, bereits in der Liturgie dieses Sonntags ihre Schatten vorauswirft. Hinweise auf die Thematik Tod und Auferstehung gibt es auch in der erneuerten Ordnung der biblischen Lesungen dieses Sonntags mehr als genug, so z. B. im Evangeliumsbericht über die Auferweckung des Lazarus (Joh 11,1-45) im Lesejahr A, in der Bildrede Jesu vom Weizenkorn, das in die Erde fällt und stirbt (Joh 12,24f) im Lesejahr B oder in den Worten des Apostels Paulus im Lesejahr C, in denen er der Hoffnung Ausdruck verleiht, an Leiden, Tod und Auferstehung Jesu Anteil zu erhalten (Phil 3,10f).

Was die Propriumsgesänge der Messe dieses Sonntags betrifft, wurde durch die nachkonziliare Neuordnung nur eine einzige Änderung, nämlich bei der Communio, vorgenommen: Die ursprünglich für diesen Sonntag vorgesehene Communio *Hoc corpus,* die inhaltlich auf das Geschehen des Letzten Abendmahls verweist und deshalb der Messe des Letzten Abendmahls am Gründonnerstag zugeordnet wurde, ist nun ersetzt durch drei Gesänge, die auf die jeweiligen Evangeliumsabschnitte der drei Lesejahre Bezug nehmen.

Alle übrigen Propriumsgesänge dieser Sonntagsmesse wurden aus der vorkonziliaren Ordnung übernommen. Sie zeichnen sich teilweise durch einen zur Dramatik tendierenden Duktus aus, dies sowohl textlich als auch kompositorisch. So gleicht der zweite Satz des Introitus *Iudica me Deus* („ab homine iniquo et doloso eripe me“ – vom ungerechten und hinterhältigen Menschen befreie mich) einem Hilfeschrei aus höchster Not. Kaum noch zu überbieten ist diese Dramatik im Graduale *Eripe me, Domine,* vorab in dessen Solovers bei der Nennung feindlicher Menschen bzw. Personengruppen, mit stetiger Steigerung von „de gentibus iracundis" (von rachsüchtigen Heiden) über „ab insurgentibus in me" (von denen, die gegen mich aufstehen) bis hin zu „a viro iniquo" (vom ungerechten Mann). Aber gleichzeitig lassen die diesen Ausdrücken beigefügten Umschreibungen des Heilshandelns Gottes: „Liberator meus" (mein Befreier), „exaltabis me" (du wirst mich erheben) und „eripies me" (du wirst mich befreien) erkennen, dass im sicheren Bewusstsein des Eingreifens Gottes die größte Not bereits abgewendet ist. Eine ähnlich ambivalente, zwischen Depression und Hoffnung hin und her schwankende Stimmungslage kennzeichnet auch den Tractus *Saepe expugnaverunt*, auch wenn dieser von der kompositorischen Struktur her nicht gleichermaßen dramatische Höhepunkte aufzuweisen hat.

Um einiges entspannter, teilweise meditativer, gelegentlich aber auch freudig bewegt präsentieren sich Offertorium und Communio . Ruft das Offertorium *Confitebor tibi, Domine* mit Text aus Ps 118/119, dem Psalm der göttlichen Wortoffenbarung, zum Lobpreis Gottes „in toto corde" (aus ganzem Herzen) für sein Heilswirken und sein Wort, die Quelle allen Lebens („vivam" – ich werde leben; „vivifica me secundum verbum tuum" – belebe mich nach deinem Wort) auf, so lädt der ruhige Fluss der Communio *Nemo te condemnavit* dazu ein, sich stiller Herzensfreude über die Liebe Christi, die nicht verurteilt, hinzugeben.

GESANGSTEXTE

Introitus *Iudica me Deus* (Ps 42/43,1.2; V. Ps 42/43,3)

Iudica me Deus,	Schaffe mir Recht, o Gott,
et discerne causam meam	und führe meine Sache
de gente non sancta:	gegen ein unheiliges Volk.
ab homine iniquo	Vom ungerechten und hinter-
et doloso eripe me:	hältigen Menschen befreie mich,
quia tu es Deus meus,	denn du bist mein Gott
et fortitudo mea.	und meine Stärke.

V. Emitte lucem tuam, et veritatem tuam: ipsa me deduxerunt, et adduxerunt in montem sanctum tuum.	V. Sende aus dein Licht und deine Wahrheit; diese haben mich geführt und geleitet zu deinem heiligen Berg.

Graduale *Eripe me, Domine* (Ps 142/143,9.10; V. Ps 17/18,48.49)

Eripe me, Domine, de inimicis meis: doce me facere voluntatem tuam.	Entreiße mich, Herr, meinen Feinden, lehre mich, deinen Willen zu tun.
V. Liberator meus, Domine, de gentibus iracundis: ab insurgentibus in me exaltabis me: a viro iniquo eripies me.	V. Herr, mein Befreier von grimmigen Heiden! Über die, die gegen mich aufstehen, wirst du mich erheben, dem ungerechten Mann wirst du mich entreißen.

Tractus *Saepe expugnaverunt me* (Ps 128/129,1-4)

Saepe expugnaverunt me a iuventute mea.	Oft haben sie mich bekämpft von meiner Jugend an.
V. Dicat nunc Israel: saepe expugnaverunt me a iuventute mea.	V. So soll Israel nun sagen: oft haben sie mich bekämpft von meiner Jugend an.
V. Etenim non potuerunt mihi: supra dorsum meum fabricaverunt peccatores.	V. Doch sie konnten mich nicht überwältigen. Auf meinem Rücken schmiedeten die Sünder.
V. Prolongaverunt iniquitatem sibi: Dominus iustus concidet cervices peccatorum.	V. Lange trieben sie ihr Unrecht, doch der Herr wird in seiner Gerechtigkeit die Nacken der Sünder zerschlagen.

Offertorium *Confitebor tibi, Domine* (Ps 118/119,7.10.17.25)

Confitebor tibi, Domine, in toto corde meo: retribue servo tuo:	Preisen will ich dich, Herr, aus meinem ganzen Herzen. Vergilt deinem Knecht,

vivam, et custodiam	so werde ich leben
sermones tuos:	und deine Worte bewahren.
vivifica me secundum	Belebe mich
verbum tuum, Domine.	nach deinem Wort, o Herr!

Communio *Nemo te condemnavit* (Joh 8,10.11; V. Ps 16/17,1)

Nemo te condemnavit, mulier?	Hat dich niemand verurteilt, Frau?
Nemo, Domine.	Niemand, Herr.
Nec ego te condemnabo:	So will auch ich dich nicht verurteilen.
iam amplius noli peccare.	Sündige nicht mehr!
V. Exaudi, Domine,	V. Erhöre, Herr,
iustitiam meam:	meine Gerechtigkeit,
intende deprecationem meam.	achte auf mein Flehen!

2. Palmsonntag

„Dominica in Palmis de Passione Domini" (Palmsonntag vom Leiden des Herrn), so lautet der volle lateinische Titel dieses Sonntags, mit dem die „Hebdomada Sancta" (Heilige Woche), die Karwoche, eröffnet wird. In Jerusalem ist nach den Aufzeichnungen der Pilgerin Egeria schon im 4. Jh. für den Nachmittag dieses Tages ein Wortgottesdienst auf dem Ölberg bezeugt, an den sich im Gedenken an den Einzug Jesu in Jerusalem eine Prozession in die Stadt Jerusalem bis zur Grabeskirche anschloss. Kinder ziehen diesem Bericht zufolge mit Palm- oder Ölzweigen mit, und alle Anwesenden antworten auf die dargebotenen Hymnen und Lobgesänge immer wieder mit dem Ruf „Gesegnet sei, der da kommt im Namen des Herrn". Auf diese Situation nimmt auch die aktuelle gottesdienstliche Feier des Palmsonntags Bezug, und zwar gleich in ihren ersten beiden Gesängen, den Antiphonen *Hosanna filio David* und *Pueri Hebraeorum*, sowie dem Responsorium *Ingrediente Domino*.

Nach dem Vorbild der in dem genannten Pilgerbericht aufgezeichneten Gedenkfeier in Jerusalem, die noch nicht mit einer Eucharistiefeier verbunden war, hat sich ein ähnlicher Ritus sehr bald auch in anderen Kirchen, vornehmlich des Ostens, seit dem 8. Jh. auch im Frankenreich herausgebildet. Dieser nahm hier mehr und mehr szenische Elemente auf, etwa wenn mancherorts bei der Palmprozession ein hölzerner Esel auf Rädern mit einer darauf befestigten Christusfigur mitgeführt wurde. In Rom ist die Einführung einer Prozession in die Liturgie dieses Sonntags erst seit dem späten 11. Jh. bezeugt. Hier standen zunächst andere Aspekte im Mittelpunkt der Aufmerksamkeit, so vor allem die an diesem Tag vorgenommene Salbung der Taufbewerber mit Katechumenenöl in Vorbereitung auf die Taufe in der Osternacht. Aus diesem Grund war als Evangelium der Bericht von der Salbung in Betanien (Mt 26,6-13) vorgesehen, der seinerseits mit dem unmittelbar folgenden Bericht über den Verrat des Judas direkt in die Leidensgeschichte einmündete. Mit der Zeit zog diese größere Aufmerksamkeit auf sich, so dass es schließlich zur Charakterisierung dieses Sonntags als Dominica de Passione, als Sonntag vom Leiden Christi kam. Damit war gleichzeitig der Auftakt zu den gottesdienstlichen Feiern der gesamten Karwoche gegeben. Dies änderte sich auch dann nicht, als im 11. Jh. schließlich auch in Rom die Palmprozession eingeführt wurde. Die heutige Liturgie des Palmsonntags trägt beiden Aspekten, dem Gedächtnis des Einzugs Jesu in Jerusalem und dem Beginn seines Leidens, Rechnung, was der offizielle lateinische Name „Dominica in Palmis de Passione Domini“ treffend zum Ausdruck bringt.

Unter den Propriumsgesängen der Eucharistiefeier des Palmsonntags ragt allein schon wegen seiner Länge der Gesang nach der ersten Lesung heraus: der Tractus *Deus, Deus meus*, in dem große Teile von Ps 21/22 vertont sind. Obwohl seine Melodieführung sich vielfach formelhafter Wendungen bedient und großenteils auf psalmodischer Grundstruktur basiert, ja im Grunde eine besonders feierliche, häufig auch melismatische Ausgestaltung des 2. Psalmtons darstellt, überrascht sie an mehreren Stellen durch ausdrucksstarke musikalische Hervorhebungen zentraler oder emotional dichter Aussagen des Textes, so z. B. bei den Textstellen „Deus meus, clamabo

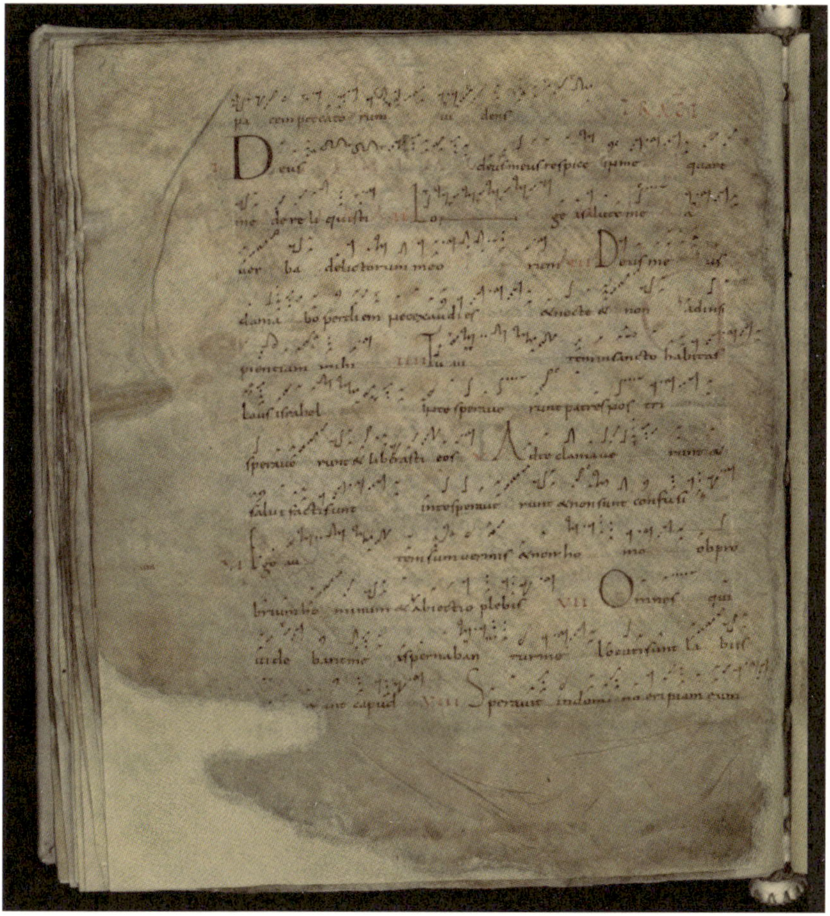

Tractus *Deus Deus meus* aus Codex Laon 239, fol. 45v, ca. 930,
Ville de Laon, Bibliothèque municipale

per diem, nec exaudies“ (mein Gott, ich schreie am Tag, aber du hörst es nicht), „Tu autem in sancto habitas, laus Israel“ (du aber wohnst im Heiligtum, Lob Israels), „Ego autem sum vermis et non homo“ (ich aber bin ein Wurm und kein Mensch), „Libera me de ore leonis“ (befreie mich aus dem Rachen des Löwen). Aber auch schon der allererste Vers lässt durch die ausladende melismatische Ausformung des ersten Wortes „Deus“ und die emphatische musikalische Hervorhebung der Worte „quare me dereliquisti“ (*warum* hast du *mich* verlassen?) aufhorchen. Es sind dies die letzten Worte Jesu am Kreuz, die die Liturgie der Karwoche erneut Jesus in den Mund legt und deren musikalische Ausgestaltung dazu geeignet ist, in Sängern und Hörern starke Empfindungen hervorzurufen.

Ein prominentes Beispiel gregorianischer Kompositionskunst stellt auch der Gesang nach der zweiten Lesung dar: das Graduale *Christus factus est.* Da es Teil auch der Karfreitagsliturgie ist, wird es im Zusammenhang mit den Gesängen der Karfreitagsliturgie kommentiert.

Im Offertorium *Improperium* begegnet uns ein Gesangsstück von außerordentlicher Ausdruckskraft, das den Dunkelheiten Rechnung trägt, die ein Mensch im Angesicht des Todes durchschreiten muss und die im Kontext der Karliturgie wieder als Hinweis auf die Passion Jesu zu verstehen sind. Vor allem in der Vertonung der Textstellen „et non fuit“ (und da war keiner), „et non inveni“ (und ich fand [ihn] nicht) und „et in siti mea potaverunt me aceto“ (und in meinem Durst tränkten sie mich mit Essig) ist dem Gefühl eines tiefen menschlichen Absturzes sowie der Sinn- und Trostlosigkeit menschlicher Existenz Raum gegeben.

Anders als das dunkel, ja düster anmutende Offertorium präsentiert sich die kurze Communio *Pater, si non potest* in gelösterer Stimmung, die ebenfalls im Text, hier in der Ergebung Jesu in den Willen des Vaters („fiat voluntas tua“ – es geschehe dein Wille) begründet ist.

GESANGSTEXTE

Antiphon *Hosanna filio David* (Mt 21,9; V. Ps 117/118,1)

Hosanna filio David: benedictus qui venit in nomine Domini. Rex Israel: Hosanna in excelsis.	Hosanna dem Sohne Davids! Gepriesen sei, der da kommt im Namen des Herrn. König von Israel: Hosanna in der Höhe!
V. Confitemini Domino, quoniam bonus, quoniam in saeculum misericordia eius.	V. Preist den Herrn, denn er ist gut, denn sein Erbarmen währt ewig!

Antiphon *Pueri Hebraeorum* (vgl. Joh 12,13; V. Ps 23/24,1)

Pueri Hebraeorum, tollentes ramos olivarum, obviaverunt Domino, clamantes, et dicentes: Hosanna in excelsis.	Kinder der Hebräer nahmen Ölzweige und zogen dem Herrn entgegen. Sie riefen und sagten: Hosanna in der Höhe!
V. Domini est terra et plenitudo eius, orbis terrarum et qui habitant in eo.	V. Des Herrn ist die Erde und ihre Fülle, der Erdkreis und die auf ihm wohnen.

Responsorium *Ingrediente Domino* (vgl. Joh 12,12.13)

Ingrediente Domino in sanctam civitatem, Hebraeorum pueri, resurrectionem vitae pronuntiantes, cum ramis palmarum Hosanna clamabant in excelsis.	Als der Herr in die heilige Stadt einzog, verkündeten Kinder der Hebräer die Auferstehung des Lebens. Mit Palmzweigen riefen sie laut: Hosanna in der Höhe!
V. Cumque audissent quia Jesus venit Ierosolymam, processerunt obviam ei.	V. Als sie gehört hatten, dass Jesus nach Jerusalem gekommen ist, zogen sie ihm entgegen.

Tractus *Deus, Deus meus* (Ps 21/22,2-9.18.19.22.24.32)

Deus, Deus meus, respice in me: quare me dereliquisti?	Gott, mein Gott, achte auf mich! Warum hast du mich verlassen?
V. Longe a salute mea verba delictorum meorum.	V. Weit entfernt von meinem Heil sind die Worte meiner Untaten.
V. Deus meus clamabo per diem, nec exaudies: et nocte, et non ad insipientiam mihi.	V. Mein Gott, ich schreie am Tag, doch du hörst es nicht; und in der Nacht, und dies gereiche mir nicht zur Torheit.
V. Tu autem in sancto habitas, laus Israel.	V. Du aber wohnst im Heiligtum, Lobpreis Israels.
V. In te speraverunt patres nostri: speraverunt, et liberasti eos.	V. Auf dich hofften unsere Väter; sie hofften, und du hast sie befreit.
V. Ad te clamaverunt, et salvi facti sunt: in te speraverunt, et non sunt confusi.	V. Zu dir schrien sie und wurden gerettet; auf dich hofften sie und wurden nicht zuschanden.
V. Ego autem sum vermis, et non homo: opprobrium hominum, et abiectio plebis.	V. Ich aber bin ein Wurm und kein Mensch, beschimpft von den Menschen und verachtet vom Volk.
V. Omnes qui videbant me, aspernabantur me: locuti sunt labiis, et moverunt caput.	V. Alle, die mich sahen, verachteten mich; sie redeten mit den Lippen und schüttelten das Haupt.
V. „Speravit in Domino, eripiat eum: salvum faciat eum, quoniam vult eum.“	V. „Er hat auf den Herrn vertraut, er möge ihn herausreißen. Er möge ihn retten, denn er steht zu ihm.“
V. Ipsi vero consideraverunt, et conspexerunt me: diviserunt sibi vestimenta mea, et super vestem meam miserunt sortem.	V. Sie aber betrachteten mich voller Verachtung, sie verteilten unter sich meine Kleider, und über mein Gewand warfen sie das Los.

V. Libera me de ore leonis: et a cornibus unicornuorum humilitatem meam.	V. Befreie mich aus dem Rachen des Löwen, von den Hörnern der Einhörner meine Niedrigkeit!
V. Qui timetis Dominum, laudate eum: universum semen Iacob, magnificate eum.	V. Die ihr den Herrn fürchtet, lobt ihn; alle vom Stamm Jakobs, rühmt ihm!
V. Annuntiabitur Domino generatio ventura: et annuntiabunt caeli iustitiam eius.	V. Dem Herrn wird das künftige Geschlecht angekündigt werden, und die Himmel werden seine Gerechtigkeit verkünden.
V. Populo qui nascetur, quem fecit Dominus.	V. Dem Volk, das geboren wird, das der Herr erschaffen hat.

Offertorium *Improperium* (Ps 68/69,21.22)

Improperium exspectavit cor meum, et miseriam: et sustinui qui simul contristaretur, et non fuit: consolantem me quaesivi, et non inveni: et dederunt in escam meam fel, et in siti mea potaverunt me aceto.	Schmach erwartete mein Herz und Elend. Und ich hielt Ausschau nach einem, der mit mir fühlt, doch da war keiner; ich suchte nach einem, der mich tröstet, doch ich fand ihn nicht. Und sie gaben mir zur Speise Galle, und in meinem Durst tränkten sie mich mit Essig.

Communio *Pater, si non potest* (Mt 26,42; V. Ps 21/22,2)

Pater, si non potest hic calix transire, nisi bibam illum: fiat voluntas tua.	Vater, wenn dieser Kelch nicht vorübergehen kann, ohne dass ich ihn trinke, so geschehe dein Wille.
V. Deus, Deus meus, respice in me: quare me dereliquisti longe a salute mea.	V. Gott, mein Gott, achte auf mich! Warum hast du mich verlassen, fernab meiner Rettung?

3. Messe vom Letzten Abendmahl am Gründonnerstag

In den ältesten Handschriften des Gregorianischen Chorals seit dem 8./9. Jh. findet sich für diesen Tag die Bezeichnung „Feria V in Cena Domini" (5. Wochentag vom Abendmahl des Herrn). Der deutsche Name „Gründonnerstag" leitet sich vom mittelhochdeutschen Wort „gronan" (= weinen) her und hat wohl seinen Ursprung in der Wiederaufnahme der Büßer in die Gemeinschaft der Kirche, die an diesem Tag vollzogen wurde. Nach dem Zeugnis des hl. Augustinus sowie jenem der Pilgerin Egeria fanden im 4. Jh. in Nordafrika bzw. in Jerusalem zwei Eucharistiefeiern statt. Im Rom des 7. Jhs. sind drei Eucharistiefeiern bezeugt: eine aus Anlass der Wiederaufnahme der Büßer, eine zweite zur Weihe der Öle, die man für die Taufen in der Osternacht benötigte, und eine dritte zum Gedenken an das Letzte Abendmahl Jesu.

In der heutigen nachkonziliaren Liturgie des Gründonnerstags ist zu unterscheiden zwischen der „Missa Chrismatis" (Chrisam-Messe) am Vormittag, die dem Bischof einer Diözese vorbehalten ist und während der die Weihe der Öle vorgenommen wird, und der „Missa vespertina in Cena Domini" (Abendmesse vom Abendmahl des Herrn) im Gedenken an die Einsetzung der Eucharistie. Letztere Messe zählt eigentlich nicht zur Liturgie des Gründonnerstags, sondern stellt den Auftakt zum Triduum Sacrum dar, der Feier der heiligen drei Tage des gekreuzigten, begrabenen und auferstandenen Herrn (Augustinus), und bildet in Sonderheit eine unzertrennliche Einheit mit dem Gedenken des Kreuzestodes Christi am Karfreitag, als dessen sakramentale Vorwegnahme das Mahl Jesu mit seinen Jüngern am Vorabend seines Todes zu verstehen ist.

Die folgenden Ausführungen verzichten auf eine Besprechung des Gesangspropriums der „Missa Chrismatis" und beschränken sich bei der „Missa vespertina in Cena Domini" auf insgesamt vier Gesänge: Introitus *Nos autem gloriari,* Graduale *Oculi omnium,* Antiphon *Dominus Iesus* zum Ritus der Fußwaschung und Communio

Hoc corpus. Ausgespart werden Tractus *Ab ortu solis* (eine sehr späte Adaptation mancher Tractus im VIII. Modus, vor allem des Tractus *Ad te levavi* des Dritten Fastensonntags), weitere Gesänge zum Ritus der Fußwaschung, der an Stelle eines Offertoriums vorgesehene Wechselgesang *Ubi caritas et amor* und schließlich der Hymnus *Pange lingua gloriosi corporis mysterium* zur Übertragung des Allerheiligsten Sakramentes im Anschluss an die Messfeier.

Der Introitus *Nos autem gloriari* gleich zu Beginn der liturgischen Gedenkfeier des Letzten Abendmahles hat programmatische Bedeutung, insofern er in Anlehnung an Gal 6, 14 prägnant zusammenfasst, worum es bei der Feier der österlichen Geheimnisse (mysterium paschale) der heiligen drei Tage letztlich geht: um die Zusammenschau von Tod und Auferstehung Jesu als Quelle für Heil („salus"), Leben („vita"), Auferstehung („resurrectio") und unsere Erlösung („liberati sumus"). Unter musikalischem Aspekt sei besonders auf die Häufung von Tonverdoppelungen hingewiesen, durch die zentrale Begriffe und Aussagen des Textes nachdrücklich hervorgehoben werden, so bei „Domini nostri Iesu Christi", „vita" und „resurrectio".

Die Wahl des Graduale *Oculi omnium,* mit dem bekannten Text aus Ps 144/145, anstelle des vor der Liturgiereform hier vorgesehenen Graduale *Christus factus est,* nimmt direkt Bezug auf die Einsetzung der Eucharistie an diesem Tag und besonders auf das Mahlgeschehen innerhalb der Eucharistie. In schwungvollen Tonbewegungen, mehrmals bis an die Obergrenze des Tonumfangs im VII. Modus, und mit zahlreichen ausgedehnten Melismata, die sich girlandenhaft um die wichtigen Strukturtöne des VII. Modus ranken, wird die Sorge Gottes um das leibliche und seelische Wohlergehen des Menschen hymnisch und lyrisch zugleich besungen.

Der Gesang zum Ritus der Fußwaschung *Dominus Iesus,* vor der Liturgiereform als Communio dieser Messe vorgesehen, verwendet fast das ganze Stück hindurch – mit geringfügigen Abwandlungen – das gleiche Tonmaterial, das sich im Raum einer Quart vom tiefen *do* (c) zum *fa* (f) und umgekehrt bewegt. Ob der Komponist damit wohl zum Ausdruck bringen wollte, dass die Geste der Demut und Liebe Jesu (Teil 1) eine Entsprechung in unserem Leben (Teil 2) finden soll? Genau davon nämlich ist im Text die Rede. Überraschend jedoch in diesem eher gleichförmigen Umfeld der steile und jähe Aufstieg bei „Scitis" (Wisst ihr...?). Obwohl damit eine Frage eingeleitet wird, hat man eher den Eindruck eines musikalischen Imperativs, so als wollte der Komponist die Nachahmung der Geste Jesu nicht dem Belieben des Einzelnen überlassen, sondern klar als Aufforderung verstanden wissen.

Der Text der Communio *Hoc corpus* gibt die Einsetzungsworte Jesu nach 1 Kor 11,24f wieder. Auffallend hier ganz besonders die Höhenlage des Schlussteils, die sich deutlich von der tieferen Lage des gesamten vorausgehenden Abschnittes abhebt. Der Akzent liegt hier klar auf dem Wiederholungsbefehl, gleichbedeutend mit der Einsetzung der Eucharistie.

GESANGSTEXTE

Introitus *Nos autem gloriari* (vgl. Gal 6,14; V. Ps 66/67,2)

Nos autem gloriari oportet in cruce Domini nostri Iesu Christi: in quo est salus, vita, et resurrectio nostra: per quem salvati, et liberati sumus.	Wir aber sollen uns rühmen im Kreuz unseres Herrn Jesus Christus. In ihm ist Heil, Leben und unsere Auferstehung. Durch ihn sind wir gerettet und befreit.
V. Deus misereatur nostri, et benedicat nobis: illuminet vultum suum super nos, et misereatur nostri.	V. Gott erbarme sich unser und segne uns, er lasse sein Angesicht leuchten über uns und sei uns gnädig.

Graduale *Oculi omnium* (Ps 144/145,15; V. Ps 144/145,16)

Oculi omnium in te sperant, Domine: et tu das illis escam in tempore opportuno.	Aller Augen warten auf dich, o Herr. Und tu gibst ihnen Speise zur rechten Zeit.

V. Aperis tu manum tuam: et imples omne animal benedictione.	V. Du öffnest deine Hand und erfüllst alles, was lebt, mit Segen.

Antiphon zur Fußwaschung *Dominus Iesus* (vgl. Joh 13,4.12.13.15)

Dominus Iesus, postquam cenavit cum discipulis suis, lavit pedes eorum, et ait illis: Scitis quid fecerim vobis, ego Dominus et Magister? Exemplum dedi vobis, ut et vos ita faciatis.	Nachdem der Herr Jesus Mahl mit seinen Jüngern gehalten hat, wusch er ihre Füße und sagte zu ihnen: „Wisst ihr, was ich euch getan habe, ich, der Herr und Meister? Ein Beispiel habe ich euch gegeben, damit auch ihr so tut."

Communio *Hoc corpus* (1 Kor 11,24. 25; V. Ps 42/43,1)

Hoc corpus, quod pro vobis tradetur: hic calix novi testamenti est in meo sanguine, dicit Dominus: hoc facite, quotiescumque sumitis, in meam commemorationem.	„Dies ist der Leib, der für euch hingegeben wird; dies ist der Kelch des Neuen Bundes in meinem Blut", spricht der Herr. „Dies tut, so oft ihr davon nehmt, zu meinem Gedächtnis!"
V. Iudica me, Deus, et discerne causam meam de gente non sancta, ab homine iniquo et doloso erue me.	V. Verschaffe mir Recht, o Gott, und führe meine Sache gegen ein unheiliges Volk, vom ungerechten und hinterhältigen Menschen befreie mich!

4. Die Feier vom Leiden und Sterben Christi am Karfreitag

In den aktuellen liturgischen Ausgaben lateinischer Sprache findet sich für den Karfreitag der Name „Feria Sexta in Passione Domini" (6. Wochentag vom Leiden des Herrn), während in den ältesten Handschriften des Gregorianischen Chorals seit dem 8./9. Jh. sowie auch im Graduale Romanum von 1908 die Bezeichnung „Feria VI in Parasceve" (= Rüsttag) anzutreffen ist. Dem deutschen Namen

„Karfreitag" liegt das althochdeutsche Wort „kara" (Klage) zugrunde.

In den ersten christlichen Jahrhunderten fiel das Gedächtnis des Leidens und Sterbens Christi zusammen mit der Jahresfeier von Ostern. Erste Spuren eines eigenständigen Gedenkens der Passion Christi am Freitag vor Ostern reichen zwar zurück bis zu Justin d. Märtyrer, Mitte des 2. Jhs., aber von einer eigentlichen Karfreitagsliturgie kann man erst seit dem späten 4. Jh. sprechen. Und natürlich hat auch sie sich zuerst in Jerusalem, dem Ort des historischen Geschehens, ausgebildet, wie wir wiederum von der Pilgerin Egeria erfahren. Ihrem Bericht zufolge versammelten sich an diesem Tag die Christen Jerusalems zweimal zu einer Gedächtnisfeier, am Vormittag auf dem Hügel Golgota zur Verehrung des von der Kaiserin Helena wieder aufgefundenen Kreuzes, am Nachmittag zu einem Wortgottesdienst, in dem u. a. die Leidensgeschichte vorgelesen wurde.

Diese beiden von Egeria genannten Bestandteile einer liturgischen Gedächtnisfeier des Leidens und Sterbens Christi, Kreuzverehrung und Wortgottesdienst mit Verlesung des Passionsberichtes, wurden später auch von der Kirche Roms übernommen, wie wir aus römischen Dokumenten des 7. Jhs. wissen, und sie bilden bis zum heutigen Tag das Grundgerüst des Gottesdienstes zur Todesstunde Jesu am Karfreitag. Der dritte Hauptteil der heutigen Karfreitagsliturgie, die Kommunionfeier der Gläubigen (ohne Messe), ist in Rom ebenfalls bereits im 7. Jh. bezeugt, reduzierte sich jedoch sehr bald, im Zuge des allgemeinen Rückgangs der Gläubigenkommunion, zur alleinigen Kommunion des Priesters und wurde erst durch das Dekret Pius XII. zur Reform der Karwoche 1955 wieder eingeführt.

Die gregorianischen Gesänge der heutigen Karfreitagsliturgie gehören zwei unterschiedlichen Schichten an, wenn nicht sogar zwei unterschiedlichen Repertoires. Genuin gregorianisch und dem Kernrepertoire des Gregorianischen Chorals angehörig sind ohne Zweifel die beiden für den Wortgottesdienst vorgesehenen Gesänge: der Tractus *Domine exaudi* und das Graduale *Christus factus est*. Hingegen dürften die Gesänge zur Kreuzverehrung großenteils östlichen, d. h. griechischen Ursprungs sein. Dies gilt jedenfalls für die Antiphon *Crucem tuam* und die *Improperien* mit dem *Trishagion*, die wohl im 8./9. Jh. über Gallien Eingang in die römische Liturgie des Karfreitags gefunden haben. Davon auszunehmen ist der Hymnus *Pange lingua gloriosi proelium certaminis* mit der Kehrversstrophe *Crux fidelis*, dessen Text auf Venantius Fortunatus (6. Jh.) zurückgeführt wird. In Band I des Graduale Novum ist dieser Hymnus zum ersten Mal in jener Melodiefassung wiedergegeben, die weitestgehend der Neumennotation der ältesten Handschrift von St. Gallen, des Cantatoriums St. Gallen 359, entspricht. Ziemlich gut ist auch die Antiphon *Ecce lignum crucis* zur Enthüllung und Erhebung des Kreuzes in den mittelalterlichen Handschriften bezeugt, und dies sowohl in den frühen Texthandschriften als auch in wichtigen Neumenhandschriften ab dem 10. Jahrhundert.

Abschließend noch ein Wort zu den beiden großen Gesängen des Wortgottesdienstes, dem Tractus *Domine exaudi* und dem Graduale *Christus factus est*.

Der Tractus *Domine exaudi* im II. Modus ist erst im Zuge der Liturgiereform nach dem Zweiten Vatikanum in die Karfreitagsliturgie gelangt. Sein ursprünglicher Ort ist die Messe des Mittwochs in der Karwoche. Dort ist er in den ältesten Handschriften als Responsorium Graduale ausgewiesen, und dies obwohl er aus insgesamt sechs Versen besteht und die Melodien der einzelnen Teile eindeutig dem Formelreservoir der Tractus im II. Modus entnommen sind. Offensichtlich handelt es sich hier um ein Zwischenstadium zwischen Graduale und Tractus, d. h. um einen Gesang, der wohl ursprünglich als Graduale konzipiert war, dann aber die Form eines Tractus angenommen hat. Analoges gilt übrigens auch für die beiden Tractus der vorkonziliaren Karfreitagsliturgie *Domine audivi* und *Eripe me*. Ob man in diesen Fällen annehmen darf, dass der einleitende Vers als Schola-Teil und Responsum diente, d. h. nach jedem der folgenden (Solo-) Verse wiederholt wurde, ist unter den Fachleuten umstritten.

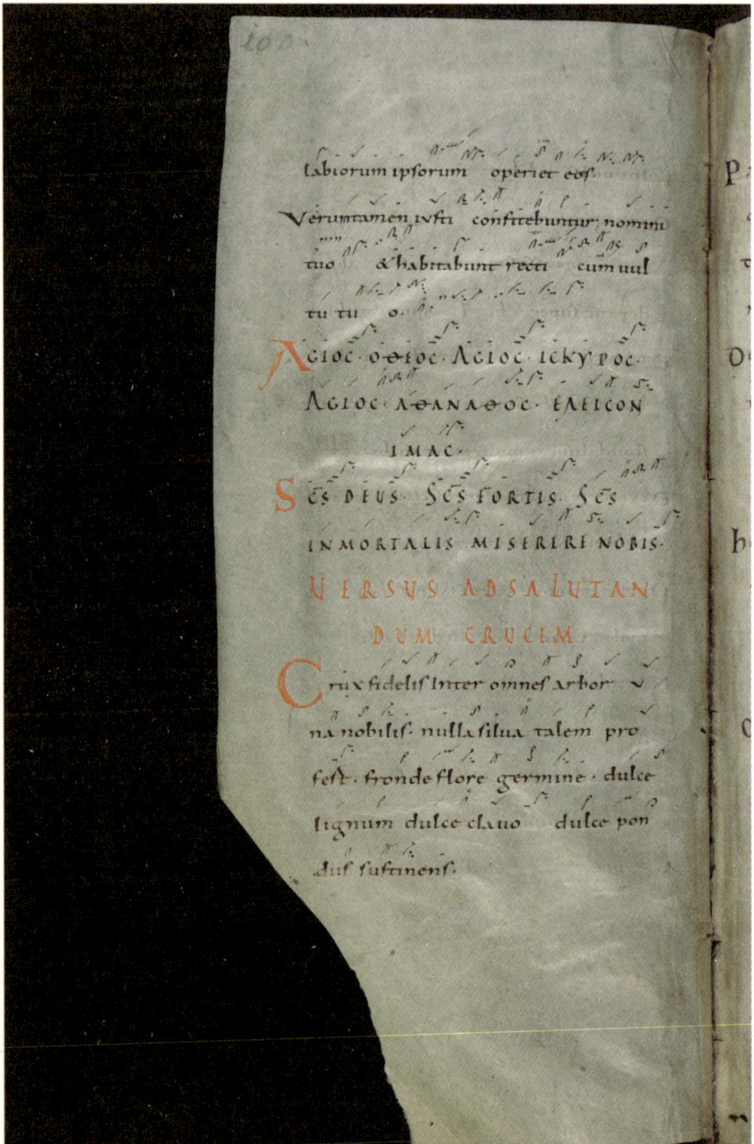

Trishagion und Hymnus *Crux fidelis* aus St. Gallen Codex 359, p. 100, ca. 920, Stiftsbibliothek St. Gallen

Dass die beiden im Wortgottesdienst der vorkonziliaren Karfreitagsliturgie vorgesehenen Tractus (bzw. Gradualia) *Domine audivi* und *Eripe me* durch den Tractus *Domine exaudi* und das Graduale *Christus factus est* verdrängt worden sind, ja in den aktuellen gregorianischen Gesangbüchern gar nicht mehr enthalten sind, dürfte einerseits damit zu tun haben, dass auch die beiden jeweils vorausgehenden biblischen Lesungen der vorkonziliaren Liturgie durch andere ersetzt wurden, andererseits aber auch damit, dass man aus pastoralen Überlegungen glaubte, deren teilweise düsteren, gelegentlich mit sog. Fluchversen durchsetzten Texte den Gläubigen nicht zumuten zu können. Demgegenüber erweist sich der Text des neu eingeführten Tractus *Domine exaudi* inhaltlich als weniger problematisch und zudem als sehr passend zu dem in der aktuellen Liturgie unmittelbar vorausgehenden Lied vom leidenden Gottesknecht (Jes 52,13-53), so wie auch das Graduale *Christus factus est* sich wunderbar zwischen der vorausgehenden zweiten Lesung aus dem Hebräerbrief und der nachfolgenden Leidensgeschichte nach Johannes einfügt.

Unter musikalischem Aspekt und dabei vor allem unter dem Aspekt des Zusammenklangs von Wort und Ton stellt zweifellos das Graduale *Christus factus est* den Glanz- und Höhepunkt der Gesänge der Karfreitagsliturgie dar. Man darf es als besonderen Glücksfall ansehen, dass dieser Gesang, der vor der Liturgiereform dem Proprium der Abendmahlsmesse des Gründonnerstags angehörte, nun außer in der Messe am Palmsonntag auch in der Liturgie des Karfreitags zu hören ist. In der Tat identifiziert man die Passion Christi mit keinem anderen Gesang mehr als mit dem Graduale *Christus factus est*, und dies sowohl von der Tiefe des Textes aus dem Philipperbrief als auch von der Schönheit und Ausdruckskraft der Komposition her. Hier werden – ähnlich wie im Introitus der Abendmahlsmesse des Gründonnerstags – alle jene Gesichtspunkte genannt und mit eindrucksvoller musikalischer Geste besungen, die das Wesen der österlichen Geheimnisse (mysterium paschale) in der Zusammenschau von Karfreitag und Ostern ausmachen: die Gehorsamstat Christi in seinem Leiden und

Sterben („obediens usque ad mortem“) am Kreuz („mortem autem crucis“) zu unserem Heil („pro nobis“) und schließlich, im Solovers, die Wandlung von Erniedrigung in Erhöhung („Deus exaltavit illum“), von der finsteren Nacht des Todes zum Morgen der Auferstehung.

GESANGSTEXTE

Gesänge zum Wortgottesdienst

Tractus *Domine exaudi* (Ps 101/102,2-5.14)

Domine, exaudi orationem meam, et clamor meus ad te veniat.	Herr, erhöre mein Gebet, und mein Schreien dringe zu dir.
V. Ne avertas faciem tuam a me: in quacumque die tribulor, inclina ad me aurem tuam.	V. Wende dein Gesicht nicht ab von mir. Am Tag meiner Not neige dein Ohr mir zu.
V. In quacumque die invocavero te, velociter exaudi me.	Am Tag, da ich dich anrufe, erhöre mich eilends!
V. Quia defecerunt sicut fumus dies mei: et ossa mea sicut in frixorio confrixa sunt.	V. Denn meine Tage schwanden dahin wie Rauch, und meine Gebeine sind wie Reisig verdorrt.
V. Percussus sum sicut fenum, et aruit cor meum: quia oblitus sum manducare panem meum.	V. Gemäht bin ich wie Gras, und verdorrt ist mein Herz, denn ich vergaß, mein Brot zu essen.
V. Tu exsurgens, Domine, misereberis Sion: quia venit tempus miserendi eius.	V. Tu wirst aufstehen, Herr, und dich Zions erbarmen, denn gekommen ist die Zeit, sich seiner zu erbarmen.

Graduale *Christus factus est* (vgl. Phil 2,8; V. Phil 2,9)

Christus factus est pro nobis obediens usque ad mortem, mortem autem crucis.	Christus wurde für uns gehorsam bis zum Tod, bis zum Tod am Kreuz.

V. Propter quod Deus exaltavit illum, et dedit illi nomen, quod est super omne nomen.	V. Deshalb hat Gott ihn erhöht und ihm einen Namen gegeben, der über allen Namen ist.

Gesänge zur Kreuzverehrung

Antiphon *Ecce lignum Crucis*

Ecce lignum Crucis, in quo salus mundi pependit. – Venite adoremus.	Seht das Holz des Kreuzes, an dem das Heil der Welt gehangen hat. – Kommt, lasset uns anbeten!

Antiphon *Crucem tuam* (V. Ps 66/67,2)

Crucem tuam adoramus, Domine: et sanctam resurrectionem tuam laudamus et glorificamus: ecce enim propter crucem venit gaudium in universo mundo.	Dein Kreuz, o Herr, verehren wir, und deine heilige Auferstehung loben und rühmen wir. Denn siehe, durch das Kreuz kam Freude in alle Welt.
V. Deus misereatur nostri, et benedicat nobis: illuminet vultum suum super nos, et misereatur nostri.	V. Gott erbarme sich unser und segne uns. Er lasse sein Angesicht über uns leuchten und sei uns gnädig.

Improperien (vgl. Mich 6,3.4) und *Trishagion* (hier mit ausgewählten Versen)

Popule meus, quid feci tibi? Aut in quo contristavi te? Responde mihi.	Mein Volk, was habe ich dir getan? Oder womit habe ich dich betrübt? Antworte mir!
V. Quia eduxi te de terra Aegypti: parasti crucem Salvatori tuo.	V. Ich habe dich ja herausgeführt aus dem Land Ägypten, und du bereitest das Kreuz deinem Erlöser.
Hagios o Theos, Sanctus Deus, Hagios Ischyros, Sanctus Fortis, Hagios Athanatos, Sanctus Immortalis, eleison hymas, miserere nobis.	Heiliger Gott, Heiliger Starker, Heiliger Unsterblicher, erbarme dich unser!

Hymnus *Pange lingua ... proelium* mit Kehrversstrophe *Crux fidelis* (Venantius Fortunatus [6. Jh.] – hier mit ausgewählten Strophen)

Crux fidelis, inter omnes arbor una nobilis: nulla silva talem profert, fronde, flore, germine: Dulce lignum, dulci clavo dulce pondus sustinens.	Treues Kreuz, unter allen einzig edler Baum! Kein Wald bringt einen solchen hervor mit diesem Laub, diesen Blüten und dieser Frucht. Süßes Holz, du trägst mit süßem Nagel süße Last.
Pange lingua gloriosi proelium certaminis, et super crucis tropaeo dic triumphum nobilem: Qualiter Redemptor orbis immolatus vicerit.	Preise, Zunge, den Kampf des herrlichen Ringens, und über das Siegeszeichen des Kreuzes stimme edlen Triumph an, wie der Erlöser des Erdkreises geopfert wurde und siegte.
V. De parentis protoplasti fraude Factor condolens, quando pomi noxialis morsu in mortem corruit: Ipse lignum tunc notavit, damna ligni ut solveret.	V. Ob der Überlistung des ersterschaffenen Ahnen, als dieser durch den Biss in den schädlichen Apfel dem Tod anheimfiel, empfand der Schöpfer Mitleid. So hat er nun selbst das Holz bezeichnet, um das Unheil des Holzes zu erlösen.
V. Hoc opus nostrae salutis ordo depoposcerat: multiformis perditoris arte ut artem falleret: Et medelam ferret inde, hostis unde laeserat.	V. Dieses Werk zu unserem Heil forderte die Ordnung, damit sie durch List die List des vielgestaltigen Verderbers täusche und Heilung bringe, wo der Feind Wunden schlug.
V. Flecte ramos, arbor alta, tensa laxa viscera, et rigor lentescat ille, quem dedit nativitas: Ut superni membra Regis miti tendas stipite.	V. Neige, hoher Baum, die Zweige, lockere deinen festen Kern, und jene Härte weiche, die von Natur aus dir eigen ist, damit du die Glieder des höchsten Königs am zarten Stamme ausspannst.

V. Sola digna tu fuisti
ferre pretium saeculi,
atque portum praeparare
nauta mundo naufrago:
Quem sacer cruor perunxit,
fusus Agni corpore.

V. Du allein warst würdig,
den Preis der Ewigkeit zu tragen
und den Hafen zu bereiten als
Steuermann für die schiffbrüchige Welt,
du, den heiliges Blut gesalbt hat, das
aus dem Leib des Lammes hervorfloss.

V. Aequa Patri Filioque,
inclito Paraclito,
sempiterna
sit beatae Trinitati gloria:
Cuius alma nos redemit
atque servat gratia. Amen.

V. Dem Vater und dem Sohne
und dem ruhmreichen Tröster,
der Heiligen Dreifaltigkeit,
gebührt auf gleiche Weise
ewiger Ruhm. Ihre gütige Gnade
hat uns erlöst und erhält uns. Amen.

Hinweis: Eine Einspielung der hier behandelten Gesänge ist zu finden auf der CD *Hosanna Filio David. Fünfter Fastensonntag und Karwoche im Gregorianischen Choral.* Schola Gregoriana Monacensis, Leitung: Johannes B. Göschl, ISBN 978-3-8306-7523-5.

VI. OSTERN UND DIE SONNTAGE II UND III DER OSTERZEIT

Die Anfänge des christlichen Osterfestes liegen weitgehend im Dunkeln. Sicher ist, dass die Christen von Beginn an am Sonntag, dem Herrentag, die Auferstehung Jesu als zentrales Heilsereignis ihres Glaubens kultisch begingen. Zeugnisse für ein eigenes, von der wöchentlichen Kultfeier am Sonntag unterschiedenes Osterfest lassen sich erst seit der zweiten Hälfte des 2. Jhs. nachweisen, wenn es auch sehr wahrscheinlich ist, dass es das Fest schon einige Zeit vorher, vermutlich schon im 1. Jh., gegeben hat.

Bei der kultischen Ausformung des Osterfestes knüpften die Christen der Frühzeit bewusst an das jüdische Pesach-Fest am 14. Nisan, dem Tag des ersten Frühlingsvollmondes, an, an dem die Juden im Rahmen eines rituellen Mahles der Heilstaten Gottes in Schöpfung und Geschichte, vor allem im Zusammenhang mit der Herausführung des Volkes Israel aus Ägypten, dem Durchzug durch das Schilfmeer, der Wanderung durch die Wüste und der Hineinführung in das Gelobte Land, gedachten und im Verlauf dieses Gedächtnismahles das Pesach-Lamm aßen. Das hebräische Wort ‚pesach' bzw. seine dem Griechischen entlehnte Form ‚pascha' bedeutet ursprünglich Vorübergang, Hindurchgang und bezieht sich nach alttestamentlichem Verständnis – sowie im Verständnis des heutigen Judentums – auf die genannten Heilstaten in der Frühgeschichte des Volkes Israel.

Nach den Berichten der Evangelien hat auch Jesus zusammen mit seinen Jüngern vor seinem Leiden und Sterben das Pascha-Mahl begangen. Darin ist letztlich das Urbild sowohl für das christliche Osterfest als auch für die christliche Eucharistiefeier zu sehen. Bei diesem „Letzten Abendmahl" ist Jesus selbst das Pascha-Lamm, das sich zur Speise hingibt und in dieser restlosen Selbsthingabe seinen Tod am Kreuz sakramental vorwegnimmt. Durch seinen Hindurchgang (pascha) durch Leiden und Tod zur Auferstehung hat er dem Volk des Neuen Bundes den Weg eröffnet, der zum (ewigen) Leben führt.

Sicher ist auch, dass die kultische Feier von Ostern in der Frühzeit des Christentums auf einen einzigen Tag beschränkt war, besser: auf eine einzige Nacht, die Osternacht, auch Ostervigil genannt. Diese die ganze Nacht andauernde Feier war von einer deutlichen Zweiteilung gekennzeichnet: einem ersten Teil, der dem trauernden Gedächtnis der Passion Jesu gewidmet war, und einem zweiten Teil, der der Freude über die Auferweckung und Erhöhung Jesu Ausdruck verlieh. Ja, in dieser einen österlichen Nachtwache, der „mater omnium vigiliarum" (Mutter aller liturgischen Nachtwachen) gedachte man sämtlicher Ereignisse, die im engeren Sinn zum „mysterium paschale" gehören, dem österlichen Heilsgeheimnis, das auch die Himmelfahrt Jesu und die Geistsendung am Pfingsttag mit einschließt.

In der Folgezeit, vor allem seit dem 4. Jh., setzt eine Entwicklung ein, die im Zuge historisierender Tendenzen in eine thematische Auffächerung des einen Pascha-Mysteriums und somit in eine gewisse Verselbständigung des Gedächtnisses der Passion Jesu sowie seiner Himmelfahrt und der Sendung des Hl. Geistes einmündet. Es entsteht das Triduum Sacrum und damit, neben der Ostervigil, eine eigene liturgische Feier am Karfreitag (mit der Abendmahlsliturgie am Gründonnerstag als Auftakt) und das im Stundengebet begangene Gedächtnis der Grabesruhe Jesu am Karsamstag. Ferner entstehen in der nachösterlichen Zeit die Feste Christi Himmelfahrt und Pfingsten.

Heute, in der Zeit nach dem Zweiten Vatikanischen Konzil, liegt die Betonung wieder sehr viel mehr auf der Einheit der liturgischen Feier des Pascha-Mysteriums, die sich zusammen mit der Fastenzeit als Vorbereitung auf Ostern und der nachösterlichen Zeit über mehr als 13 Wochen erstreckt. Dies drückt sich nicht zuletzt in der heute gebräuchlichen Bezeichnung der auf das Osterfest folgenden Sonntage aus: Statt Erster, Zweiter, Dritter Sonntag nach Ostern usw.

heißt es heute offiziell: Zweiter, Dritter, Vierter Ostersonntag usw. oder: Zweiter, Dritter, Vierter Sonntag der Osterzeit usw. Vor allem aber ist durch die Betonung der Einheit der gesamten Osterzeit eine im Vergleich zur vorkonziliaren Epoche wesentliche und theologisch fundiertere Neubewertung des Pfingstfestes eingetreten. In der Tat ist Pfingsten nun nicht mehr Beginn eines eigenen Festkreises, des vormaligen Pfingstfestkreises, sondern krönender Abschluss des Osterfestkreises, festliche Gedenkfeier der Ausgießung des Hl. Geistes als Frucht und Gabe der Auferstehung Jesu.

Die folgenden Ausführungen befassen sich mit den Propriumsgesängen von fünf liturgischen Feiern des österlichen Heilsgeheimnisses, nämlich der Liturgie der Osternacht, der Tagesmesse des Ostersonntags sowie der Messen des Ostermontags, des Zweiten Ostersonntags (des „Weißen Sonntags“) und schließlich des Dritten Ostersonntags. Alle Gesänge wurden in der Zeitschrift „Beiträge zur Gregorianik“ (ConBrio Verlag Regensburg) einer quellenkritischen Revision unterzogen und sind im GRADUALE NOVUM 2011 (ConBrio Verlag Regensburg / Libreria Editrice Vaticana) in restituierter Melodiefassung und zusammen mit Neumengraphien der ältesten mittelalterlichen Handschriften wiedergegeben.

1. Die Ostervigil

Die nachkonziliare Liturgie der Ostervigil (= Osternacht) setzt sich aus vier Hauptteilen zusammen: Lichtfeier, Wortgottesdienst, Tauffeier und Eucharistie. Die im Graduale Romanum 1974 sowie im GRADUALE NOVUM 2011 wiedergegebenen Gesänge der Osternachtsliturgie beschränken sich – abgesehen von der Allerheiligenlitanei innerhalb der Tauffeier – auf den Wortgottesdienst und die Eucharistiefeier. Weitere wichtige Gesänge der Osternachtsliturgie, so vor allem das berühmte *Exsultet* als Ziel- und Höhepunkt der Lichtfeier, sind in den beiden genannten Gesangbüchern nicht berücksichtigt, jedoch im Missale Romanum wiedergegeben.

Das Praeconium Paschale, nach dem ersten Wort mehr unter dem Namen *Exsultet* bekannt, ist ein hymnischer österlicher Lobgesang, der in der christlichen Antike dem Diakon vorbehalten war. Sein Verfasser ist nicht bekannt, doch lassen sich Spuren des Gedankengutes der Kirchenväter Ambrosius und Augustinus nachweisen. Die heutige Textfassung ist wahrscheinlich im 7. Jh. in Gallien entstanden. Sie enthält einen Lobpreis auf die Erlösungstat Christi, der dann in einen Hymnus auf die brennende Osterkerze als Symbol für den auferstandenen Christus einmündet. Die heute bekannte Melodiefassung stammt aus dem Hochmittelalter. Sie zeigt einen größtenteils rezitativischen Verlauf, der aber häufig durch Wendungen unterbrochen wird, die geeignet sind, in Sänger und Hörer besondere Emotionen hervorzurufen, so bei den Textstellen „haec nox est“ (dies ist die Nacht), „o felix culpa“ (o glückliche Schuld!) und „o vere beata nox“ (o wahrhaft selige Nacht!). Berühmt sind die sog. *Exsultet-Rollen* aus Süditalien, die Text und Melodie des *Exsultet* zusammen mit wunderbaren bildlichen Darstellungen enthalten und die der Diakon während seines Gesangsvortrags vor den Augen der anwesenden Gemeinde abrollen ließ.

Für den Wortgottesdienst der erneuerten Liturgie der Osternacht sind sieben alttestamentliche Lesungen vorgesehen, zu denen die *Lesung aus dem Buch Exodus* (Ex 14,15-15,1) gehört, die an die Geschehnisse im Zusammenhang mit dem Auszug Israels aus Ägypten erinnert. An die sieben Lesungen schließen sich sieben Gesänge an, die die musikalische Form eines Tractus im VIII. Modus haben, aber *Cantica* genannt werden, da in einigen Fällen ihre Texte nicht den Psalmen, sondern anderen Büchern des Alten Testamentes entnommen sind. Das besondere gemeinsame Kennzeichen dieser Gesänge besteht darin, dass ihr Melodieverlauf eine deutliche psalmodische Grundstruktur aufweist (was als Indiz für ein hohes Alter zu werten ist). Diese ist klar gekennzeichnet durch die drei wesentlichen Elemente jeglicher Psalmodie: Intonation (Initium), Tenor, Kadenz. Dabei kann hier der Tenor in ein und demselben Stück auf drei unterschiedlichen Strukturtönen liegen, auf *do*, *sol* und *si*, wie erstmals im Graduale Novum als Frucht der Arbeiten an den Melodierestitutionen des Graduale Romanum zu sehen ist. Als Beispiel diene das Canticum *Cantemus Domino* (vgl. Graduale Novum, Band I, S. 152). Da dessen Text die unmittelbare Fortsetzung der vorausgehenden Lesung aus dem Buch Exodus darstellt, ist diese bei der Wiedergabe der Gesangstexte ebenfalls berücksichtigt.

Erstmals nach mehr als sechs Wochen erklingt nun in der Osternacht wieder das Alleluia, hier in Verbindung mit dem Vers *Confitemini Domino* aus Ps 118/119, in dem besonders die Textstelle „quoniam bonus" (denn er ist gut) musikalisch hervortritt. Vor der Liturgiereform schloss sich hier direkt, d. h. ohne Wiederholung des Alleluia – einer mehr als tausendjährigen Tradition folgend – der Tractus *Laudate Dominum* an, der aktuell, nach der Liturgiereform, als Canticum nach der vierten Lesung fungiert.

Im Unterschied zur vorkonziliaren Ordnung ist nun auch für die Osternacht ein Offertorium vorgesehen: das Offertorium *Dextera Domini*. In den mittelalterlichen Handschriften des Gregorianischen Chorals findet es sich beim (vormaligen) Dritten Sonntag nach Epiphanie und in der Abendmahlsliturgie des Gründonnerstags. Dass es im Zuge der nachkonziliaren Liturgiereform Eingang in die Liturgie der Osternacht gefunden hat, darf als glückliche Neuerung angesehen werden, denn wann, wenn nicht in der Osternacht, könnte man die Worte „non moriar, sed vivam" (ich werde nicht sterben, sondern leben) mit tieferer Überzeugung erklingen lassen, Worte, die in diesem liturgischen Kontext dem auferstandenen Christus in den Mund gelegt werden?!

Als Communio der Osternacht ist die bekannte Alleluia-Antiphon im VI. Modus, in Verbindung mit Ps 33/34 vorgesehen. Unter stilistischem Gesichtspunkt handelt es hier nicht um einen Gesang der Messe, sondern um einen Gesang der Tagzeitenliturgie, dies sowohl in Bezug auf die musikalische Form der Antiphon als auch in Bezug auf die der Psalmverse.

GESANGSTEXTE

Ostervigil (Osternacht) / Ad vigiliam paschalem

1. Praeconium Paschale: *Exsultet*

Exsultet iam Angelica
turba caelorum: exsultent
divina mysteria:
et pro tanti Regis
victoria tuba insonet
salutaris. Gaudeat et
tellus tantis irradiata fulgoribus:
et aeterni Regis splendore
illustrata, totius orbis se sentiat
amisisse caliginem.
Laetetur et mater Ecclesia,
tanti luminis
adornata fulgoribus:
et magnis populorum vocibus
haec aula resultet.
Quapropter adstantes vos,
fratres carissimi, ad tam miram
huius sancti luminis claritatem,
una mecum, quaeso, Dei
omnipotentis misericordiam
invocate. Ut, qui me non meis
meritis intra Levitarum
numerum dignatus est
aggregare, luminis sui claritatem
infundens, cerei huius laudem
implere perficiat.
Per Dominum nostrum
Iesum Christum Filium suum:
Qui cum eo vivit et regnat
in unitate Spiritus sancti
Deus. Per omnia saecula
saeculorum. Amen.

Es frohlocke nun die Schar der Engel im Himmel. Frohlocken sollen die hohen Geheimnisse Gottes. Und ob des Sieges eines so großen Königs erschalle die Posaune des Heiles. Es freue sich auch die Erde, überflutet von so hellen Strahlen, und erleuchtet vom Glanz des Königs empfinde sie, die Dunkelheit auf dem ganzen Erdkreis losgelassen zu haben. Es freue sich auch die Mutter Kirche, geschmückt mit den Strahlen eines so großen Lichtes, und von den mächtigen Stimmen der Völker töne diese Halle wider. Deshalb, geliebte Brüder, die ihr Zeugen so wunderbaren Glanzes dieses heiligen Lichtes seid, bitte ich euch: ruft zusammen mit mir die Barmherzigkeit des allmächtigen Gottes an, dass er, der sich gewürdigt hat, mich ohne mein Verdienst in die Schar der Leviten aufzunehmen, mir den Glanz seines Lichtes eingieße und mich so befähige, das Lob dieser Kerze zu künden. Durch unseren Herrn Jesus Christus, seinen Sohn, der mit ihm lebt und herrscht in der Einheit des Heiligen Geistes: Gott von Ewigkeit zu Ewigkeit. Amen.

Dominus vobiscum. Et cum spiritu tuo. Sursum corda.
Habemus ad Dominum.
Gratias agamus Domino Deo nostro. Dignum et iustum est. Vere dignum et iustum est, invisibilem Deum Patrem omnipotentem Filiumque eius unigenitum, Dominum nostrum Iesum Christum, toto cordis ac mentis affectu et vocis ministerio personare.
Qui pro nobis aeterno Patri, Adae debitum solvit: et veteris piaculi cautionem pio cruore detersit. Haec sunt enim festa paschalia, in quibus verus ille Agnus occiditur, cuius sanguine postes fidelium consecrantur.
Haec nox est, in qua primum patres nostros, filios Israel eductos de Aegypto, mare rubrum sicco vestigio transire fecisti. Haec igitur nox est, quae peccatorum tenebras columnae illuminatione purgavit.
Haec nox est, quae hodie per universum mundum in Christo credentes, a vitiis saeculi et caligine peccatorum segregatos, reddit gratiae, sociat sanctitati.

Der Herr sei mit euch. Und mit deinem Geiste. Erhebet die Herzen. Wir haben sie beim Herrn. Lasset uns Dank sagen dem Herrn, unserem Gott. Es ist würdig und recht. Wahrhaftig, es ist würdig und recht, den unsichtbaren Gott, den allmächtigen Vater, und seinen eingeborenen Sohn, unseren Herrn Jesus Christus, mit aller Inbrunst des Herzens und des Geistes und mit ganzem Einsatz der Stimme zu preisen. Er hat für uns beim ewigen Vater die Schuld Adams gelöst und den Schuldschein der alten Sünde mit seinem gütigen Blut ausgelöscht. Dies nämlich ist die österliche Festfeier, in der jenes wahre Lamm getötet wird, durch dessen Blut die Türen der Gläubigen geheiligt werden.
Dies ist die Nacht, in der du einst unsere Väter, die Söhne Israels, aus Aegypten herausgeführt hast und trockenen Fußes das Rote Meer hindurchgehen ließest. Dies also ist die Nacht, die die Dunkelheiten der Sünden durch das Licht der Feuersäule gereinigt hat. Dies ist die Nacht, die heute alle auf der ganzen Erde, die an Christus glauben, von den Lastern der Welt und von der Finsternis der Sünden befreit und sie der Gnade zurückgibt und Anteil an der Heiligkeit gewährt.

Haec nox est, in qua, destructis vinculis mortis, Christus ab inferis victor ascendit. Nihil enim nobis nasci profuit, nisi redimi profuisset. O mira circa nos tuae pietatis dignatio! O inaestimabilis dilectio caritatis: ut servum redimeres, Filium tradidisti! O certe necessarium Adae peccatum, quod Christi morte deletum est!
O felix culpa,
quae talem
ac tantum meruit habere
Redemptorem!
O vere beata nox, quae sola meruit scire tempus et horam, in qua Christus ab inferis resurrexit! Haec nox est, de qua scriptum est:
Et nox sicut dies illuminabitur: et nox illuminatio mea in deliciis meis. Huius igitur sanctificatio noctis fugat scelera, culpas lavat:
et reddit innocentiam lapsis, et maestis laetitiam.
Fugat odia, concordiam parat, et curvat imperia.
In huius igitur noctis gratia, suscipe, sancte Pater,
incensi huius sacrificium vespertinum: quod tibi
in hac cerei oblatione solemni,

Dies ist die Nacht, in der Christus die Fesseln des Todes zerbrach und aus der Unterwelt als Sieger heraufstieg. Denn nicht käme uns unsere Geburt zugute, wären wir nicht zu unserem Heil erlöst worden. O wundersame Zuwendung, die du uns gegenüber gezeigt hast! O unschätzbar große Liebe: um den Knecht loszukaufen, hast du den Sohn hingegeben! Ja, wahrhaft nötig war die Sünde Adams, die durch Christi Tod getilgt wurde!
O glückliche Schuld, die eines solchen und so erhabenen Erlösers gewürdigt wurde. O wahrhaft selige Nacht, die einzig gewürdigt wurde, Zeit und Stunde zu wissen, in der Christus aus dem Totenreich erstanden ist! Dies ist die Nacht, von der geschrieben steht: und die Nacht wird wie der Tag erleuchtet, und die Nacht ist meine Leuchte inmitten meiner Wonnen. Die so geheiligte Nacht vertreibt die Frevel, wäscht die Schuld ab und gibt den Gestrauchelten die Unschuld und den Niedergeschlagenen die Freude zurück. Sie vertreibt den Hass, schafft Eintracht und beugt die Gewalten. Durch die Gnade dieser Nacht nimm an, heiliger Vater, dieses Abendopfer mit Weihrauch, das die heilige Kirche mit dieser festlichen Darbringung der Kerze durch die

per ministrorum manus de
operibus apum, sacrosancta
reddit Ecclesia. Sed iam
columnae huius
praeconia novimus,
quam in honorem
Dei rutilans ignis accendit.
Qui licet sit divisus in partes,
mutuati tamen luminis
detrimenta non novit.
Alitur enim liquantibus ceris,
quas in substantiam pretiosae
huius lampadis, apis mater
eduxit. O vere beata nox,
quae exspoliavit Aegytios,
ditavit Hebraeos!
Nox, in qua terrenis caelestia,
humanis divina iunguntur.
Oramus ergo te, Domine:
ut cereus iste in honorem
tui nominis consecratus,
ad noctis huius caliginem
destruendam, indeficiens
perseveret. Et in odorem
suavitatis acceptus, supernis
luminaribus misceatur.
Flammas eius lucifer
matutinus inveniat.
Ille, inquam, lucifer,
qui nescit occasum. Ille,
qui regressus ab inferis
humano generi serenus
illuxit. Precamur ergo te,
Domine: ut
nos famulos tuos,
omnem clerum,

Hände ihrer Diener, bereitet vom
Fleiß der Bienen, dir entrichtet.
So haben wir nun Kenntnis vom
Lob dieser Säule erlangt, die das
rötliche Feuer zur Ehre Gottes
entzündet hat. Wenn auch die
Flamme sich in die Runde verteilt,
so gereicht diese Änderung
doch nicht zur Minderung der
Leuchtkraft. Denn sie wird genährt
vom schmelzenden Wachs, das
zur Substanz dieser kostbaren
Leuchte die Biene herbeigebracht
hat. O wahrhaft selige Nacht, die
die Ägypter ausgebeutet und die
Hebräer reich gemacht hat! Nacht,
in der sich der Himmel mit der
Erde, Gott mit dem Menschen
verbindet! So bitten wir dich, o
Herr: Möge diese Kerze, die zur
Ehre deines Namens geweiht ist,
zur Vertreibung des Dunkels dieser
Nacht ungemindert weiter Bestand
haben. Und zu süßem Wohlgeruch
möge sie angenommen werden
und sich mit den Lichtern in
der Höhe vermischen. Ihre
Flammen möge der Morgenstern
finden, jener Morgenstern, der
keinen Untergang kennt, der
aus dem Reich der Unterwelt
zurückgekommen und dem
Menschengeschlecht in Klarheit
erschienen ist. Wir bitten dich
nun, o Herr: gewähre uns, deinen
Dienern, dem ganzen Klerus

et devotissimum populum:
una cum beatissimo
Papa nostro *N.*
et Antistite nostro *N.*,
quiete temporum concessa,
in his paschalibus gaudiis,
assidua protectione regere,
gubernare,
et conservare digneris.
Respice etiam ad eos,
qui nos in potestate regunt,
et, ineffabili pietatis et
misericordiae tuae munere,
dirige cogitationes eorum
ad iustitiam et pacem,
ut de terrena operositate
ad caelestem patriam
perveniant cum omni populo tuo.
Per eundem Dominum nostrum
Iesum Christum, Filium tuum:
Qui tecum vivit et regnat in unitate
Spiritus Sancti Deus per omnia
saecula saeculorum. Amen.

und dem dir treu ergebenen Volk, zusammen mit unserem Heiligen Vater *N.* und unserem Bischof *N.*, friedvolle Zeiten und gewähre uns, dass du uns in dieser österlichen Freudenzeit durch immerwährenden Schutz lenken, leiten und erhalten mögest. Blicke auch auf jene herab, die uns kraft ihres Amtes regieren, und durch das Geschenk deiner unaussprechlichen Güte und Barmherzigkeit lenke ihre Gedanken auf Gerechtigkeit und Frieden hin, damit sie vom irdischen Getriebe zusammen mit deinem ganzen Volk zum himmlischen Vaterland gelangen. Durch ihn, unseren Herrn Jesus Christus, deinen Sohn, der mit dir lebt und herrscht in der Einheit des Heiligen Geistes: Gott von Ewigkeit zu Ewigkeit. Amen.

2. Lectio *Libri Exodi* (Ex 14,15-15,1)

2. Lesung aus dem Buch Exodus (Ex 14,15-15,1)

Lectio libri Exodi

In diebus illis: Dixit Dominus ad Moysen: "Quid clamas ad me? Loquere filiis Israel, ut proficiscantur. Tu autem eleva virgam tuam, et extende manum tuam super mare, et divide illud, ut gradiantur filii Israel in medio mari per siccum. Ego autem indurabo cor Aegyptiorum,

Lesung aus dem Buch Exodus

In jenen Tagen sprach der Herr zu Mose: Was rufst du zu mir? Sag den Kindern Israels, sie sollen aufbrechen. Und du hebe deinen Stab hoch, strecke deine Hand über das Meer und spalte es, damit die Kinder Israels auf trockenem Boden durch das Meer ziehen können. Ich aber will das Herz der

ut persequantur vos;
et glorificabor in Pharaone
et in omni exercitu eius,
in curribus et in equitibus
illius. Et scient Aegyptii
quia ego sum Dominus,
cum glorificatus fuero
in Pharaone, in curribus
atque in equitibus eius".
Tollensque se angelus Dei,
qui praecedebat castra
Israel, abiit post eos;
et cum eo pariter columna
nubis, priora dimittens,
post tergum. Stetit inter
castra Aegyptiorum et
castra Israel; et erat nubes
tenebrosa et illuminans
noctem, ita ut ad se invicem
toto noctis tempore
accedere non valerent.
Cumque extendisset Moyses
manum super mare, abstulit
illud Dominus, flante vento
vehementi et urente tota nocte,
et vertit in siccum; divisaque est
aqua. Et ingressi sunt filii Israel
per medium sicci maris;
erat enim aqua quasi murus
a dextra eorum et laeva.
Persequentesque Aegyptii
ingressi sunt post eos, omnis
equitatus Pharaonis,
currus eius et equites
per medium maris.
Iamque advenerat vigilia matutina,

Ägypter verhärten, damit sie euch nachsetzen. So will ich am Pharao und an seiner ganzen Streitmacht, an den Streitwagen und Reitern meine Herrlichkeit erweisen. Die Ägypter sollen erkennen, dass ich der Herr bin, wenn ich am Pharao, an den Streitwagen und Reitern meine Herrlichkeit erweise. Der Engel Gottes, der vor dem Lager Israels herzog, erhob sich und stellte sich hinter sie, und mit ihm erhob sich ebenso die Wolkensäule vor ihnen und trat an das Ende. Sie stand zwischen dem Lager der Ägypter und dem Lager Israels. Die Wolke war (auf der einen Seite) dunkel und erhellte (auf der anderen Seite) die Nacht. So kamen sie die ganze Nacht einander nicht näher. Als nun Mose seine Hand über das Meer ausstreckte, trieb es der Herr die ganze Nacht durch einen heftigen und heißen Wind fort. Er ließ das Meer austrocknen, und das Wasser spaltete sich. Und die Kinder Israels zogen auf trockenem Boden ins Meer hinein, während rechts und links von ihnen das Wasser wie eine Mauer stand. Auch die nachsetzenden Ägypter gingen hinter ihnen hinein, und alle Pferde des Pharao, die Streitwagen und Reiter zogen mitten ins Meer hinein. Und schon war die Zeit der Morgenwache

et ecce respiciens Dominus
super castra Aegyptiorum
per columnam ignis et nubis,
interfecit exercitum eorum;
et subvertit rotas curruum,
ferebanturque in profundum.
Dixerunt ergo Aegyptii:
"Fugiamus Israelem! Dominus
enim pugnat pro eis contra
nos".
Et ait Dominus ad Moysen:
"Extende manum tuam super
mare, ut revertantur aquae
ad Aegyptios super currus
et equites eorum". Cumque
extendisset Moyses manum
contra mare, reversum est
primo diluculo ad priorem
locum; fugientibusque
Aegyptiis occurrerunt aquae, et
involvit eos Dominus in mediis
fluctibus. Reversaeque sunt
aquae et operuerunt currus
et equites cuncti exercitus
Pharanis, qui sequentes
ingressi fuerant mare; ne unus
quidem superfuit ex eis. Filii
autem Israel perrexerunt per
medium sicci maris, et aquae
eis erant quasi pro muro a
dextris et a sinistris.
Liberavitque Dominus
in die illo Israel de manu
Aegyptiorum. Et viderunt
Aegyptios mortuos super litus
maris et manum magnam,

gekommen, siehe, da blickte
der Herr aus der Feuer- und
Wolkensäule auf das Lager der
Ägypter und vernichtete ihr Heer.
Er ließ die Räder an ihren Wagen
abspringen, sodass sie zu Boden
fielen. Da sagten die Ägypter:
Fliehen wir vor Israel, denn der
Herr kämpft auf ihrer Seite gegen
uns. Darauf sprach der Herr zu
Mose: Strecke deine Hand über
das Meer aus, damit das Wasser
zurückflute über die Ägypter,
die Wagen und Reiter. Und als
Mose seine Hand über das Meer
ausstreckte, da flutete am frühen
Morgen das Meer an seinen alten
Platz zurück, und den fliehenden
Ägyptern kam das Wasser
entgegen, und der Herr hüllte
sie inmitten der Fluten ein. Das
Wasser kehrte zurück und bedeckte
Wagen und Reiter, die ganze
Streitmacht des Pharao, die gefolgt
und in das Meer hineingezogen
waren. Nicht ein Einziger von
ihnen blieb übrig. Die Kinder
Israels aber waren auf trockenem
Boden mitten durch das Meer
gezogen, während rechts und links
von ihnen das Wasser wie eine
Mauer stand. So rettete der Herr an
jenem Tag Israel aus der Hand der
Ägypter. Und sie sahen die Ägypter
tot am Ufer des Meeres liegen, und
sie sahen die starke Hand, welche

quam exercuerat Dominus contra eos; timuitque populus Dominum et crediderunt Domino et Moysi servo eius. Tunc cecinit Moyses et filii Israel carmen hoc Domino, et dixerunt:	der Herr jene hat fühlen lassen; da fürchtete das Volk den Herrn. Und sie glaubten dem Herrn und Mose, seinem Diener. Damals sangen Mose und die Kinder Israels dem Herrn dieses Lied:

Canticum *Cantemus Domino* (Ex 15,1.2.3)

Cantemus Domino: gloriose enim honorificatus est: equum et ascensorem proiecit in mare: adiutor et protector factus est mihi in salutem.	Lasst uns singen dem Herrn: in wunderbarer Weise ist er verherrlicht worden. Ross und Reiter warf er ins Meer. Er ist mir in heilsamer Weise zum Helfer und Beschützer geworden.
V. Hic Deus meus, et honorabo eum: Deus patris mei, et exaltabo eum.	V. Er ist mein Gott, und ich will ihn ehren; er ist der Gott meines Vaters, und ich will ihn erheben.
V. Dominus conterens bella: Dominus nomen illi.	V. Der Herr vernichtet die Kriege, Herr ist sein Name

Alleluia mit Vers *Confitemini ... quoniam bonus* (Ps 117/118,1)

Alleluia.	Alleluia.
V. Confitemini Domino, quoniam bonus: quoniam in saeculum misericordia eius.	V. Preiset den Herrn, denn er ist gut, denn in Ewigkeit währt sein Erbarmen.

Tractus *Laudate Dominum* (Ps 116/117,1.2)

Laudate Dominum omnes gentes: et collaudate eum omnes populi.	Lobet den Herrn, alle Heiden, und preist ihn, alle Völker.
V. Quoniam confirmata est super nos misericordia eius: et veritas Domini manet in æternum.	V. Denn seine Barmherzigkeit für uns ist bekräftigt worden, und die Wahrheit des Herrn bleibt in Ewigkeit.

Offertorium *Dextera Domini* (Ps 117/118,16.17)

Dextera Domini fecit virtutem, dextera Domini exaltavit me: non moriar, sed vivam, et narrabo opera Domini, alleluia.	Die Rechte des Herrn wirkt mit Macht, die Rechte des Herrn hat mich erhoben. Ich werde nicht sterben, sondern leben und die Taten des Herrn verkünden, alleluia.

Communio: *Alleluia-Antiphon* mit Ps 33/34,2.3.4.5.6.7

Alleluia, alleluia, alleluia.	Alleluia, alleluia, alleluia.
Benedicam Dominum in omni tempore, semper laus eius in ore meo. In Domino laudabitur anima mea. Audiant mansueti, et laetentur.	Ich will den Herrn preisen zu jeder Zeit, immer sei sein Lob in meinem Mund. Im Herrn soll sich rühmen meine Seele. Die Sanftmütigen sollen es hören und sich freuen.
Alleluia, alleluia, alleluia.	Alleluia, alleluia, alleluia.
Magnificate Dominum mecum, et exaltemus nomen eius in idipsum. Exquisivi Dominum, et exaudivit me: et ex omnibus tribulationibus meis eripuit me.	Rühmt den Herrn mit mir, und lasst uns alle zusammen seinen Namen erheben. Ich suchte den Herrn, und er erhörte mich, und all meinen Nöten hat er mich entrissen.
Alleluia, alleluia, alleluia.	Alleluia, alleluia, alleluia.
Accedite ad eum, et illuminamini: et facies vestrae non confundentur. Iste pauper clamavit, et Dominus exaudivit eum: et ex omnibus tribulationibus eius salvavit eum.	Tretet hin zu ihm, und ihr werdet erleuchtet, und eure Gesichter werden nicht in Schande fallen. Der Arme rief, und der Herrn hat ihn erhört, und aus allen seinen Nöten hat er ihn errettet.
Alleluia, alleluia, alleluia.	Alleluia, alleluia, alleluia.

2. Ostersonntag – Messe am Tag

In der Frühzeit des Christentums gab es am Ostersonntag keine Messe am Tag. Sie bildete sich wahrscheinlich erst gegen Ende des 6. Jhs. heraus, als man die Feier der Osternacht zeitlich früher ansetzte und die Eucharistiefeier der Osternacht schon vor Mitternacht zu Ende ging.

Entgegen allen Erwartungen fällt der österliche Jubel im Introitus *Resurrexi* der Tagesmesse des Ostersonntags sehr verhalten aus. Es ist der geheimnisvolle Text – im Licht des Neuen Testamentes und speziell im österlichen Kontext als innertrinitarischer Dialog zwischen Vater und Sohn zu interpretieren –, der den Komponisten zu ehrfürchtiger Zurückhaltung in der Wahl der kompositorischen Ausdrucksmittel angehalten hat.

Von ganz anderem Charakter sind die beiden folgenden Gesänge: Graduale *Haec dies* mit Vers *Confitemini Domino* und Alleluia mit Vers *Pascha nostrum.* Hier bricht sich der Jubel über die Auferstehung und Erlösung seine Bahn. Dem Graduale legt der Komponist die bekannte Typusmelodie im II. Modus zugrunde. Doch an textlich zentralen Stellen weicht er davon ab und lässt durch Originalvertonungen aufhorchen, so schon zu Beginn bei den Worten „Haec dies" (Dies ist der Tag), vor allem aber im Solovers bei der Textstelle „quoniam bonus" (denn er ist gut). Es gibt keinen Zweifel: Mit der ausladenden Vertonung dieser beiden Worte ist es dem Komponisten eindrucksvoll gelungen, die Quintessenz, den innersten Kern der österlichen Botschaft mit höchster Emphase zur Geltung zu bringen. Im Alleluia mit Vers *Pascha nostrum* brandet der Osterjubel paradoxerweise besonders bei dem Wort „immolatus" (geschlachtet) auf. Es ist, als wollte der Komponist damit zum Ausdruck bringen, dass es kein Ostern ohne den Karfreitag gibt, dass der tiefste Grund für den österlichen Jubel in der Selbsthingabe Jesu in seinem Leiden und Sterben am Kreuz liegt.

Der Jubel des österlichen Alleluia klingt nun weiter in der volkstümlicheren Weise der Sequenz *Victimae paschali laudes* aus dem 11.

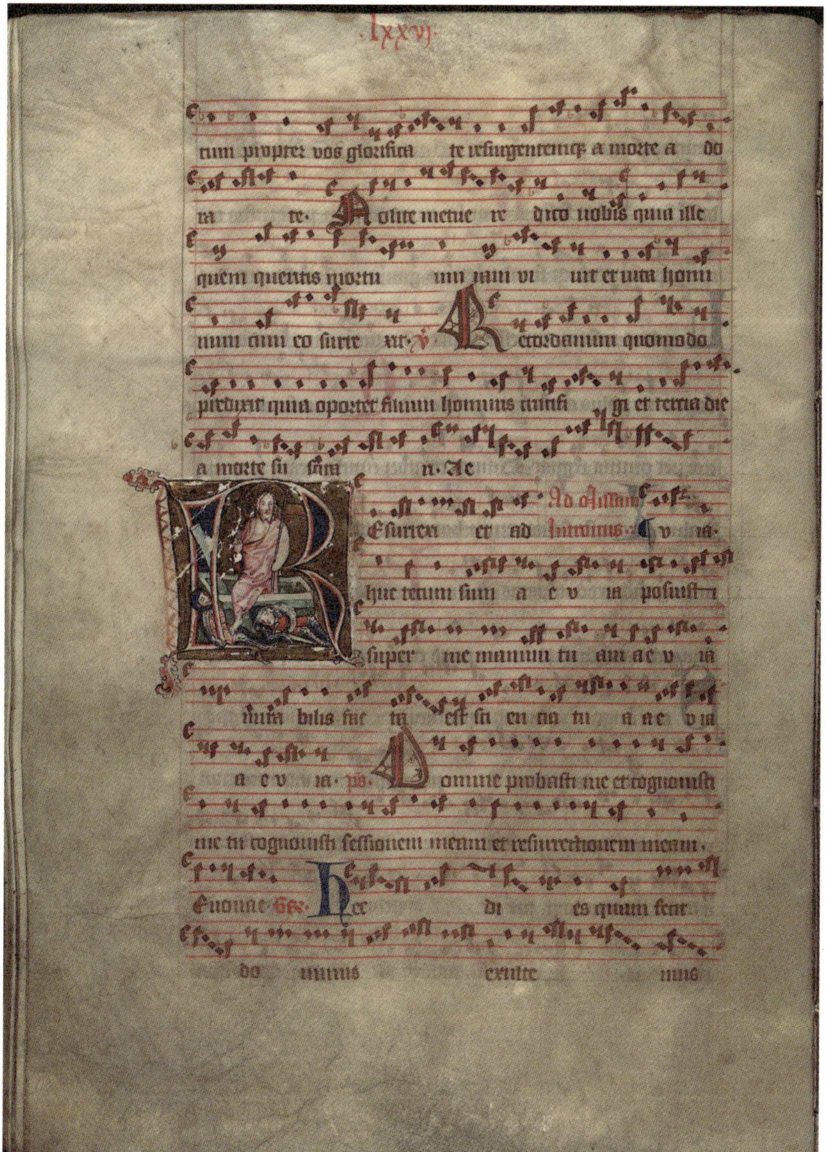

Introitus *Resurrexi* aus dem Moosburger Graduale, fol. 77v , Mitte 14. Jh., Universitätsbibliothek der LMU München, Cim. 100 (= 2° Cod. ms. 156)

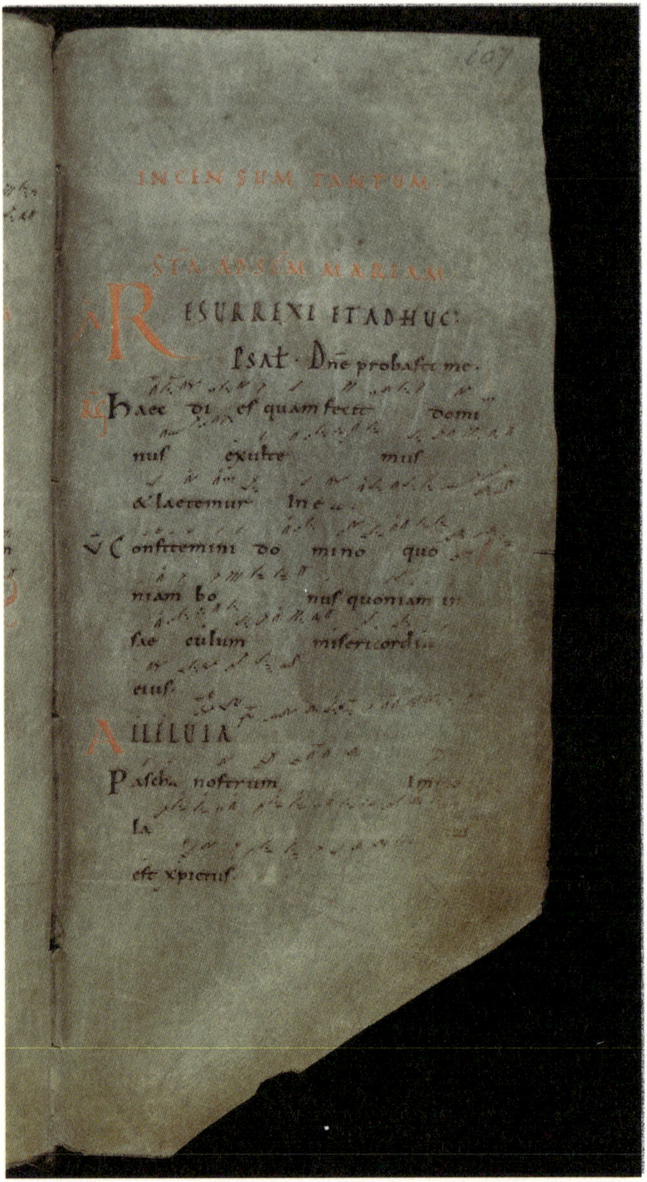

Graduale *Haec dies* aus Sankt Gallen Codex 359, p. 107, ca. 920, Stiftsbibliothek St. Gallen

Jh., die auf Wipo, einen Geistlichen am Hof Konrads II. und Heinrichs III., zurückgeführt wird. Aus ihr ist das Lied „Christ ist erstanden“ hervorgegangen, das bereits im 13. Jh. bezeugt ist.

Im Offertorium *Terra tremuit* ist es dem Komponisten meisterhaft gelungen, den inhaltlichen Kontrast zwischen „tremuit“ (erbebte) und „quievit“ (kam zur Ruhe) sowie die zentrale Textstelle „dum resurgeret“ (als er aufstand ...) in geradezu tonmalerischer Manier auszugestalten.

Schließlich greift die Communio *Pascha nostrum* im VI. Modus noch einmal den Text des Alleluia-Verses auf, ergänzt diesen jedoch um einen weiteren Satz. Hier ist die Melodie in ein milderes Licht getaucht. Die österliche Freude, die auch aus diesem Gesang spricht, ist eher eine stille, verklärte Freude des Herzens.

GESANGSTEXTE

Introitus *Resurrexi* (Ps 138/139,18.5.6; V. Ps 138/139,1.2)

Resurrexi, et adhuc tecum sum, alleluia: posuisti super me manum tuam, alleluia: mirabilis facta est scientia tua, alleluia, alleluia.	Ich bin auferstanden und bin noch immer bei dir, alleluia. Du hast deine Hand auf mich gelegt, alleluia. Als wunderbar hat sich dein Wissen erwiesen, alleluia, alleluia.
V. Domine, probasti me et cognovisti me: tu cognovisti sessionem meam et resurrectionem meam.	V. Herr, du hast mich geprüft und du kennst mich, du kennst mein Sitzen und mein Aufstehen.

Graduale *Haec dies* (Ps 117/118,24; V. Ps 117/118,1)

Hæc dies quam fecit Dominus: exsultemus et lætemur in ea.	Dies ist der Tag, den der Herr gemacht hat, lasst uns jubeln und seiner uns freuen.

V. Confitemini Domino, quoniam bonus: quoniam in sæculum misericordia eius.	V. Preist den Herrn, denn er ist gut, denn in Ewigkeit währt sein Erbarmen.

Alleluia mit Vers *Pascha nostrum* (1 Kor 5,7)

Alleluia.	Alleluia.
V. Pascha nostrum immolatus est Christus.	V. Als unser Osterlamm ist Christus geopfert worden.

Sequentia *Victimae paschali laudes* (Wipo von Burgund [11. Jh.]?)

Victimæ paschali laudes immolent Christiani. Agnus redemit oves: Christus innocens Patri reconciliavit peccatores. Mors et vita duello conflixere mirando: dux vitæ mortuus regnat vivus. Dic nobis, Maria, quid vidisti in via? Sepulchrum Christi viventis, et gloriam vidi resurgentis, Angelicos testes, sudarium, et vestes. Surrexit Christus spes mea: præcedet vos in Galilæam. Scimus Christum surrexisse a mortuis vere: tu nobis victor, Rex, miserere. Amen. Alleluia.	Dem Osterlamm sollen die Christen Lob darbringen. Das Lamm hat die Schafe erlöst: Christus, ohne Sünde, hat die Sünder mit dem Vater versöhnt. Tod und Leben kämpften einen wundersamen Zweikampf: Der Fürst des Lebens starb und regiert nun als Lebendiger. Sag uns, Maria, was sahst du auf dem Weg? Das Grab des lebenden Christus und die Herrlichkeit des Auferstandenen habe ich gesehen. Die Engel als Zeugen, das Schweißtuch und die Kleider. Auferstanden ist Christus, meine Hoffnung, er geht euch voraus nach Galiläa. Wir wissen, dass Christus wahrhaft von den Toten erstanden ist. Du Sieger und König, erbarme dich unser. Amen. Alleluia.

Offertorium *Terra tremuit* (Ps 75/76,9.10)

Terra tremuit et quievit, dum resurgeret in judicio Deus, alleluia.	Die Erde erzitterte und war ganz still, als Gott zum Gericht aufstand, alleluia.

Communio *Pascha nostrum* (1 Kor 5,7b.8; V. 1 Kor 5,7a)

Pascha nostrum immolatus est Christus, alleluia: itaque epulemur in azymis sinceritatis et veritatis, alleluia, alleluia, alleluia.	Als unser Osterlamm wurde Christus geopfert, alleluia: Deshalb lasst uns Mahl halten mit dem ungesäuerten Brot der Lauterkeit und Wahrheit. Alleluia, alleluia, alleluia.
V. Expurgate vetus fermentum, ut sitis nova conspersio, sicut estis azymi.	V. Schafft den alten Sauerteig weg, damit ihr neuer Teig seid, da ihr ungesäuertes Brot seid.

3. Ostermontag

Sehr bald bildete sich in der Frühzeit des Christentums die Tendenz aus, festliche Höhepunkte des Kirchenjahres noch über einen mehr oder weniger langen Zeitraum ausklingen zu lassen. Unmittelbares Vorbild für das christliche Osterfest war diesbezüglich der jüdische Festkalender, der 50 Tage nach dem Paschafest das „Wochenfest" als Erntedankfest und als Gedenktag des Bundesschlusses festgesetzt hat. Dem entspricht im Christentum eine Zeitspanne von sieben Wochen österlicher Festesfreude vom Ostersonntag über sechs weitere Sonntage und das Hochfest Christi Himmelfahrt bis hin zum Pfingstfest als dem krönenden Abschluss der gesamten Osterzeit.

Eine liturgisch besonders privilegierte Stellung nimmt dabei die unmittelbar auf das Osterfest folgende Woche, die sog. Osteroktav, ein, deren Anfänge möglicherweise schon ins 3. Jh. zurückreichen. An jedem Tag dieser Woche versammelten sich die Christen, um Eucharistie zu feiern, wobei die Liturgie dieser Tage von besonderer

Rücksichtnahme auf die in der Osternacht neugetauften Gemeindemitglieder geprägt war. Von dieser Rücksichtnahme zeugen nicht zuletzt die Introitus der gesamten Woche bis zum Zweiten Ostersonntag inklusive, die alle mehr oder weniger explizit auf das Taufgeschehen in der Osternacht Bezug nehmen.

Stellvertretend für die ganze Woche sei hier ein Blick auf die Propriumsgesänge des Ostermontags geworfen. Der Introitus *Introduxit vos* lässt gleich zu Beginn durch die exponierte Höhenlage des Personalpronomens „vos“ (euch) aufhorchen. Unüberhörbar werden hier die Neugetauften angesprochen, auf die sich der Text dieses Introitus in neutestamentlicher Deutung bezieht.

Das Graduale *Haec dies* mit Vers *Dicat nunc Israel* ist mit Ausnahme der ersten Worte des Soloverses identisch mit dem Graduale des Ostersonntags. Dies gilt im übrigen bezüglich des ersten Teils auch für die folgenden vier Tage der Osterwoche, sodass es sich bis einschließlich Freitag letztlich um ein und dasselbe Graduale, nur mit sechs unterschiedlichen Soloversen, handelt, was die Einheit dieser österlichen Festwoche besonders nachdrücklich unterstreicht.

Alleluia mit Vers *Angelus Domini* und Offertorium *Angelus Domini* beginnen mit denselben Worten, unterscheiden sich dann aber im weiteren Verlauf des Textes. Das besonders ausdrucksstarke Offertorium überrascht bei den Worten „descendit de caelo“ (er stieg herab vom Himmel) durch eine beinahe tonmalerisch anmutende Melodiebildung. Letzteres ist auch für den Anfang der Communio zu konstatieren, wo der ungewöhnlich steile und jähe Melodieanstieg das durch die Worte „Surrexit Dominus“ (Der Herr stand auf) assoziierte Bild des vom Tod zum Leben erstandenen Christus plastisch vor Augen führt.

GESANGSTEXTE

Introitus *Introduxit vos* (Ex 13,5.9; V. Ps 104/105,1)

Introduxit vos Dominus in terram fluentem lac et mel, alleluia: et ut lex Domini semper sit in ore vestro, alleluia, alleluia.	Der Herr hat euch in ein Land geführt, das von Milch und Honig fließt, alleluia, und damit das Gesetz des Herrn immer in eurem Munde sei, alleluia, alleluia.
V. Confitemini Domino, et invocate nomen eius: annuntiate inter gentes opera eius.	V. Preist den Herrn und ruft seinen Namen an, verkündet unter den Völkern seine Werke!

Graduale *Haec dies* mit Vers *Dicat nunc Israel* (Ps 117/118,24; V. Ps 117/118,2)

Hæc dies, quam fecit Dominus: exsultemus, et laetemur in ea.	Dies ist der Tag, den der Herr gemacht hat, lasst uns jubeln und seiner uns freuen.
V. Dicat nunc Israël, quoniam bonus: quoniam in sæculum misericordia eius.	V. Israel soll nun sagen, dass er gut ist und in Ewigkeit sein Erbarmen währt.

Alleluia mit Vers *Angelus Domini* (Mt 28,2)

Alleluia.	Alleluia.
V. Angelus Domini descendit de cælo: et accedens revolvit lapidem, et sedebat super eum.	V. Ein Engel des Herrn stieg vom Himmel herab. Und er trat hinzu und rollte den Stein weg und setzte sich darauf.

Offertorium *Angelus Domini* (Mt 28,2.5.6)

Angelus Domini descendit de cælo, et dixit mulieribus: Quem quæritis,	Ein Engel des Herrn stieg vom Himmel herab und sprach zu den Frauen: Der, den ihr sucht,

surrexit, sicut dìxit, alleluia.	ist auferstanden, wie er gesagt hat, alleluia.

Communio *Surrexit Dominus* (Lk 24, 34; V. Ps 104/105, 1)

Surrexit Dominus, et apparuit Petro, alleluia.	Der Herr ist erstanden und dem Petrus erschienen, alleluia.
V. Confitemini Domino et invocate nomen eius: annuntiate inter gentes opera eius.	V. Preist den Herrn und ruft seinen Namen an, verkündet unter den Völkern seine Werke.

4. Zweiter Ostersonntag

Der Zweite Ostersonntag fällt mit dem Oktavtag des Osterfestes zusammen. Die evangelischen Christen nennen ihn bis zum heutigen Tag nach den ersten drei Worten des Introitus „Sonntag Quasimodogeniti". In der römischen Liturgie findet sich auch die Bezeichnung „dominica in albis", die im deutschen Sprachraum gemeinhin mit „Weißer Sonntag" übersetzt wird. Letzterer Name geht wahrscheinlich auf den Brauch der christlichen Antike zurück, dass die Neophyten (Neugetauften) der Osternacht am Ende der österlichen Festwoche ihre weißen Taufkleider ablegten.

Ein letztes Mal wendet sich am Ende der Osterwoche der Introitus *Quasi modo geniti* an die in der Osternacht Neugetauften, hier im Bild neugeborener Kinder. Der Gesang weist einen äußerst ruhigen, geradezu meditativen Charakter auf. Dies ist vor allem dem Umstand zu verdanken, dass die Melodie ständig die Grundtonstufe *fa* des VI. Modus umkreist, von der sie sich gelegentlich nur geringfügig und kurzzeitig entfernt. Analoges gilt auch für die Communio *Mitte manum tuam* im VI. Modus. Ähnlich wie schon anlässlich der Communio *Pascha nostrum* des Ostersonntags vermerkt, vermitteln auch diese Gesänge im VI. Modus eine gelöste und friedvolle Atmosphäre tiefinnerlicher Herzensfreude.

Eine im Kirchenjahr einzigartige Besonderheit der Sonntage nach dem Osterfest bis einschließlich Pfingsten besteht darin, dass das Graduale der Messe durch ein Alleluia mit Vers ersetzt ist, dass also, mit anderen Worten, für die Zwischengesänge zwei Alleluia mit ihren Versen vorgesehen sind. Nach mehr als sechswöchiger „Alleluia-Abstinenz" vom Beginn der Fastenzeit an sind nun dem österlichen Jubel über den Sieg des auferstandenen Christus und der Freude über die durch ihn bewirkte Erlösung keine Grenzen mehr gesetzt. Das Alleluia mit Vers *In die resurrectionis* nach der ersten Lesung dieser Sonntagsmesse nimmt Bezug auf die Botschaft des Engels an die Frauen am leeren Grab (vgl. Mt 28,7), dies mit einer strahlenden Melodie, die bei den Worten „praecedam vos" (ich werde euch vorausgehen) sich in höchste Höhen des VII. Modus aufschwingt. Das für diesen Sonntag vorgesehene Offertorium ist identisch mit jenem des Ostermontags.

GESANGSTEXTE

Introitus *Quasi modo geniti* (1 Petr 2,2; V. Ps 80/81,2)

Quasi modo geniti infantes, alleluia: rationabiles, sine dolo lac concupiscite, alleluia, alleluia, alleluia.	Wie neugeborene Kinder, alleluia, verlangt voll Vernunft und ohne Falschheit nach Milch, alleluia, alleluia, alleluia.
V. Exsultate Deo adiutori nostro: iubilate Deo Iacob.	V. Jubelt Gott, unserem Helfer, jauchzt dem Gott Jakobs zu.

Alleluia mit Vers *In die resurrectionis* (cf. Mt 28,7)

Alleluia.	Alleluia.
V. In die resurrectionis meae, dicit Dominus, praecedam vos in Galilaeam.	V. Am Tag meiner Auferstehung, spricht der Herr, werde ich euch vorausgehen nach Galiläa.

Communio *Mitte manum tuam* (Ioh 20,27; V. Ps 80/81,2)

Mitte manum tuam, et cognosce loca clavorum, alleluia:	Lege deine Hand hinein und erkenne die Spuren der Nägel, alleluia,

et noli esse incredulus, sed fidelis, alleluia, alleluia.	und sei nicht mehr ungläubig, sondern gläubig, alleluia, alleluia.
V. Exsultate Deo adiutori nostro: iubilate Deo Iacob.	V. Jubelt Gott, unserem Helfer: jauchzt dem Gott Jakobs zu.

5. Dritter Ostersonntag

Was die Reihenfolge der Ostersonntage betrifft, wurde durch die nachkonziliare Liturgiereform eine einschneidende Änderung vorgenommen: Um die Berichte aus den Evangelien von den Erscheinungen des auferstandenen Christus nicht zu unterbrechen, wurde die Evangeliumsperikope vom Guten Hirten vom Dritten auf den Vierten Ostersonntag verlegt. Diese Änderung zog auch Eingriffe in die Messproprien beider Sonntage nach sich, und zwar dergestalt, dass die vormaligen Gesänge beider Sonntage fast durchweg gegeneinander ausgetauscht wurden. So beginnt die Messe des Dritten Ostersonntags nun mit dem vormaligen Introitus *Iubilate Deo* des Vierten Ostersonntags, anstelle des vormaligen Introitus *Misericordia Domini*, der vom Dritten auf den Vierten Ostersonntag verlegt wurde. Der Nachteil: eine gewisse Verwirrung unter ökumenischem Aspekt, da die evangelischen Christen ihre traditionelle Benennung beider Sonntage in der ursprünglichen Reihenfolge „Miserikordias Domini" und „Jubilate" beibehalten haben.

Der Introitus *Iubilate Deo* stellt eine festliche Eröffnung dieser Sonntagsmesse dar. Der sehr bewegte Melodieverlauf erreicht seinen Höhepunkt in den drei Alleluia am Ende des Stückes, innerhalb derer wiederum die melodische und rhythmische Bewegung mit stetig zunehmender Dynamik auf das dritte, abschließende Alleluia zustrebt.

Das Alleluia mit Vers *Cognoverunt discipuli* vergegenwärtigt die Begegnung der zwei Jünger von Emmaus mit dem Auferstandenen und nimmt speziell auf die Schlussszene dieses Berichtes aus dem

Lukasevangelium Bezug, als die beiden Jünger Jesus am Brechen des Brotes erkannten (vgl. Lk 24,30f.35). Das Offertorium *Lauda anima mea* kreist unentwegt um den Begriff „Lob Gottes", und dies mit einem dreimaligen Anlauf, der schließlich in das Alleluia am Ende des Stückes und damit in einen erneuten Aufruf zum Lob Gottes („alleluia" = lobet den Herrn) einmündet.

Schließlich stellt der Text der für das Lesejahr C vorgesehenen Communio *Simon Ioannis* klar heraus, worauf es im Verhältnis zwischen Gott und dem Menschen letztlich ankommt: die Liebe. Es ist der tiefste Sinn des Christseins, sich von Gott geliebt zu wissen, diese Liebe Gottes zu erwidern und weiterzugeben an alle Mitmenschen und die gesamte Schöpfung. Ostern ist zutiefst das Fest der Liebe, gegründet in der Selbsthingabe und Liebe Jesu, in der dem Menschen die Liebe Gottes aufstrahlt. In der Tat: „quoniam bonus" (denn er ist gut), wie im Alleluia mit Vers *Confitemini Domino* der Osternacht und im Graduale *Haec dies* der Tagesmesse des Ostersonntags gesungen wird, das ist der Kern der Botschaft von Ostern.

GESANGSTEXTE

Introitus *Iubilate Deo* (Ps 65/66,1.2; V. Ps 65/66,3)

Iubilate Deo, omnis terra, alleluia: psalmum dicite nomini eius, alleluia: date gloriam laudi eius, alleluia, alleluia, alleluia.	Jubelt Gott zu, alle Lande, alleluia: singt Psalmen seinem Namen, alleluia, verherrlicht ihn mit Lobpreis, alleluia, alleluia, alleluia.
V. Dicite Deo, quam terribilia sunt opera tua, Domine: in multitudine virtutis tuæ.	V. Sagt zu Gott, wie Furcht einflößend sind deine Werke, o Herr, in der Fülle deiner Macht.

Alleluia mit Vers *Cognoverunt discipuli* (cf. Lk 24,35)

Alleluia.	Alleluia.
V. Cognoverunt discipuli Dominum Iesum in fractione panis.	V. Die Jünger erkannten den Herrn Jesus beim Brechen des Brotes.

Offertorium *Lauda anima mea* (Ps 145/146,2)

Lauda, anima mea, Dominum:	Lobe, meine Seele, den Herrn!
laudabo Dominum	Ich will den Herrn loben
in vita mea:	in meinem Leben,
psallam Deo meo,	ich will meinem Gott singen,
quamdiu ero, alleluia.	solange ich bin, alleluia.

Communio *Simon Ioannis* (Ioh 21,15.17; V. Ps 138/139,1.2)

Simon Ioannis,	Simon, Sohn des Johannes,
diligis me plus his?	liebst du mich mehr als diese?
Domine, tu omnia nosti:	Herr, du weißt alles;
tu scis, Domine, quia amo te.	du weißt, Herr, dass ich dich liebe.
V. Domine, probasti me	V. Herr, du hast mich geprüft
et cognovisti me:	und du kennst mich;
tu cognovisti sessionem meam	du kennst mein Sitzen
et resurrectionem meam.	und mein Aufstehen.

Hinweis: Diese Gesänge wurden (mit Ausnahme des *Exsultet*) eingespielt auf der CD *Resurrexi. Ostern im Gregorianischen Choral.* Consortium Vocale Oslo, Leitung: Alexander M. Schweitzer, ISBN 978-3-8306-7542-6.

VII. VIERTER OSTERSONNTAG BIS PFINGSTEN

Franz Karl Praßl

Hier soll nun der Gang durch die 50tägige Feier des Paschamysteriums fortgesetzt werden, und zwar an dem Punkt, wo das vorausgehende Kapitel geendet hat. Die einführenden Ausführungen von Johannes Berchmans Göschl zu den dort kommentierten Gesängen von Ostern bis einschließlich Dritten Ostersonntag sind daher auch die Basis der folgenden Ausführungen.

1. Vierter Ostersonntag

Durch die Neuordnung des Osterfestkreises mit dem Missale Romanum 1970 ist der Vierte Ostersonntag im katholischen Bereich nun der Sonntag *Misericordias* geworden, dessen Thema das Incipit des Introitus *Misericordia Domini* vorgibt, und in dessen Zentrum Christus, der gute Hirte, steht (Evangelium und Communio). Obschon Papst Johannes Paul II. den Weißen Sonntag aufgrund von Visionen der polnischen Nonne Maria Faustyna Kowalska zum Sonntag der Barmherzigkeit erklärt und Papst Franziskus an diesem Tag den Höhepunkt des außerordentlichen Heiligen Jahres der Barmherzigkeit 2016 gesehen hat, wird *liturgisch* an diesem Zweiten Sonntag der Osterzeit wohl eher eine Theologie des Kirche-Seins entfaltet (Introitus), das Thema der Barmherzigkeit ist *liturgisch* an den Sonntag des Guten Hirten gebunden, was einen tieferen Sinn ergibt.

Das Wort „misericordia“, das leider in den deutschen Bibelübersetzungen sehr unterschiedlich und ohne erkennbares System auch mit *Erbarmen, Huld, Güte* und *Gnade* wiedergegeben wird, sollte immer mit *Barmherzigkeit* übersetzt werden. Dies entspricht auch dem althochdeutschen Lehnwort für das lateinische „misericordia", in dem die Wörter für *arm* und *Herz* stecken, und dessen Bedeutung am besten mit *ein Herz für die Armen haben* wiedergegeben werden kann. In der für den Gregorianischen Choral meist maßgeblichen lateinischen Bibelversion der Vulgata kommt „misericordia" 302mal vor, 260mal im AT, davon 130mal in den Psalmen. In der Tat ist schon in der hebräischen Bibel mit *häsäd* und *rahimim* als Synonyme für *Barmherzigkeit* eine zentrale Eigenschaft des Gottes JHWH angesprochen, die in der jüdisch-christlichen griechischen Bibelversion der Septuaginta meist mit *eleos* wiedergegeben (Kyrie eleison!) wird. *Häsäd* steht auch für die Geborgenheit im Mutterschoße Gottes. Es sei auch daran erinnert, dass „Allerbarmer" der häufigste Gottesname im Koran ist.

Die „misericordia" Gottes wird bereits im Vers zum Alleluia der Osternacht angesprochen, ursprünglich zweimal, und dann im Graduale des Ostersonntags und Ostermontags. Am vierten Sonntag ist „misericordia" (nun im Ablativ) das Schlüsselwort der Feier, die Melodie des Introitus *Misericordia* aber zeigt uns, dass eine starke Betonung auf dem Wort „plena" liegt, von der Barmherzigkeit des Herrn ist die Erde *voll*: eine nuancierte Verschiebung der Sinnspitze. Mit diesem Wort aus dem 32./33. Psalm werden die inhaltlichen Dimensionen dieses biblischen Zentralbegriffes umschrieben und eröffnet. Das Herz Gottes für alle Arten von Armen ist in Fülle vorhanden, es ist universal und nicht gebunden an Ort und Zeit: „in Ewigkeit währt seine Barmherzigkeit" (Ps 116/117, 2; Ps 135/136 der Kehrvers der großen Litanei).

Das Alleluia *Redemptionem* ist schon in den ältesten Handschriften in sehr vielfältiger liturgischer Verwendung zu finden. Neben diversen Terminen der Osterzeit finden wir es auch am Feste der Kreuzerhöhung (14. 9.): das Kreuz ist jener Ort, an dem der Herr seinem Volk die Erlösung gesandt hat. Die hier verwendete Typusmelodie des zweiten Modus mag vielleicht auch musikalisch eine Assoziation auf Weihnachten wach zu rufen, wo dieses Melodiemodell bis Epiphanie wenigstens viermal erscheint. *Erlösung* ist auch ein Schlüsselbegriff in den Gesängen der Weihnachtszeit. Das Alleluia als ab dem 9. Jh. einzig „offener“ und daher auch weiter entwickelter Gesang des Proprium Missae ist hinsichtlich der Verwendung des „klassischen“ Repertoires auch ein Beispiel für die große Unterschiedlichkeit seines Gebrauchs in den einzelnen Diözesen oder Klöstern. Das zweite Alleluia *Ego sum pastor bonus* dieses Sonntags, mittelalterlich, aber ohne Neumen überliefert, bezieht sich auf den guten Hirten.

Mit der Verschiebung des Sonntags *Misericordias* sind neben dem Introitus auch das Offertorium und die Communio „mitgewandert“. Das Offertorium *Deus, Deus meus* bilden die Anfangsverse des Psalms 62/63, des „klassischen“ Morgenpsalms der Liturgie. Eindeutiger Höhepunkt ist im ersten Teil „de luce“: vom ersten Licht des Tages weg, also beim Aufstehen schon, ist die Seele voller Sehnsucht nach Gott und erhebt in seinem Namen die Hände zum Gebet. Der Gesang ist von intensiver Emotionalität geprägt, das Verlangen nach Gott wird eindrucksvoll durch die vielen Reperkussionen (Tonwiederholungen) unterstrichen, welche die gesteigerte Stimmungslage im Verlangen nach dem geliebten DU ausdrücken.

Die Communio *Ego sum pastor bonus* vom guten Hirten kehrt wieder zu den zentralen Schriftlesungen dieses Sonntags zurück. Aufgrund einer modalen Centonisation, d.h., der Verbindung zweier verschiedener Modi in ein und demselben Stück, wurde diese Communio im Mittelalter an verschiedenen Orten unterschiedlichen Kirchentönen zugewiesen. Dies zeigen auch moderne Neueditionen: sie steht im Graduale Triplex wie im Codex Einsiedeln 121 im II. Modus, gemäß der St. Galler Tradition wurde im Graduale Novum der VIII. Modus gewählt. Der Moduswechsel im Stück bewirkt auch notationstechnisch eine Besonderheit. Wir finden den Ton FIS im abschließenden Alleluia, wo eine Standardformel des II. Modus transponiert erscheint und statt D-D-C-H-C-A nun als A-A-G-Fis-G-E notiert ist. Die Communio konzentriert ihre musikalische Exegese auf „oves meas“ (meine Schafe) und deutet damit an, dass der gute Hirt an seiner Beziehung zu den „Schafen“ zu erkennen ist, die ihn kennen und er sie. Hirtendienst ist also im Tiefsten ein Beziehungsgeschehen.

GESANGSTEXTE

Introitus *Misericordia Domini* (Ps 32/33,5.6; V. Ps 32/33,1)

Misericordia Domini plena est terra, alleluia: verbo Dei caeli firmati sunt, alleluia, alleluia.	Von der Barmherzigkeit des Herrn ist voll die Erde, alleluia. Durch das Wort Gottes sind die Himmel befestigt, alleluia, alleluia.
V. Exsultate, iusti, in Domino: rectos decet collaudatio.	V. Jubelt, ihr Gerechten, im Herrn, für die Aufrichtigen geziemt sich der Lobgesang.

Alleluia mit Vers *Redemptionem* (Ps 110/111,9)

Alleluia. V. Redemptionem misit Dominus in populo suo.	Alleluia. V. Erlösung sandte der Herr seinem Volk.

Offertorium *Deus, Deus meus* (Ps 62/63,2.5)

Deus, Deus meus, ad te de luce vigilo: et in nomine tuo levabo manus meas, alleluia.	Gott, mein Gott, zu dir wache ich vom Morgenlicht an, und in deinem Namen erhebe ich meine Hände, alleluia.

Communio *Ego sum pastor bonus* (Joh 10,14; V. Ps 32/33,1)

Ego sum pastor bonus, alleluia: et cognosco oves meas, et cognoscunt me meae, alleluia, alleluia.	Ich bin der gute Hirte, alleluia, und ich kenne meine Schafe, und es kennen mich die Meinen, alleluia, alleluia.
V. Exsultate, iusti, in Domino: rectos decet collaudatio.	V. Jubelt, ihr Gerechten, im Herrn, für die Aufrichtigen geziemt sich der Lobgesang.

2. Fünfter Ostersonntag

Der Fünfte Sonntag der Osterzeit, *Cantate,* ist ob seines Introitus *Cantate Domino* in vielen lutherischen Gemeinden der Sonntag der Kirchenmusik, analog zum Cäciliensonntag der Katholiken. Augustinus hat oft über die Bedeutung des Singens als Zeichen des neuen Menschen, des erlösten Christen gepredigt. „Alter Mensch – altes Lied, neuer Mensch – neues Lied. Wer Irdisches liebt, singt das alte Lied, wer das neue Lied singen will, liebt das Ewige... Das ewige Leben ist Christus selbst... Daher singen alle, die in Christus erneuert werden, sodass sie beginnen, dem ewigen Leben anzugehören, das neue Lied“ (Predigt zu Ps 149) Ähnliche Gedanken entwickelt Augustinus in einer Predigt zum 97./98. Psalm, der die Basis für diesen Introitus liefert. Das Singen des neuen Liedes ist Ausdruck der Erfahrung der „mirabilia“, der Wunder, die Gott an Dir und mir getan hat, und gleichzeitig ein Einstimmen in den Gesang des Himmels, ein Vorauskosten des ewigen Hallelujas (Offb 19). So muss dieser Psalm geradezu einen Fixplatz in der Feier der 50 Tage haben, die auch den Blick auf die Vollendung im Himmel öffnen. Der Psalm 97/98 steht aber auch ganz zentral in der dritten Weihnachtsmesse (Introitus, Graduale, Communio). Das Wunder der Erlösung beginnt mit der Geburt des Heilands und vollendet sich in Auferstehung, Himmelfahrt und Geistsendung.

Das erste Alleluia mit Vers *Dextera Dei* ist dem österlichen Psalm 117/118 entnommen. Auch hier ist vom wirkmächtigen Eingreifen Gottes die Rede, der mich „erhöht“, also aus den Tiefen meines Lebens herausgezogen hat. Wiederum wird eine beglückende Erfahrung besungen und nicht ein dürrer Lehrsatz. Dieses Alleluia stand ursprünglich in der Jahresreihe, ist aber schon im Missale Romanum 1570 an diesem Sonntag zu finden.

Ein besonderer Gesang in der Geschichte der Gregorianik ist das zweite Alleluia mit Vers *Christus resurgens.* Obschon bereits im 9. Jahrhundert partiell nachweisbar, ist es heute ein Gesang, der alle Kennzeichen eines neuen Stils aufweist, wie z.B. zahlreiche Motivwiederholungen oder die Sequenzierung von Formeln zeigen. *Christus stirbt nicht mehr* wird mit einer überraschenden modalen Wendung unterstrichen: für dieses eine Wort „moritur“ moduliert der Komponist vom Protus („Dorisch“) in den Deuterus („Phrygisch“), ausgedrückt im für Guido von Arezzo verbotenen leiterfremden Ton ES, der nicht ohne großen Effekt ein einziges Mal erklingt. Als große Ausnahme in der Serie der im Graduale Novum, Band I, wiedergegebenen Gesänge sei dieses Alleluia zusammem mit seinem Einleitungstropus *Psalle modulamina* kommentiert. Gerade dieser Tropus ist das erste erhaltene Dokument mit deutschen (St. Galler) Neumen überhaupt, geschrieben um 830, also circa 100 Jahre vor dem Cantatorium von St. Gallen, vom Schreiber Engildeo in Regensburg. Auch dieser Tropus thematisiert das Singen des Volkes Gottes, welches immer wieder reichlich mit dem heiligen Mahl genährt wird. Das Kopfmotiv des Alleluia ist auch der Beginn der Ostersequenz *Victimae paschali laudes* und zeigt auf diese Weise eindrucksvoll die ursprüngliche Verbindung von Alleluia und Sequenz. Aus der Sequenz wiederum ist der Beginn des Osterliedes *Christ ist erstanden* abgeleitet.

Das Offertorium *Iubilate Deo universa terra* gehört zu den großen virtuosen Stücken des gregorianischen Repertoires. Schier unendlich entfaltet sich ein Melisma über der Wiederholung des Wortes „iubilate“, das alle Tiefen und Höhen der Tonleiter im Umfang einer Undezime durchschreitet. Alle Welt ist zum Lobpreis der Erlösten aufgefordert. Und so wollen die Singenden mit ihrem Jubel nicht allein bleiben. Sie laden dazu ein, sich von dieser Begeisterung anstecken zu lassen: *kommt, hört, alle* sind die musikalischen Sinnspitzen im zweiten Teil des Gesangs, der gegen Ende nochmals emphatisch das Wort „quanta“ betont: hört, *wie viel* der Herr für meine Seele getan hat.

Die Communio *Tanto tempore* wird im Lesejahr A verwendet, passend zum Evangelium dieses Tages, zum Dialog mit Philippus in den johanneischen Abschiedsreden. Diese Communio gehört auch heute noch zum Fest der Apostel Philippus und Jacobus, einst am ersten, heute am dritten Mai. Als Gesang im IV. Modus eher „hintergründig" angelegt, verweist er auf das Mysterium, dass Christus ganz im Vater ist, und der Vater in ihm.

GESANGSTEXTE

Introitus *Cantate Domino* (Ps 97/98,1.3; V. Ps 97/98,2)

Cantate Domino canticum novum, alleluia: quia mirabilia fecit Dominus, alleluia: ante conspectum gentium revelavit iustitiam suam, alleluia, alleluia.	Singt dem Herrn ein neues Lied, alleluia, denn Wunderbares hat der Herr getan, alleluia. Vor dem Angesicht der Völker hat er seine Gerechtigkeit enthüllt, alleluia, alleluia.
V. Salvavit sibi dextera eius: et brachium sanctum ejus.	V. Es rettete ihm seine Rechte und sein heiliger Arm.

Alleluia mit Vers *Dextera Dei* (Ps 117/118,16)

Alleluia.	Alleluia.
V. Dextera Dei fecit virtutem: dextera Domini exaltavit me.	V. Die Rechte des Herrn wirkte mit Macht, die Rechte des Herrn hat mich erhöht.

Alleluia mit Vers *Christus resurgens* / Tropus *Psalle modulamina* (Röm 6,9; Tropus: Regensburg um 830)

Psalle modulamina laudis canora dulcia haec Domino coetus fidelis. Qui repletur semper sacris dapibus, est gloria; et altitonanti voce, corda iubila cum Christo semper.	Singe die hell klingenden Lobgesänge, diese süßen dem Herrn wohlgefälligen Lieder, o gläubige Versammlung, die immer mit heiligen Speisen genährt wird. Das ist die Herrlichkeit. Und mit hochtönender Stimme juble, Saite, mit Christus immerdar.

Alleluia.	Alleluia.
V. Christus resurgens ex mortuis, jam non moritur: mors illi ultra non dominabitur.	V. Christus, erstanden von den Toten, stirbt nicht mehr. Der Tod wird nicht mehr über ihn herrschen.

Offertorium *Iubilate Deo universa terra* (Ps 65/66,1.2.16)

Iubilate Deo universa terra: iubilate Deo universa terra: psalmum dicite nomini eius: venite et audite, et narrabo vobis, omnes qui timetis Deum, quanta fecit Dominus animae meae, alleluia.	Juble Gott zu, alle Welt, juble Gott zu, alle Welt! Einen Psalm singt seinem Namen! Kommt und hört, und ich werde euch erzählen, alle die ihr Gott fürchtet, was alles der Herr an meiner Seele getan hat, alleluia.

Communio *Tanto tempore* (Joh 14,9; V. Ps 32/33,6)

Tanto tempore vobiscum sum, et non cognovistis me? Philippe, qui videt me, videt et Patrem alleluia: non credis quia ego in Patre, et Pater in me est? alleluia, alleluia.	So lange Zeit bin ich bei euch, und nicht habt ihr mich erkannt? Philippus, wer mich sieht, sieht auch den Vater, alleluia. Glaubst du nicht, dass ich im Vater bin und der Vater in mir ist? Alleluia, alleluia.
V. Verbo Domini caeli firmati sunt: et spiritu oris eius omnis virtus eorum.	V. Durch das Wort des Herrn wurden die Himmel befestigt, durch den Hauch seines Mundes all ihr Kraft.

3. Sechster Ostersonntag

Der Sechste Sonntag der Osterzeit beginnt mit dem hoch emotionalen Introitus *Vocem iucunditatis*, der auf die Universalität des Erlösungswerkes Jesu verweist: bis zum Äußersten der Erde („ad extremum“: musikalische Sinnspitze) soll verkündet werden, dass der Herr sein Volk befreit hat. Die Botschaft von der befreienden Auferstehung ist eine universelle, die jeden Menschen erreichen soll, vom Heil ist niemand ausgeschlossen, und alle sollen davon Kenntnis erlangen. Dementsprechend beginnt auch das Wort „annuntiate“ (verkündet) mit lockeren Tonbewegungen zu schwingen. Die freudige Erregtheit des Gesangs wird auch durch die Wahl des III. Modus unterstrichen.

An diesem Sonntag stehen heute für die drei Lesejahre fünf Alleluia zur Auswahl, allesamt Gesänge des Hochmittellalters, zu denen das jüngste, schon im 10. Jh. noch mit rhythmisch aussagekräftigen Neumen notierte Alleluia mit Vers *Non vos relinquam orphanos* gehört. Als eines der Alleluia zwischen Himmelfahrt und Pfingsten, das trösten und auf die Freude der Wiederkunft Christi verweisen will, steht es nun am Sonntag vor Christi Himmelfahrt gewissermaßen als Ausblick auf die kommenden Ereignisse und Zeiten. Die Melodie lebt mehr von einer großen, sich mehrfach wiederholenden musikalischen Idee als von der unmittelbaren Interpretation des Textes, die Sinnspitze „gaudebit“ (das Herz *wird sich freuen*) ist gemäß dem neueren Spätstil durch die Länge des Melismas über dem Wortakzent gekennzeichnet.

Das Offertorium *Benedicite gentes* ist eine weitere Variation des zentralen Themas der fortschreitenden Sonntage der Osterzeit: die Erfahrung, dass Gott befreit, Leben schenkt und seine Barmherzigkeit nicht entzieht. Der im II. Modus eher tief gelegene Gesang schwingt sich zur zentralen Strukturebene der Quint über der Finalis nur zweimal auf: bei „posuit animam ad vitam“ und „misericordiam suam“. *Seine Barmherzigkeit* hat meine *Seele* auf die Seite des *Lebens gestellt*. Auffällig oft kommt der Gesang durch eine leichte und lockere Tristropha, die Bestandteil einer erweiterten Pesbewegung ist, zum ruhigen Schwingen. Die Emotion ist nicht überschäumend äußerlich, sondern eine innere Bewegtheit und Ergriffenheit, die sich gewissermaßen im freudigen Beben der Stimme äußert.

Von den Communiogesängen für diesen Sonntag wird hier die Communio *Ego elegi vos* kurz kommentiert, ein Gesang aus den johannäischen Abschiedsreden, deren an diesem Sonntag zutreffender Abschnitt für das Lesejahr B vorgesehen ist. Die Communio wurde in mittelalterlichen Liturgieordnungen mehrfach für Heilige der Osterzeit verwendet, aber auch an diesem Sonntag selbst, während im Missale von 1570 die Communio *Cantate Domino* vorgesehen war, die heute auf den dritten Sonntag vorgezogen worden ist. Auffallend ist der hohe Beginn des Gesangs, der mit den Worten *Ego* und *vos* zwischen der Tenorstufe und deren komplementärer Oberterz pendelt. *Ich* habe *euch* ausgewählt ist die durch Tonhöhen markierte Sinnspitze des Gesangs, zu der sich als komplementärer Sinnakzent das Wort „fructus“ (Frucht) dazu gesellt. Gleich zu Beginn werden mit musikalischen Mitteln Schlüsselbegriffe angezeigt: *ihr* („vos“) und *ich* („ego“) als Auswahlkriterium. Wenn diese Beziehung stimmt, dann wird das *Gehen* („ut eatis“) und *Frucht bringen* („et fructum afferatis“) die selbstverständliche Konsequenz sein.

GESANGSTEXTE

Introitus *Vocem iucunditatis* (vgl. Jes 48,20; V. Ps 65/66,1)

Vocem iucunditatis annuntiate, et audiatur, alleluia: nuntiate usque ad extremum terrae: liberavit Dominus populum suum, alleluia, alleluia.	Mit Freudenstimme verkündet es, dass man es höre, alleluia; tragt die Kunde bis an das Ende der Erde: befreit hat der Herr sein Volk, alleluia, alleluia.
V. Iubilate Deo omnis terra, psalmum dicite nomini eius: date gloriam laudi eius.	V. Jubelt Gott zu, alle Lande, singt einen Psalm zur Ehre seines Namens, verherrlicht ihn mit Lobpreis.

Alleluia mit Vers *Non vos relinquam* (Joh 14,18)

Alleluia.	Alleluia.

V. Non vos relinquam orphanos: vado, et venio ad vos, et gaudebit cor vestrum.	V. Ich lasse euch nicht als Waisen zurück. Ich gehe hin und ich komme zu euch (zurück), und freuen wird sich euer Herz.

Offertorium *Benedicite gentes* (Ps 65/66,8.9.20)

Benedicite gentes, Dominum Deum nostrum, et obaudite vocem laudis eius: qui posuit animam meam ad vitam, et non dedit commoveri pedes meos: benedictus Dominus, qui non amovit deprecationem meam, et misericordiam suam a me, alleluia.	Preist, ihr Völker, den Herrn, unseren Gott, und hört auf die Stimme zu seinem Lob: er brachte meine Seele zum Leben, und er ließ meine Füße nicht wanken. Gepriesen sei der Herr, der mein Flehen nicht verworfen und seine Barmherzigkeit von mir nicht abgewandt hat, alleluia.

Communio *Ego vos elegi* (Joh 15,16; V. Ps 88/89,2)

Ego vos elegi de mundo, ut eatis, et fructum afferatis: et fructus vester maneat.	Ich habe euch erwählt aus der Welt, damit ihr geht und Frucht bringt und eure Frucht bleiben möge.
V. Misericordias Domini in aeternum cantabo.	V. Die Barmherzigkeit des Herrn will ich in Ewigkeit besingen.

4. Hochfest Christi Himmelfahrt

Das Fest Christi Himmelfahrt ist erst im Laufe des späten 4. Jh. bezeugt und im 5. Jh. allgemein verbreitet, die Kirche der ersten Jahrhunderte hatte das Paschamysterium als Einheit von Tod, Abstieg in das Reich des Todes, Auferstehung und Erhöhung Christi in einer einzigen Feier begangen. Die Feier am 40. Tag nach Ostern gründet auf Apg 1,3 bzw. auf dem übrigen 1. Kapitel der Erzählung des Lukas und deren Parallele in Lk 24,51. Christi Himmelfahrt ist eigentlich das Gegenfest zum Karsamstag: der Katabasis, dem Abstieg, folgt die Anabasis, der Aufstieg. Diese heilsgeschichtliche Dynamik ist als eine zusammengehörige Bewegung zu sehen, deren zweiter Teil nun festlich begangen wird, deren erster Teil jedoch nicht im gleichen Maße im Bewusstsein der feiernden Gemeinden beheimatet ist, da in der Praxis der Westkirchen eine gründliche Reflexion des Mysteriums vom Karsamstag fehlt.

Das Proprium von Christi Himmelfahrt wird heute mehr oder minder unverändert so gesungen, wie es die Handschriften des 9. und 10. Jhs. überliefern. Im Zentrum der Gesänge stehen das erste Kapitel der Apostelgeschichte (Introitus und Offertorium), sowie der 46./47. und der 67./68. Psalm (Alleluia 1 bzw. Alleluia 2 und Communio). Die Auswahl der beiden Psalmen – eine notwendige theologische Deutung und Ergänzung – ist ein Paradebeispiel für die allegorische Exegese dieser Texte, welche die Kirche seit ihren ersten Tagen im Lichte des Christusmysteriums liest. Beide Psalmen sind – aus heutiger Sicht einer Exegese des wörtlichen Sinnes – Lieder über den Aufstieg und die Theophanie JHWHs, in der – für die Liturgie der Ost- und Westkirchen jedoch entscheidenden – allegorischen Deutung ein Ausdruck für Christus, den Sieger, der zu seinem Vater emporsteigt und zur Rechten des Vaters heimkehrt. Die genannten Psalmen werden ebenfalls in großer Breite als Gesänge der Tagzeitenliturgie entfaltet.

Der Introitus *Viri Galilaei* erklingt im schwungvollen, Freude ausstrahlenden VII. Modus, der offensichtlich den Blick nicht auf das Weggehen Jesu lenkt, sondern auf seine Wiederkunft. Sinnspitze aus einer musikalischen Perspektive ist daher das erste der drei abschließenden Alleluia, der Jubel über die erwartete Parusie.

Das erste der beiden Alleluia, mit Vers *Ascendit Deus*, ist mit der Typusmelodie im vierten Modus versehen, es besingt den Aufstieg des Herrn und Gottes Jesus anhand des 46./47. Psalms mit dem Bild festlicher Klänge von Blechblasinstrumenten – ein uns heute durchaus vertrauter Gestus von festlicher Musik.

Das zweite Alleluia, mit Vers *Dominus in Sina*, eine Typusmelodie im VIII. Modus, bedarf ob seines auf den ersten Blick nicht leicht verständlichen Textes einer näheren Erläuterung. Der Herr, der (immer schon) in seinem Heiligtum auf dem Berg Sina wohnte und von dort kommt, steigt empor in die Höhe, aber nicht alleine. Er führt *die Gefangenschaft gefangen* („captivam duxit captivitatem") mit sich. Zunächst ist festzuhalten, dass diese Formulierung der Vulgata (auch der Neovulgata 1979) der griechisch-jüdischen Bibel, der Septuaginta, folgt, während die hebräische Bibel und die darauf basierenden deutschen Übersetzungen davon abweichen und daher zur Deutung des biblisch-liturgischen Kontextes von Psalm 67/68 nicht hilfreich sind. Zum Verständnis dieser auf den ersten Blick schwierigen Formulierung mag uns die Erinnerung an die byzantinische Osterikone weiterhelfen, welche die Auferstehung Christi in ihrer Bedeutung für uns Menschen ins Bild bringt: Christus ist hinabgestiegen *in das Reich des Todes*, die Türen der Unterwelt, hinter welchen der Tod die Menschheit gefangen hält, sind zerbrochen, der Auferstandene nimmt Adam und Eva bei der Hand und führt sie hinaus in das neue Leben. Das dazu gehörige Ostertroparion, der Hauptfestgesang der Osterzeit, lautet: *Christ ist erstanden von den Toten, im Tode bezwang er den Tod, und schenkte den Entschlafenen das Leben.* Auferstehung beginnt also mit der Überwindung des Todes für Adam und Eva, die stellvertretend für die gesamte Menschheit stehen. Der Tod wird gefangen genommen, er hat keine Macht mehr und wird bei der Erhöhung Christi als Gefangener mitgeführt. Hier haben wir bei der Feier der Anabasis des Auferstandenen die notwendige Reminiszenz an seine Katabasis vor uns. Verse aus dem Psalm 67/68 werden übrigens während der 50 Tage der Osterfeier in der byzantinischen Liturgie täglich zur Eröffnung der einzelnen Gottesdienste gesungen.

Das Offertorium *Viri Galilaei* steht schon in einigen der ältesten Texthandschriften des Proprium Missae im 9. Jh. als Alternative zum Offertorium *Ascendit Deus*, das hier als Offertorium des siebten Ostersonntags kommentiert wird. Der Gesang kommt aus der gallikanischen Tradition und ist nach und nach in den Bereich des fränkisch-römischen Chorals eingesickert, wo er zumeist vor (Vigil) oder nach dem Festtag selbst (Sonntag in der Oktav, Oktavtag) einen Fixplatz erhalten hat. Die charakteristische Formel über dem Wort „Viri“ finden wir auch in anderen gallikanischen Gesängen, wie z. B. im Offertorium *Stetit angelus* vom Fest des Hl. Michael, das in seiner Bauweise unserem Gesang sehr ähnlich ist. Charakteristisch für diese Gesänge ist auch, dass ein Kadenztorculus nicht stufenweise in Sekundschritten fortschreitet, sondern den Umfang einer kleinen Terz aufweist.

Von den heute gemäß den drei Lesejahren angegebenen Communiogesängen wird hier die ursprüngliche des Festes, *Psallite Domino*, kommentiert. Der Gesang weist zwei Besonderheiten auf: die melodische Gestalt zeigt in fast tonmalerischer Weise, dass der Herr *über* („super“) alle Himmel aufsteigt, in unerreichbare Fernen, aber wohin? „Ad orientem“ – *nach Osten*. Aufgrund der Erdrotation ist der Osten jene Himmelsrichtung, in der täglich neu der Sonnenaufgang sichtbar wird, seit jeher ein Bild für den auferstandenen und wiederkehrenden Christus. Nach Osten wendet sich der Priester bei der Zelebration in allen klassischen christlichen Liturgien, die Kirche geht so dem wiederkehrenden Christus entgegen. Aber zunächst wendet sich der Herr selbst *ad orientem*. Die Neumenschreiber betonen dieses Wort durch eine intensive und verlangsamte fünfstufige Aufwärtsbewegung. Hier schließt sich der Kreis des Festpropriums. Steht am Anfang eigentlich eine eschatologische Perspektive, wird diese am Ende der Feier wieder aufgenommen.

GESANGSTEXTE

Introitus *Viri Galilaei* (Apg 1,11; V. Ps 46/47,1)

Viri Galilaei,	Ihr Männer von Galiläa,
quid admiramini	was schaut ihr voll Staunen
aspicientes in caelum? alleluia:	hinauf zum Himmel? Alleluia.
quemadmodum vidistis eum	Wie ihr ihn zum Himmel
ascendentem in caelum,	aufsteigen saht,
ita veniet,	so wird er wiederkommen,
alleluia, alleluia, alleluia.	alleluia, alleluia, alleluia.
V. Omnes gentes	V. Ihr Völker alle,
plaudite manibus:	klatscht in die Hände,
iubilate Deo in voce exsultationis.	jubelt Gott zu mit Freudenstimme!

Alleluia mit Vers *Ascendit Deus* (Ps 46/47,6)

Alleluia.	Alleluia.
V. Ascendit Deus in iubilatione,	V. Gott steigt auf unter Jubel,
et Dominus	und der Herr
in voce tubae.	mit dem Klang der Posaune.

Alleluia mit Vers *Dominus in Sina* (Ps 67/68,18.19)

Alleluia.	Alleluia.
V. Dominus in Sina	V. Der Herr wohnt auf dem Sinai
in sancto,	im Heiligtum:
ascendens in altum,	als er in die Höhe aufstieg,
captivam duxit	führte er gefangen
captivitatem.	mit sich die Gefangenschaft.

Offertorium *Viri Galilaei* (Apg 1,11)

Viri Galilaei,	Ihr Männer von Galiläa,
quid admiramini	was schaut ihr voll Staunen
aspicientes in caelum?	hinauf zum Himmel?
Hic Iesus, qui assumptus	Dieser Jesus, der aufgenommen
est a vobis in caelum,	wurde von euch in den Himmel,
sic veniet,	wird so wiederkommen,
quemadmodum vidistis	wie ihr ihn

eum ascendentem in caelum, alleluia.	in den Himmel aufsteigen saht, alleluia.

Communio *Psallite Domino* (Ps 67/68,33.34; V. Ps 67/68,1)

Psallite Domino, qui ascendit super caelos caelorum ad Orientem, alleluia.	Singt Gott, der aufstieg über die Himmel der Himmel zum Osten hin, alleluia.
V. Exsurgat Deus, et dissipentur inimici eius: et fugiant, qui oderunt eum, a facie eius.	V. Gott erhebe sich, und seine Feinde mögen zertreut werden. Und fliehen sollen, die ihn hassen, vor seinem Angesicht.

5. Siebter Ostersonntag

Der Siebte Sonntag der Osterzeit – früher der Sonntag in der Oktav von Christi Himmelfahrt – beginnt traditionell mit dem Introitus *Exaudi Domine.* Christus, der Herr, ist zu seinem Vater heimgekehrt, aber die Sehnsucht nach der Begegnung mit IHM bleibt, die Suche nach seinem *Antlitz* („vultum“ als eine Sinnspitze), also nach ihm selbst, ist das andauernde Bestreben des mit Christus verbundenen Menschen. Als eine Antwort auf die Erhöhung Christi und die damit verbundene Erwartung seiner Wiederkunft haben wir eine Ich-Botschaft am Beginn dieses Sonntags: als Glaubender in der Gemeinschaft der Kirche mache ich mich auf den Weg der Gottsuche, denn er lässt die Seinen nicht als Waisen zurück, und mit dem Beistand des Geistes wird die Verbindung mit ihm über Zeit und Raum hinweg zu finden und aufrecht zu erhalten sein. Die zentrale Aussage *Dein Antlitz, Herr, will ich suchen* („vultum tuum Domine requiram“), kommt wie so oft in der Gregorianik in äußerster musikalischer Reduktion daher, sie wird in einem schlichten Rezitativ vorgetragen. Zu den Besonderheiten dieses Gesangs gehört seine modale Centonisation, das Zusammenfügen verschiedener Modi in einem einzigen Stück. Nach einer Einleitungsformel des III. Modus geht es im I. Modus bis zum Ende weiter.

Unter den vielen Alleluiagesängen, welche im Mittelalter an diesem Sonntag an den verschiedenen Orten vorgesehen waren, finden wir auch das Alleluia mit Vers *Regnavit Dominus*, das in den ältesten Quellen nur im Graduale von Compiègne erscheint, aber nirgends mit rhythmisch aussagekräftigen Neumen zu finden ist. (Dies lässt uns erahnen, mit welch großen Quellenverlusten wir zu rechnen haben.) Dennoch ist es möglich, diesen Gesang im Lichte der Interpretationsangaben des 10. Jhs. zu singen, bekannte Formelelemente und die Neumengruppierungen weisen den Weg dazu. Der Text ist aus dem „Himmelfahrtspsalm" 46/47 genommen: nach seinem Aufstieg regiert nun der Herr als Weltenherrscher über alle Völker.

Das Offertorium *Ascendit Deus*, ebenfalls aus dem Psalm 46/47, gehört zum ältesten Bestand der Festgesänge für Christi Himmelfahrt selbst, hatte aber auch immer schon seinen selbstverständlichen Platz bis zum Oktavtag hin, wie es z. B. das Graduale von Rheinau bezeugt. In fast naiv tonmalerischer Weise wird sehr ansprechend die Auffahrt des Herrn musikalisch geschildert. Innerhalb kürzester Zeit wird am Beginn des Stückes, passend zum Wort „ascendit" (er stieg empor), der Tonraum einer Undezime in einer langsamer beginnenden, aber immer stürmischer drängenden Aufwärtsbewegung durchschritten. Dazu kommt noch zweimal ein Scandicus flexus mit einem Quintsprung als erstes Intervall. Der Gesang drängt auch bei den Wörtern *Jubel* („in iubilatione") und *Herr* („Dominus") in die Höhe und beruhigt sich erst langsam am Ende des ausgedehnten Alleluia.

Die Communio *Pater cum essem* steht seit jeher an dieser Stelle. Sie stellt gewissermaßen nach der Himmelfahrt die Frage: Und was jetzt? Der Text stammt aus dem so genannten hohepriesterlichen Gebet des Herrn in seinen Abschiedsreden gemäß dem Johannesevangelium. Was bei Johannes nach der Fußwaschung im Abendmahlssaal stattgefunden hat, wird nun in einem dramaturgisch geschickten Schachzug in einer Liturgie, die längst von zahlreichen „historisierenden" Elementen lebt, in die Zeit zwischen Himmelfahrt und Geistsendung verlegt. Der Herr ist nicht einfach den Seinen entschwunden, vielmehr macht er sich große Sorgen um sie. Er vertraut sie seinem Vater an und erbittet für sie dessen Beistand. In einem liturgischen „Aggiornamento“ dieser Herrenworte wird primär die hier und jetzt feiernde Gemeinde angesprochen, welche ebenfalls ohne eine physische Präsenz des Herrn in dieser Welt leben muss, aber durch Gottes Hilfe behütet vor allem Bösen. Die Communio steht im IV. Modus, der zahlreiche Gesänge prägt, die von großen Mysterien der Heilsgeschichte sprechen und diese meditieren.

GESANGSTEXTE

Introitus *Exaudi, ... tibi dixit* (Ps 26/27,7.8.9; V. Ps 26/27,1)

Exaudi, Domine, vocem meam, qua clamavi ad te, alleluia: tibi dixit cor meum, quaesivi vultum tuum, vultum tuum Domine requiram: ne avertas faciem tuam a me, alleluia, alleluia.	Erhöre, Herr, meine Stimme, mit der ich zu dir rufe, alleluia. Zu dir spricht mein Herz: dein Angesicht suche ich, dein Angesicht, Herr, will ich suchen; wende dein Gesicht nicht ab von mir, alleluia, alleluia.
V. Dominus illuminatio mea, et salus mea: quem timebo?	V. Der Herr ist mein Licht und mein Heil, wen soll ich fürchten?

Alleluia mit Vers *Regnavit Dominus* (Ps 46[47],9)

Alleluia.	Alleluia.
V. Regnavit Dominus super omnes gentes: Deus sedet super sedem sanctam suam.	V. Der Herr herrscht über alle Völker. Gott sitzt auf seinem heiligen Thron.

Offertorium *Ascendit Deus* (Ps 46/47,6)

Ascendit Deus in iubilatione, Dominus in voce tubae, alleluia.	Gott steigt auf unter Jubel, der Herr mit dem Klang der Posaune, alleluia.

Communio *Pater, cum essem* (Joh 17,12.13.15; V. Ps 26/27,1)

Pater, cum essem cum eis, ego servabam eos, quos dedisti mihi, alleluia: nunc autem ad te venio: non rogo ut tollas eos de mundo, sed ut serves eos a malo, alleluia, alleluia.	Vater, als ich mit ihnen war, habe ich die bewahrt, die du mir gegeben hast, alleluia. Jetzt aber komme ich zu dir. Nicht bitte ich, dass du sie von der Welt wegnimmst, sondern dass du sie bewahrst vor dem Bösen, alleluia, alleluia.
V. Dominus illuminatio mea: et salus mea, quem timebo?	V. Der Herr ist mein Licht und mein Heil, wen soll ich fürchten?

6. Pfingstsonntag

Der Pfingstsonntag beschließt heute die Feier der österlichen 50 Tage. Bis zur Kalenderreform nach dem Zweiten Vatikanum hatte dieses Fest auch eine eigene Oktav mit zahlreichen speziellen Propriumsgesängen. Diese sind durch die Reform nicht verloren gegangen, sondern wurden auf viele andere Tage verlegt, so auch in die Zeit unmittelbar vor Pfingsten. Das Proprium der Tagesmesse am Pfingstsonntag ist bis auf das zweite Alleluia und die Sequenz jenes der karolingischen Liturgie- bzw. Choralreform.

Der Introitus *Spiritus Domini* ist eine liturgisch redigierte Version von Weish 1, 7. Wie so oft bei einem Introitus ist das Anfangswort (hier „Spiritus") gleichzeitig das Schlüsselwort für die gesamte Feier. Dem widerspricht nicht, dass die gregorianische Verklanglichung dieses Textes die Sinnspitze des Beginns auf „replevit orbem" (erfüllt die Welt) legt. Nicht, was der Geist *ist*, wird uns musikalisch vor Augen geführt, sondern das, was er *tut*. Die Tendenz, nicht dogmatischen Fragen, sondern dem Wirken Gottes und seines Geistes im Gesang nachzuspüren und dieses als menschliche Erfahrung zu bezeugen, zieht sich durch die *Ver*tonung bzw. *Be*tonung des gesamten gregorianischen Repertoires. Betont und musikalisch etwas deutlicher ent-

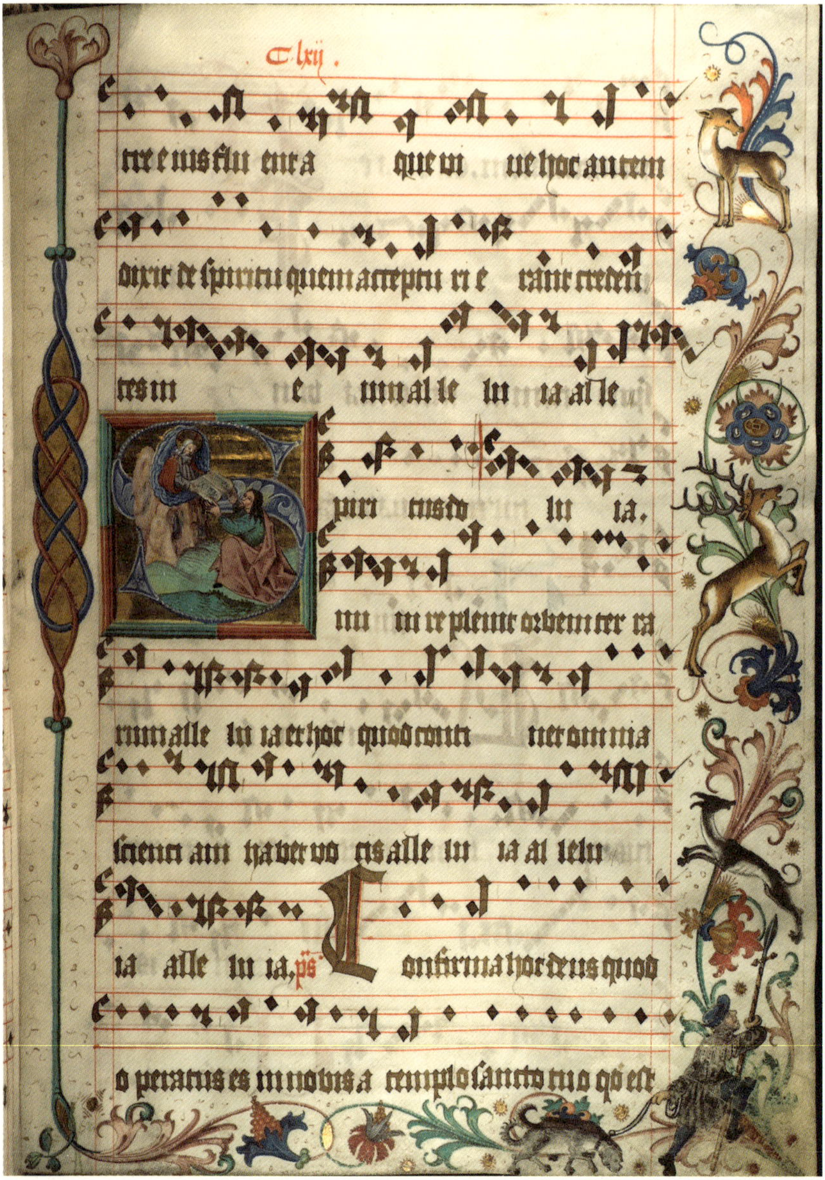

Introitus *Spiritus Domini* aus dem Seckauer „Graduale Magnum“, fol. 162r, um 1490, Universitätsbibliothek Graz, Ms 17

faltet ist auch das Wort „continet“: der Geist enthält in sich alles und hat Kenntnis („scientiam“) von allem. So wird uns am Beginn dieser Feier eine Theologie vom *Wirken* des Geistes vor Augen und Ohren gehalten. Der Psalmvers zum Introitus ist ein altbekannter: Ostern, Himmelfahrt und Pfingsten zusammen wird allegorisch-liturgisch mit dem Psalm 67/68 begleitet.

Das erste Alleluia mit Vers *Emitte Spiritum* bringt uns einen bestens vertrauten Psalmvers aus dem Schöpfungs- und „Geist“psalm 103/104, verbunden mit der Typusmelodie im vierten Modus.

Das zweite Alleluia mit Vers *Veni Sancte Spiritus* ist ein Klassiker katholischer Gebetsliteratur. Der Gesang selbst stammt aus dem 11. Jahrhundert und weist viele charakteristische Züge spätgregorianischen Komponierens auf. Er steht – obschon weit verbreitet – jedoch nur in einer einzigen semiologisch relevanten Handschrift, im St. Galler Codex 376, der noch verlässliche Hinweise zur Interpretation der Gregorianik im Lichte der ursprünglichen Tradition gibt. Gemäß den stilistischen Prinzipien der Spätzeit wird die Sinnspitze mit einem langen Melisma markiert; der Geist soll das Feuer der *Liebe* („amoris“) entzünden. Der Vers ist auch heute im Knien zu singen, ein besonderes, nicht oft vorkommendes ausdrucksstarkes Zeichen der Liturgie.

Die Sequenz *Veni Sancte Spiritus* ist eine der wenigen Sequenzen des Missale Romanum von 1570 und hat daher auch den Weg ins heutige Missale gefunden. In allen Gebieten, wo die ostfränkische Version des Chorals verbreitet war, wurde am Pfingstsonntag jedoch die Sequenz *Sancti Spiritus assit nobis gratia* des Notker Balbulus gesungen, die heutige Sequenz des Festtages war für nachrangige Tage der Pfingstoktav vorgesehen. Sie ist eine Dichtung des scholastischen Theologen, Kardinals und Erzbischofs von Canterbury, Stephan Langton (1150/55–1228). Als Gesang im Gefolge der Pariser Sequenzendichtungen des Adam von St. Victor weist die Sequenz regelmäßigen Strophenbau, Reim, aber noch paarweise wechselnde Melodien auf. Der Gesang ist auch theologisch gesehen ein Produkt neuer

Zeiten, das sich deutlich vom heilsgeschichtlich orientierten Duktus der authentischen Gregorianik unterscheidet. So finden wir z. B. hier ausdrücklich das „sacrum septenarium" benannt, die Siebenzahl der Gaben des Geistes nach scholastischer Tradition. Die weit ausladenden Melodien im spätgregorianischen D-Modus besitzen ihren eigenen Reiz und eine starke Emotionalität.

Das Offertorium *Confirma hoc Deus* nimmt einen der Grundgedanken des Festes wiederum auf: der Geist ist es, der stärkt. Durch seine Hilfe soll das, was Gott in Christus im Mysterium paschale in uns gewirkt hat, nicht verloren gehen, sondern in der Zeit der Kirche gefestigt werden. Wiederum ist es ein Vers aus dem Psalm 67/68, der an dieser Stelle auf die Weiterführung und Vollendung des österlichen Heilswerkes hinzielt. Musikalisch überraschend ist der Beginn des Gesangs. Das Wort „Confirma" (stärke) beginnt in den tiefsten Regionen der damaligen gregorianischen Tonleiter und enthält als Überraschung den Ton CIS als Ergebnis modaler Modulation. Dürfen wir in diesem sehr betonten Aufstieg eine assoziativ-zitierende Parallele zum Beginn des Offertoriums *Ascendit Deus* sehen? Der Geist steht ja nun in einer gewissen Weise in der Rolle Christi als Bestärker der Seinen.

Mit der schwungvollen Communio *Factus est repente* im VII. Modus klingt die Festmesse des Pfingsttages aus. Der Gesang greift das Pfingstwunder gemäß dem 2. Kapitel der Apostelgeschichte auf. Der stark centonisierte Text zielt freilich durch Verkürzung des vierten Verses nicht auf das Sprachenwunder, sondern mit dem angeschlossenen Vers 11 auf die Verkündung der „magnalia Dei", der Großtaten Gottes. Erfüllt vom Heiligen Geist sind die Apostel zur Verkündigung ihrer Gotteserfahrungen befähigt. Die Communio bezieht sich mit diesem literarischen Kunstgriff wohl eher auf die Geisterfahrungen einer jeweils „heutigen" Generation, die als Geisterfahrungen der Jünger im Abendmahlssaal identifiziert werden. So zeigt sich wiederum einmal mehr, dass liturgische Texte im Sinne eines spirituellen „Aggiornamento" der Bibel für die Feier der Liturgie ausgewählt worden sind. Die gregorianischen Komponisten haben dies sehr wohl verstanden. Sie haben mit ihrer Art, diese Texte mit musikalischen Mitteln zu interpretieren, dieses Anliegen noch verstärkt aufgegriffen und darüber hinaus die liturgische Bibelinterpretation mit eigenen spirituellen Aspekten in musikalischer Form angereichert.

GESANGSTEXTE

Messe am Tag

Introitus *Spiritus Domini* (Weis 1,7; V. Ps 67/68,1)

Spiritus Domini replevit orbem terrarum, alleluia: et hoc quod continet omnia, scientiam habet vocis, alleluia, alleluia, alleluia.	Der Geist des Herrn erfüllt den Erdkreis, alleluia, und er, der alles zusammenhält, kennt jeden Laut, alleluia, alleluia, alleluia.
V. Exsurgat Deus, et dissipentur inimici eius: et fugiant, qui oderunt eum, a facie eius.	V. Gott erhebe sich, und seine Feinde mögen zerstieben, und fliehen sollen, die ihn hassen, vor seinem Angesicht.

Alleluia mit Vers *Emitte Spiritum tuum* (Ps 103/104,30)

Alleluia.	Alleluia.
V. Emitte Spiritum tuum, et creabuntur: et renovabis faciem terrae.	V. Gieße aus deinen Geist, und sie werden erschaffen, und du wirst das Gesicht der Erde erneuern.

Alleluia mit Vers *Veni Sancte Spiritus*

Alleluia.	Alleluia.
V. Veni, Sancte Spiritus, reple tuorum corda fidelium: et tui amoris in eis ignem accende.	V. Komm, Heiliger Geist, erfülle die Herzen deiner Gläubigen und entzünde in ihnen das Feuer deiner Liebe.

Sequentia *Veni Sancte Spiritus* (Stephan Langton, 12./13. Jh., zugeschrieben)

Veni Sancte Spiritus,
et emitte caelitus
lucis tuae radium.

Veni, pater pauperum,
veni dator munerum,
veni lumen cordium.

Consolator optime,
dulcis hospes animae,
dulce refrigerium.

In labore requies,
in aestu temperies,
in fletu solatium.

O lux beatissima,
reple cordis intima
tuorum fidelium.

Sine tuo numine,
nihil est in homine,
nihil est innoxium.

Lava quod est sordidum,
riga quod est aridum,
sana quod est saucium.

Flecte quod est rigidum,
fove quod est frigidum,
rege quod est devium.

Da tuis fidelibus,
in te confidentibus,
sacrum septenarium.

Da virtutis meritum,
da salutis exitum,
da perenne gaudium.

Amen. Alleluia.

Komm, Heiliger Geist
und sende vom Himmel her
deines Lichtes Strahl.

Komm, Vater der Armen,
komm, Geber der Gaben,
komm, Licht der Herzen.

Bester Tröster,
süßer Gast der Seele,
süße Erfrischung.

In der Mühsal bist du Ruhe,
in der Hitze Mäßigung,
im Weinen Trost.

O seligstes Licht,
erfülle das Herzensinnere
deiner Gläubigen.

Ohne deinen Willen
ist nichts im Menschen,
ist nichts unschuldig.

Wasche, was schmutzig ist,
bewässere, was vertrocknet ist,
heile, was verwundet ist.

Beuge, was starr ist,
wärme, was kalt ist,
lenke, was verirrt ist.

Gib deinen Gläubigen,
die auf dich vertrauen,
die siebenfache heilige Gabe.

Gib der Tugend Verdienst,
schenke am Ende Heil,
gib die ewige Freude.

Amen. Alleluia.

Offertorium *Confirma hoc Deus* (Ps 67/68,29.30)

Confirma hoc, Deus, quod operatus es in nobis: a templo tuo, quod est in Ierusalem, tibi offerent reges munera, alleluia.	Bestärke das, o Gott, was du in uns gewirkt hast; von deinem Tempel, der in Jerusalem ist, bringen dir Könige Geschenke dar, alleluia.

Communio *Factus est repente* (Apg 2,2.4; V. Ps 103/104,1)

Factus est repente de caelo sonus, tamquam advenientis spiritus vehementis, ubi erant sedentes, alleluia: et repleti sunt omnes Spiritu Sancto, loquentes magnalia Dei, alleluia, alleluia.	Plötzlich erhob sich vom Himmel her ein Brausen, wie wenn ein heftiger Sturm daherfährt, dort, wo sie saßen, alleluia. Und erfüllt wurden alle mit dem Heiligen Geist, und sie verkündeten die Großtaten Gottes, alleluia, alleluia.
V. Benedic anima mea Domino: Domine Deus meus magnificatus es vehementer.	V. Preise, meine Seele, den Herrn: Herr, mein Gott, du bist überaus groß.

Hinweis: Eine Einspielung der hier behandelten Messproprien ist zu finden auf der CD *Vocem iucunditatis. Vierter Ostersonntag bis Pfingsten.* Ensemble Graces & Voices, Leitung: Franz Karl Praßl, ISBN 978-3-8306-7592-1.

VIII. WOCHE I UND SONNTAGE IM JAHRESKREIS II–V

Vorbemerkung: Die Zeit im Jahreskreis

Das liturgische Jahr erhält seine besondere Prägung durch die beiden Hochfeste Ostern und Weihnachten und die ihnen zugeordneten Zeitabschnitte: Fastenzeit, Karwoche und siebenwöchige nachösterliche Festfeier bzw. Advent und nachweihnachtliche Festzeit. Zwischen diesen beiden Festkreisen liegen die Wochen der Zeit im Jahreskreis (lateinisch: tempus per annum), die die Grundstruktur des liturgischen Jahres vervollständigen. In diesen Wochen steht nicht so sehr ein einzelnes Ereignis im Leben Jesu als vielmehr das in Christus ergangene Heilsgeheimnis als Ganzes im Mittelpunkt der liturgischen Feier. Dabei ist die Zeit im Jahreskreis weder geschichtlich noch von ihrem liturgischen Rang her den beiden genannten Festkreisen nachgeordnet. Denn einerseits gab es sie als liturgisch geprägte Zeit schon seit Anbeginn des Christentums und damit vor der Einführung eines eigenständigen Osterfestes und lange vor der Einführung der Fasten- und nachösterlichen Zeit sowie des Weihnachtsfestes und des ihm zugeordneten Festkreises. Andererseits ist diese zu Unrecht so genannte „festlose" Zeit durchaus nicht konturlos und ohne jeglichen Höhepunkt, ist sie doch von Anfang an besonders geprägt durch die wöchentliche Eucharistiefeier am Sonntag, dem Urfeiertag des Christentums.

Dem liturgischen Rang der Sonntage im Jahreskreis entspricht nicht zuletzt die Tatsache, dass ihre gregorianischen Gesangspropien der Messe an künstlerischem Niveau in nichts jenen der höchsten Feste des Kirchenjahres nachstehen. In der Tat finden sich wie dort, so auch hier nicht wenige Beispiele hoher und höchster künstlerischer Inspiration.

Durch die Neuordnung des liturgischen Jahres nach dem Zweiten Vatikanischen Konzil wurden tiefgreifende Änderungen in Bezug auf den hier zur Frage stehenden Zeitabschnitt vorgenommen. Dieser beschränkte sich vor der Liturgiereform auf die Sonntage und Wochen nach dem Pfingstfest. Der gesamte Zeitraum wurde „Zeit nach Pfingsten", fälschlicherweise auch „Pfingstfestkreis" genannt, die Sonntage „Sonntage nach Pfingsten". Man zählte 24 Sonntage nach Pfingsten. Ihre Anzahl konnte sich aber bei einem entsprechend frühen Ostertermin bis zu 28 Sonntagen erhöhen. Trat dieser Extremfall ein, wurde an den letzten sechs Sonntagen des liturgischen Jahres immer dasselbe Messproprium gesungen, nämlich jenes vom XXIII. Sonntag nach Pfingsten. Ein weiteres Ergebnis der Liturgiereform nach dem Zweiten Vatikanum war der Wegfall der Zeit nach Epiphanie sowie der Vorfastenzeit. Die in diese beiden Zeitabschnitte fallenden Wochen und Sonntage wurden nun den vormals so genannten Wochen und Sonntagen nach Pfingsten zugerechnet und bilden nun zusammen mit letzteren die heute so genannte Zeit im Jahreskreis (tempus per annum) mit insgesamt 33 oder 34 Wochen bzw. Sonntagen.

Im folgenden sollen insgesamt fünf Messproprien der Zeit im Jahreskreis, nämlich der Ersten Woche sowie der Sonntage II bis V näher beleuchtet werden. Das seit alters für den Ersten Sonntag nach Epiphanie bezeugte Messproprium ist heute für die Wochentage der Ersten Woche im Jahreskreis vorgesehen, nicht aber für den Ersten Sonntag im Jahreskreis, da dieser durch das Fest der Taufe Christi, mit dem seit der nachkonziliaren Neuordnung des Kirchenjahres der Weihnachtsfestkreis zu Ende geht, verdrängt wird. Dennoch empfahl es sich, auch dieses Messproprium vorzustellen und zu kommentieren, da es seit alters enge inhaltliche Bezüge zu den Messproprien der zwei nachfolgenden Sonntage und zusammen mit diesen zum Messproprium von Epiphanie aufweist.

1. Erste Woche im Jahreskreis

Das hier vorliegende Messproprium des vormaligen Ersten Sonntags nach Epiphanie knüpft vor allem mit seinem Introitus *In excelso throno* inhaltlich an das Proprium der Festmesse von Epiphanie an. Wie mehrmals im Messproprium von Epiphanie findet sich auch hier das Motiv der Anbetung, dessen Adressat dort der auf Erden erschienene Gott-König Jesus Christus, hier der erhöhte Herr („In excelso throno" – auf erhabenem Thron) ist. So bildet denn die aufwendige Vertonung des Wortes „adorat" (adorare = anbeten) neben der exponierten Lage und rhythmischen Hervorhebung des Wortes „vidi" – als Ausdruck für prophetische Schau – einen der Höhepunkte des Gesangs.

Auf das zu diesem Messproprium gehörige Graduale *Benedictus Dominus* wird hier nicht eingegangen, da es bereits im Zusammenhang mit den Messgesängen des Festes der Taufe Christi besprochen wurde. Alleluia mit Vers *Iubilate Deo* und Offertorium *Iubilate Deo omnis terra* schöpfen – wie schon der Psalmvers des Introitus – aus derselben literarischen Quelle: den Versen 1 und 2 von Psalm 99/100. Gemeinsam ist ihnen der Aufruf zum Jubel und freudigen Dienst, die die ganze Erde, der ganze Kosmos („omnis terra") dem Schöpfer darbringen soll. Charakteristisch für das Offertorium ist die unmittelbare Wiederholung des ersten Textteils „Iubilate Deo omnis terra" (Jubelt Gott zu, alle Welt!) mit eigenständiger und melismatisch reich verzierter Vertonung des Wiederholungsteils. Dadurch erhält der Gesang – zumal zusammen mit den hier nicht zur Frage stehenden Soloversen – eine musikalische Form von beachtlicher Länge, die im Mittelalter der musikalischen Überbrückung des Ritus der Gabenprozession diente, andererseits dazu angetan ist, dem Aufruf zum Lob Gottes noch größeres Gewicht zu verleihen.

Die Communio *Notas mihi fecisti* ist erst seit der Liturgiereform nach dem Zweiten Vatikanum Bestandteil dieses Messpropriums und ersetzt dort die vormalige Communio *Fili quid fecisti*, die jetzt als Communio für das Fest der Hl. Familie am Sonntag nach Weihnachten vorgesehen ist. Der ursprüngliche liturgische Ort der Communio *Notas mihi fecisti* ist der Mittwoch in der Dritten Fastenwoche. An diesem Tag fand in der christlichen Antike für die Taufbewerber Roms das erste Skrutinium (= Prüfung in Fragen des Glaubens und der Lebensführung) statt. Darin dürfte wohl die melodisch exponierte Lage der Intonationspassage begründet sein, die der Bedeutung der einleitenden Worte „Kundgetan hast Du mir die Wege des Lebens" für die Taufbewerber Rechnung trägt.

GESANGSTEXTE

Introitus *In excelso throno* (vgl. Dan 7,9.10.14; Jes 6,1-3; V. Ps 99/100,2)

In excelso throno	Auf erhabenem Thron
vidi sedere virum,	sah ich einen Mann sitzen,
quem adorat	den die Schar
multitudo Angelorum,	der Engel anbetet
psallentes in unum:	und einmütig lobpreist.
ecce cuius imperium	Seht, seine Herrschaft
non deest in aeternum.	währt in Ewigkeit.
V. Iubilate Domino, omnis terra:	V. Jubelt dem Herrn zu, alle Welt,
servite Domino in laetitia.	dient dem Herrn in Freude!

Alleluia mit Vers *Iubilate Deo* (Ps 99/100,1.2)

Alleluia.	Alleluja.
V. Iubilate Deo, omnis terra:	V. Jubelt Gott zu, alle Welt,
servite Domino in laetitia.	dient dem Herrn in Freude!

Offertorium *Iubilate Deo, omnis terra* (Ps 99/100,2.3)

Iubilate Deo omnis terra,	Jubelt Gott zu, alle Welt,
servite Domino in laetitia:	dient dem Herrn in Freude;
intrate in	tretet vor ihn
conspectu eius in exsultatione,	hin mit Frohlocken,
quia Dominus ipse est Deus.	denn er, der Herr, ist Gott!

Communio *Notas mihi fecisti* (Ps 15/16,11; V. Ps 15/16,1)

Notas mihi fecisti vias vitae: adimplebis me laetitia cum vultu tuo, Domine.	Kundgetan hast du mir die Wege des Lebens, du wirst mich mit Freude erfüllen mit deinem Angesicht, o Herr.
V. Conserva me, Domine, quoniam speravi in te: dixi Domino: Deus meus es tu, quoniam bonorum meorum non eges.	V. Behüte mich, Herr, denn ich habe auf dich gehofft. Ich sagte zum Herrn: mein Gott bist du, denn meine Güter brauchst du nicht.

2. Zweiter Sonntag im Jahreskreis

Das Messproprium des Zweiten Sonntags im Jahreskreis ist ohne Ausnahme identisch mit jenem des vormaligen Zweiten Sonntags nach Epiphanie. Die an die Messproprien von Epiphanie und der Ersten Woche im Jahreskreis erinnernde Textpassage findet sich gleich zu Beginn des Introitus: „Omnis terra adoret te, Deus“ (Die ganze Erde bete dich an, o Gott). Das Gewicht, das hier der Aufforderung, Gott anzubeten, beigemessen wird, findet in der bedeutungsvollen Vertonung des Schlüsselwortes „adoret“ adäquaten künstlerischen Ausdruck.

Im gleichermaßen prächtigen wie anspruchsvollen Graduale *Misit Dominus* hat der gregorianische Komponist an mehreren Stellen herausragende Höhepunkte vorgesehen, für die er aber vorwiegend formelhafte Wendungen eingesetzt hat, so vor allem bei „verbum suum“ (sein Wort), „et sanavit eos“ (und er heilte sie) und „misericordiae eius“ (seiner Barmherzigkeit). Genau besehen sind dies aber Formeln, die hier wie auch in anderen Gradualien des V. Modus theologisch bedeutungsvollen Begriffen und Textstellen vorbehalten sind. Passend zu der seit alters für diesen Sonntag vorgesehenen Evangeliumsperikope von der Hochzeit zu Kana sowie der Communio *Dicit Dominus: Implete,* die auf eben diese Perikope Bezug nimmt, erklingt in diesem Graduale – in neutestamentlicher Deutung – der Lobpreis auf Gott in der Person Jesu, der den Menschen die frohe Botschaft („Misit ... verbum suum") und Heilung („sanavit eos") bringt, sich voll Erbarmen („misericordiae eius") ihrer Bitten und Nöte annimmt.

Das große Offertorium *Iubilate Deo, universa terra* wurde bereits im Zusammenhang der Messgesänge des Fünften Ostersonntags besprochen. Das Alleluia mit Vers *Laudate Deum* in der Typusmelodie im IV. Modus vermag jene freudige Stimmung zu unterstreichen, die charakteristisch für alle Propriumsgesänge dieser Sonntagsmesse ist.

GESANGSTEXTE

Introitus *Omnis terra* (Ps 65/66,4; V. Ps. 65/66,1.2)

Omnis terra adoret te, Deus, et psallat tibi: psalmum dicat nomini tuo, Altissime.	Die ganze Erde bete dich an, o Gott; und singe dir; sie singe ein Loblied deinem Namen, Allerhöchster.
V. Iubilate Deo, omnis terra, psalmum dicite nomini eius: date gloriam laudi eius.	V. Jubelt Gott zu, alle Welt, singt Psalmen seinem Namen; verherrlicht ihn mit Lobpreis!

Graduale *Misit Dominus* (Ps 106/107,20; V. Ps 106/107,21)

Misit Dominus verbum suum, et sanavit eos: et eripuit eos de interitu eorum.	Der Herr sandte sein Wort, und er heilte sie, und er entriss sie ihrem Verderben.
V. Confiteantur Domino misericordiae eius: et mirabilia eius filiis hominum.	V. Preisen sollen den Herrn die Taten seiner Barmherzigkeit und seine Wunderwerke an den Menschenkindern.

Alleluia mit Vers *Laudate Deum* (Ps 148,2)

Alleluia.	Alleluia.
V. Laudate Deum, omnes Angeli eius: laudate eum, omnes virtutes eius.	V. Lobet Gott, all seine Engel; lobt ihn, all seine Mächte!

Communio *Dicit Dominus: Implete* (Joh 2,7-11; V. Ps 65/66,8)

Dicit Dominus:
Implete hydrias aqua
e ferte architriclino.
Dum gustasset architriclinus
aquam vinum factam,
dicit sponso:
Servasti vinum bonum
usque adhuc.
Hoc signum
fecit Iesus primum
coram discipulis suis.

V. Benedicite, gentes, Deo nostro:
auditam facite vocem
laudis eius.

Der Herr spricht:
„Füllt die Krüge mit Wasser und
bringt davon dem Speisemeister“.
Als der Speisemeister das Wasser,
das zu Wein geworden war, kostete,
sagt er zum Bräutigam:
„Du hast den guten Wein
bis jetzt zurückgehalten“.
Dies war das erste
Zeichen, das Jesus
vor seinen Jüngern wirkte.

V. Preist, ihr Völker, unseren Gott,
lasst die Stimme
seines Lobes hören!

3. Dritter Sonntag im Jahreskreis

Auch für das Messproprium des Dritten Sonntags im Jahreskreis ist zu konstatieren, dass es ohne Ausnahme jenem des vormaligen Dritten Sonntags nach Epiphanie entspricht. Der Zusammenhang mit den beiden hier unmittelbar vorausgehenden Messproprien und letztlich mit jenem von Epiphanie selbst scheint bereits beim ersten Wort des Introitus *Adorate Deum* auf. Hier sind es wieder, wie schon im Introitus *In excelso throno* der Ersten Woche im Jahreskreis, die Engel, d.h. geschaffene Geistwesen der himmlischen, jenseitigen Sphäre, denen es zukommt, Gott anzubeten, während im Introitus *Omnis terra adoret te, Deus* vom Zweiten Sonntag im Jahreskreis die ganze diesseitige Welt zur Anbetung Gottes aufgerufen wird.

Das Graduale *Timebunt gentes* spricht von den Heiden („gentes“), d.h. Menschen außerhalb Israels, sowie deren Herrscher („reges“), die sich der Größe und Herrlichkeit des Gottes Israels beugen müssen. Im ersten, der Schola anvertrauten Teil ist es vor allem der Name („nomen“) Gottes, der musikalisch mit einer bedeutungsvol-

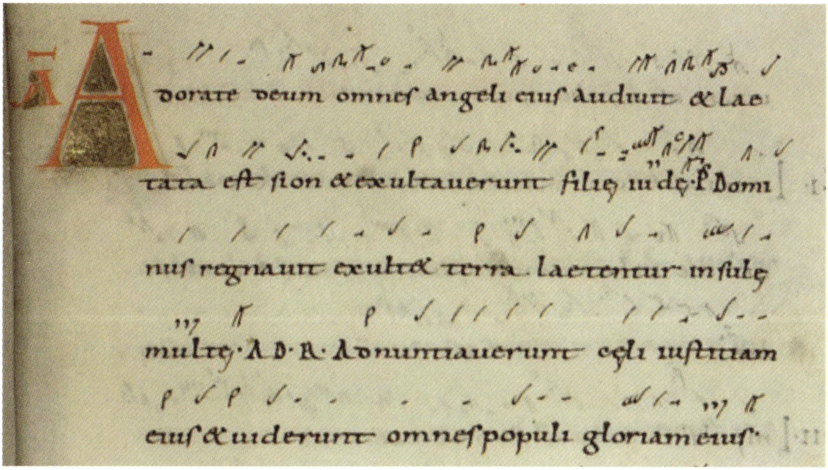

Introitus *Adorate Deum* aus dem Codex Wolfenbüttel, fol. 39r, 1. Drittel 11. Jh., Herzog August Bibliothek Wolfenbüttel, Cod. Guelf. 1008 Helmst.

len, bereits im Graduale *Misit Dominus* des Zweiten Sonntags im Jahreskreis verwendeten Formel herausgehoben wird. Der Begriff „Name“ steht hier – gemäß biblischem Sprachgebrauch – für das Wesen Gottes und alles, was zum Wesen Gottes gehört, vor allem seine Macht als Schöpfer und Lenker der Menschheit und des ganzen Universums, aber auch seine Liebe, die er seinen Geschöpfen zukommen lässt. Der zweite, solistisch vorzutragende Teil dieses Gesangs erreicht seinen Höhepunkt bei dem Wort „Sion“ (Zion). Der Berg Zion steht für den Inbegriff des Selbstverständnisses des Volkes Israel, das Zentrum des religiösen und des öffentlichen Lebens des Volkes und den Ort der Wohnung Gottes unter seinem Volk.

Das Alleluia mit Vers *Dominus regnavit* singt in der bekannten Typusmelodie im VIII. Modus das freudige Loblied auf die Königsherrschaft Gottes („Dominus regnavit“), in das die ganze Erde („terra“) bis zu den entlegensten Inseln („insulae multae“) einstimmen soll.

Das Offertorium *Dextera Domini* preist die mächtige Hand und lebenspendende Kraft Gottes und erklingt wie ein Widerhall der durch Jesus bewirkten Krankenheilungen, der Heilung eines Aussätzigen und des Knechtes des Hauptmanns von Kapharnaum (Mt 8,1-13), von denen in der vorkonziliaren Liturgie das Evangelium dieses Sonntags berichtete. In der Communio *Mirabantur omnes* ist es hingegen die Botschaft und Lehre Jesu, die Gegenstand des Staunens und der Bewunderung der Menschenmenge („omnes“ = alle) sowie Gegenstand des Lobpreises der eucharistischen Gemeinschaft ist.

GESANGSTEXTE

Introitus *Adorate Deum* (Ps 96/97,7.8; V. Ps 96/97,1)

Adorate Deum, omnes Angeli eius: audivit et laetata est Sion: et exsultaverunt filiae Iudae.	Betet Gott an, all seine Engel! Zion hat es gehört und freute sich, und die Töchter Judas jauchzten.
V. Dominus regnavit, exsultet terra: laetentur insulae multae.	V. Der Herr regiert als König, die Erde jauchze; freuen sollen sich die vielen Inseln.

Graduale *Timebunt gentes* (Ps 101/102,16; V. Ps 101/102,17)

Timebunt gentes nomen tuum, Domine, et omnes reges terrae gloriam tuam.	Die Heiden werden deinen Namen fürchten, Herr, und alle Könige der Erde deine Herrlichkeit.
V. Quoniam aedificavit Dominus Sion, et videbitur in maiestate sua.	V. Denn der Herr hat Zion erbaut und wird in seiner Majestät erscheinen.

Alleluia mit Vers *Dominus regnavit, exsultet* (Ps 96/97,1)

Alleluia.	Alleluia.
V. Dominus regnavit, exsultet terra: laetentur insulae multae.	V. Der Herr regiert als König, die Erde jauchze; freuen sollen sich die vielen Inseln.

Offertorium *Dextera Domini* (Ps 117/118,16.17)

Dextera Domini	Die Rechte des Herrn
fecit virtutem,	wirkt mit Macht,
dextera Domini	die Rechte des Herrn
exaltavit me:	hat mich erhöht.
non moriar,	Ich werde nicht sterben,
sed vivam,	sondern leben
et narrabo opera Domini.	und verkünden die Taten des Herrn.

Communio *Mirabantur omnes* (Lk 4,22; V. Ps 96/97,6)

Mirabantur omnes de his,	Alle staunten über die Worte
quae procedebant de ore Dei.	aus dem Munde Gottes.
V. Annuntiaverunt caeli	V. Die Himmel verkündeten
iustitiam eius: et viderunt	seine Gerechtigkeit, und alle
omnes populi gloriam eius.	Völker sahen seine Herrlichkeit.

4. Vierter Sonntag im Jahreskreis

Vorbemerkung

In der vorkonziliaren Liturgie konnte sich die Anzahl der Sonntage nach Epiphanie bei entsprechend spätem Ostertermin von drei bis zu sechs erhöhen. Für die zusätzlichen drei Sonntage waren dann jedoch keine eigenen Messproprien vorgesehen, vielmehr griff man auf eine Wiederholung der Propriumsgesänge des Dritten Sonntags nach Epiphanie zurück. Im Zuge der Neuordnung des Kirchenjahres nach dem Zweiten Vatikanum war man bestrebt, diesem Zustand Abhilfe zu schaffen. Man stellte für diese drei Sonntage – nun nicht mehr Sonntage nach Epiphanie, sondern Sonntage im Jahreskreis – eigene Messproprien zusammen. Deren Gesänge wurden zum großen Teil der nunmehr abgeschafften Vorfastenzeit sowie der Fastenzeit, zum geringeren Teil auch anderen Messproprien wie z.B. von Allerheiligen, von Kirchweih oder der vormaligen Sonntage nach Pfingsten, entnommen. Von diesen drei zusätzlichen, neu zusammengestellten Messproprien sollen in den folgenden Ausführungen zwei näher beleuchtet werden, nämlich jene des Vierten und Fünften Sonntags im Jahreskreis.

Der Introitus *Laetetur cor* des Vierten Sonntags im Jahreskreis beginnt mit dem Aufruf zur Freude an die Adresse derer, die Gott suchen, dies mit einer beschwingten Melodie, die den gesamten Tonraum des II. Modus nach oben und nach unten durchmisst.

Das Graduale *Quis sicut Dominus,* eines der beeindruckendsten Zeugnisse gregorianischer Kompositionskunst, zeigt vor allem in seinem ersten Teil deutlich erkennbare tonmalerische Tendenzen, dies durch wechselnde Auf- und Abwärtsbewegungen der Melodie bei den Textpassagen „qui in altis habitat" (der in der Höhe wohnt), „humilia respicit" (der auf das Niedrige schaut), „in caelo" (im Himmel) „et in terra" (und auf der Erde).

Das Alleluia mit Vers *Adorabo,* dessen ursprünglicher Ort das Messproprium von Kirchweih ist, wartet mit mehreren musikalisch hervorgehobenen Ausgestaltungen des Textes auf, dies in einem wiederholten schwungvollen Anlauf aus der Tiefe bis in die Höhenlagen des VII. Modus.

Offertorium und Communio sind dem Messproprium des vormaligen Sonntags Septuagesima der Vorfastenzeit entnommen. Sie sind jedoch in ihrem Charakter sehr unterschiedlich. Klingt das Offertorium *Bonum est confiteri* wie ein eindringlicher Aufruf zum Lobpreis Gottes, so beschreiben Text und musikalische Form der Communio *Illumina faciem tuam* die Situation eines Menschen, der tief darniederliegt und Gott in seiner Barmherzigkeit („in tua misericordia") um Licht („Illumina") und Heilung („salvum me fac") anfleht.

GESANGSTEXTE

Introitus *Laetetur cor* (Ps 104/105,3.4; V. Ps 104/105,1)

Laetetur cor	Es freue sich das Herz derer,
quaerentium Dominum:	die den Herrn suchen.
quaerite Dominum,	Sucht den Herrn

et confirmamini: quaerite faciem eius semper.	und werdet stark, sucht sein Antlitz allezeit!
V. Confitemini Domino, et invocate nomen eius: annuntiate inter gentes opera eius.	V. Preist den Herrn und ruft seinen Namen an, verkündet unter den Heiden seine Werke!

Graduale *Quis sicut Dominus* (Ps 112/113,5.6; V. Ps 112/113,7)

Quis sicut Dominus, Deus noster, qui in altis habitat: humilia respicit in caelo et in terra?	Wer ist wie der der Herr, unser Gott, der in der Höhe wohnt, auf das Niedrige schaut, im Himmel und auf Erden?
V. Suscitans a terra inopem, et de stercore erigens pauperem.	V. Er richtet den Armen von der Erde auf und zieht den Elenden aus dem Schmutz.

Alleluia mit Vers *Adorabo* (Ps 137/138,2)

Alleluia.	Alleluia.
V. Adorabo ad templum sanctum tuum: et confitebor nomini tuo.	V. Ich will anbeten zu deinem heiligen Tempel hin und deinen Namen lobpreisen.

Offertorium *Bonum est confiteri* (Ps 91/92,2)

Bonum est confiteri Domino, et psallere nomini tuo, Altissime.	Gut ist es, den Herrn zu preisen und deinem Namen zu lobsingen, Allerhöchster.

Communio *Illumina faciem tuam* (Ps 30/31,17.18; V. Ps 30/31,3)

Illumina faciem tuam super servum tuum, et salvum me fac in tua misericordia: Domine, non confundar, quoniam invocavi te.	Lass leuchten dein Angesicht über deinem Knecht und mache mich heil in deiner Barmherzigkeit. Herr, möge ich nicht zuschanden werden, denn ich habe dich angerufen.
V. Inclina ad me aurem tuam, accelera ut eruas me.	V. Neige dein Ohr mir zu, eile, mich zu befreien!

5. Fünfter Sonntag im Jahreskreis

Erneut ruft der Introitus *Venite, adoremus* dieses Sonntags zur Anbetung Gottes („adoremus Deum“ – lasst uns Gott anbeten!) auf. Gleichzeitig lädt er uns ein, voll Vertrauen Gott unsere Klagen und Bitten vorzutragen, denn er hat uns geschaffen („qui fecit nos“) und steht somit auf unserer Seite („Dominus Deus noster“ – der Herr, unser Gott). Eine relativ schlichte, aber mit mehreren flüssigen Tonreperkussionen durchsetzte Melodieführung trägt dieser Grundhaltung des Menschen gegenüber Gott Rechnung.

In den Aufruf zur Anbetung Gottes schwingt auch das Graduale *Tollite hostias* ein („adorate Deum“ – betet Gott an!). Im Solovers erreicht der Gesang bei den Worten „Revelavit Dominus condensa“ (Der Herr lichtete das Dickicht) seinen absoluten musikalischen Höhepunkt. Hier wird der Grund genannt sowohl für die Anbetungswürdigkeit Gottes als auch für den ihm gebührenden Lobpreis in seinem Tempel („et in templo eius omnes dicent gloriam“ – und in seinem Tempel sprechen ihm alle Ruhm und Ehre zu).

Das relativ schlichte Alleluia mit Vers *Laudate Dominum* greift den Gedanken, Gott zu loben, erneut auf. Dieser Aufruf ergeht aber hier – im Unterschied zum Graduale – an die Heiden („gentes“), d. h. an Menschen aller Völker außerhalb Israels.

Das Offertorium *Perfice gressus meos* ist getragen von der Bitte an Gott, den eigenen Lebensweg auf den von ihm vorgezeichneten Weg („in semitis tuis“) zu lenken. Hinzu kommt die vertrauensvolle Bitte um das Erbarmen Gottes, das Wunder wirken kann („mirifica misericordias tuas“ – wirke Wunder in deinem Erbarmen!). Der in diesen Bitten ausgedrückten Haltung der Demut und des Vertrauens entspricht eine weitestgehend verhaltene Melodieführung im unteren Bereich des IV. Modus, deren zahlreiche Tonreperkussionen aber doch auf eine zutiefst innere Bewegung des Herzens hindeuten.

Schließlich gibt der kurze, jedoch musikalisch reich ausgestattete und ausdrucksstarke Gesang der Communio *Introibo* dem Gedanken Raum, ein Leben in der Nähe Gottes verleihe dem Menschen Freude und jugendliche Frische („qui laetificat iuventutem meam" – der meine Jugend erfreut).

GESANGSTEXTE

Introitus *Venite, adoremus* (Ps 94/95,6.7; V. Ps 94/95,1)

Venite, adoremus Deum, et procidamus ante Dominum: ploremus ante eum, qui fecit nos: quia ipse est Dominus, Deus noster.	Kommt, lasst uns Gott anbeten und vor dem Herrn niederfallen! Lasst uns weinen vor ihm, der uns erschaffen hat! Denn er ist der Herr, unser Gott.
V. Venite exsultemus Domino: iubilemus Deo, salutari nostro.	V. Kommt, lasst uns zujauchzen dem Herrn und zujubeln Gott, unserem Heil!

Graduale *Tollite hostias* (Ps 95/96,8.9; V. Ps 28/29,9)

Tollite hostias, et introite in atria eius: adorate Dominum in aula sancta eius.	Nehmt Opfergaben und tretet in seine Vorhöfe ein! Betet den Herrn an in seinem Heiligtum!
V. Revelavit Dominus condensa: et in templo eius omnes dicent gloriam.	V. Der Herr lichtete das Dickicht, und in seinem Tempel sprechen ihm alle Ruhm und Ehre zu.

Alleluia mit Vers *Laudate Dominum* (Ps 116/117,1)

Alleluia.	Alleluia.
V. Laudate Dominum, omnes gentes: et collaudate eum, omnes populi.	V. Lobet den Herrn, alle Heiden, und spendet ihm Lob, alle Völker!

Offertorium *Perfice gressus meos* (Ps 16/17,5-7)

Perfice gressus meos	Lenke meine Schritte
in semitis tuis,	auf deinen Wegen,
ut non moveantur	damit meine Schritte
vestigia mea:	nicht straucheln!
inclina aurem tuam,	Neige dein Ohr
et exaudi verba mea:	und erhöre meine Worte!
mirifica misericordias tuas,	Wirke Wunder in deinem Erbarmen,
qui salvos facis sperantes	der du heil machst,
in te, Domine.	die auf dich hoffen, o Herr!

Communio *Introibo* (Ps 42/43,4; V. Ps 42/43,1)

Introibo ad altare Dei,	Hintreten will ich zum Altar Gottes,
ad Deum, qui laetificat	zu Gott,
iuventutem meam.	der meine Jugend erfreut.
V. Iudica me, Deus,	V. Schaffe mir Recht, o Gott,
et discerne causam meam	und führe meine Sache
de gente non sancta,	gegen ein unheiliges Volk!
ab homine iniquo et	Vom ungerechten und hinter-
doloso erue me.	hältigen Menschen befreie mich!

Hinweis: Eine Einspielung der hier behandelten Messproprien ist zu finden auf der CD *In excelso throno. Sonntage im Jahreskreis I-V und XXXIII.* Schola Gregoriana Monacensis, Leitung: Johannes B. Göschl, ISBN 978-3-8306-7637-9.

IX. SONNTAGE IM JAHRESKREIS VI–X

1. Sechster Sonntag im Jahreskreis

Die Propriumsgesänge dieser Sonntagsmesse sind – mit Ausnahme des Alleluia mit seinem Solovers – in der vorkonziliaren Ordnung des Kirchenjahres identisch mit jenen des Sonntags Quinquagesima, des dritten und letzten Sonntags der Vorfastenzeit, die als solche seit der nachkonziliaren Reform des Kirchenjahres nicht mehr existiert. Da dieser Sonntag nun der Zeit im Jahreskreis zugerechnet wurde, musste der ursprünglich zu diesem Proprium gehörige Tractus *Iubilate Domino* gegen ein Alleluia mit Vers ausgetauscht werden. Dieses wurde neu in das Graduale Romanum 1974 aufgenommen, während der Tractus *Iubilate Domino* seinen neuen Ort im Wortgottesdienst der Osternacht gefunden hat.

Der Introitus *Esto mihi* wendet sich an Gott als den Beschützer und die Zuflucht des Menschen. Seine Melodieführung ist über weite Strecken sehr einfach. Umso mehr lässt gegen Schluss der einzige Höhepunkt des Stückes bei „dux mihi eris" (du wirst mir Führer sein) aufhorchen, wodurch sich die Atmosphäre dieses Gesangs schlagartig von flehentlicher Bitte zu emphatischem Lobpreis Gottes verändert.

Das kompositorisch sehr komplexe Graduale *Tu es Deus* besingt unter Einsatz zahlreicher ausgedehnter Melismata und filigraner Tonreperkussionen die Wundertaten Gottes an seiner Schöpfung, die in der machtvollen Befreiung des Volkes Israel aus Feindeshand („Liberasti in brachio tuo populum tuum" – Befreit hast du mit deinem Arm dein Volk) gipfeln.

Inhaltlich schließt sich daran nahtlos das Alleluia mit Vers *Cantate Domino* an, das zum Lobpreis Gottes für sein wunderbares Wirken auffordert. Auch das Offertorium *Benedictus es* setzt mit einem Lobpreis an, dessen Gegenstand nun aber ganz besonders die Gebote und Rechtsprechungen aus dem Munde Gottes sind.

Der Text der Communio *Manducaverunt* aus Ps 77/78 erinnert erneut – wie bereits das Graduale – an die Zeit der Herausführung des Volkes Israel aus Ägypten und des Durchzugs durch die Wüste, hier ganz besonders an die Sorge Gottes um das leibliche Wohl seines Volkes in lebensbedrohlicher Situation. Der gregorianische Komponist, der aus neutestamentlicher Sicht diesen Text im eucharistischen Sinn deutete, hat hierfür eine Melodie geschaffen, die vor allem gegen Schluss die Unverbrüchlichkeit der Zusage Gottes, für die Bedürfnisse seines Volkes Sorge zu tragen, eindrucksvoll unterstreicht („non sunt fraudati a desiderio suo" – sie wurden nicht getäuscht in ihrer Sehnsucht).

GESANGSTEXTE

Introitus *Esto mihi* (Ps 30/31,3.4; V. Ps 30/31,2)

Esto mihi in Deum protectorem, et in locum refugii, ut salvum me facias: quoniam firmamentum meum, et refugium meum es tu: et propter nomen tuum dux mihi eris, et enutries me.	Sei mir ein Schützergott und ein Zufluchtsort, um mich zu retten. Denn meine Stärke und meine Zuflucht bist du. Und um deines Namens willen wirst du mich führen und nähren.
V. In te Domine speravi, non confundar in aeternum: in iustitia tua libera me.	V. Auf dich, o Herr, hoffe ich, so werde ich nicht zuschanden in Ewigkeit. In deiner Gerechtigkeit befreie mich.

Graduale *Tu es Deus* (Ps 76/77, 15; V. Ps 76/77, 16)

Tu es Deus, qui facis mirabilia solus: notam fecisti in gentibus virtutem tuam.	Du bist der Gott, der wunderbare Taten vollbringt, du allein. Kundgetan hast du unter den Völkern deine Macht.

V. Liberasti in brachio tuo populum tuum, filios Israel et Joseph.	V. Befreit hast du mit deinem Arm dein Volk, die Söhne Israels und Josefs.

Alleluia mit Vers *Cantate Domino* (Ps 97/98,1)

Alleluia. V. Cantate Domino canticum novum: quia mirabilia fecit Dominus.	Alleluia. V. Singt dem Herrn ein neues Lied, denn Wunderbares hat der Herr vollbracht.

Offertorium *Benedictus es* (Ps 118/119,12.13)

Benedictus es, Domine, doce me iustificationes tuas: benedictus es, Domine, doce me iustificationes tuas: in labiis meis pronuntiavi omnia iudicia oris tui.	Gepriesen bist du, Herr, lehre mich deine Gesetze. Gepriesen bist du, Herr, lehre mich deine Gesetze. Mit meinen Lippen verkünde ich alle Urteile deines Mundes.

Communio *Manducaverunt* (Ps 77/78,29.30; V. Ps 77/78,1)

Manducaverunt et saturati sunt nimis, et desiderium eorum attulit eis Dominus: non sunt fraudati a desiderio suo.	Sie aßen und wurden überaus satt, und ihr Sehnen hat der Herr erfüllt. Sie wurden nicht enttäuscht in ihrem Verlangen.
V. Attendite populus meus legem meam: inclinate aurem vestram in verba oris mei.	V. Hab acht, mein Volk, auf mein Gesetz. Neigt euer Ohr zu den Worten meines Mundes.

2. Siebter Sonntag im Jahreskreis

Dieses Messproprium entspricht in all seinen Teilen jenem des vormaligen Ersten Sonntags nach Pfingsten. Der Introitus *Domine, in tua misericordia* gibt gleich zu Beginn der Hoffnung auf das Erbarmen Gottes beredten Ausdruck. Aber noch mehr ist es die Freude über das Heilswirken Gottes, die den Komponisten inspirierte, wie der strahlende Höhepunkt des Stückes bei der Textstelle „in salutari tuo“ (über dein Heil) erkennen lässt.

Das Chorstück des Graduale *Ego dixi: Domine* verbreitet über weite Strecken eine eher gedämpfte Atmosphäre, was gut zu der im Text enthaltenen Bitte um Erbarmen und Heilung von den Wunden, die die Sünde der Seele zugefügt hat, passt. Im Solovers hellt sich diese gedrückte Stimmung zusehends auf, was wiederum mit dem Text zu tun hat, denn hier ist von der Befreiungstat Gottes („...liberabit eum Dominus“ – ...wird ihn der Herr befreien) in Zeiten der Bedrängnis („in die mala“) die Rede. Diese Befreiungstat Gottes geschieht aber nicht automatisch, sondern ist auf Seiten des Menschen an eine Voraussetzung geknüpft: die Bereitschaft, mit den Bedürftigen und Armen mitzufühlen („...qui intellegit super egenum et pauperem“).

Sowohl im Alleluia mit Vers *Verba mea* als auch im Offertorium *Intende voci* wendet sich der Psalmist an Gott mit der inständigen Bitte um Erhörung seines Gebetes. Der gregorianische Komponist reagiert darauf auf unterschiedliche Weise: im Alleluia mit seinem Vers durch eine spannungsgeladene Aufstiegsbewegung, die in mehreren Anläufen vom Grundton *re* über das *sol* zum *la* führt, im Offertorium durch ein unablässiges Beharren auf der Tonstufe *do*, das sich in zahlreichen, bald gewichtigeren bald leichteren Tonreperkussionen artikuliert.

Ein Meisterstück gregorianischer Kompositionskunst ist die Communio *Narrabo*, und dies trotz der Kürze des Textes und der für eine Communio gebotenen relativen Einfachheit der kompositorischen Struktur. Hier ist es dem Komponisten exemplarisch gelungen, so gut wie jedem der Wörter ein je eigenständiges melodisches und rhythmisches Profil zu verleihen, ohne dass dadurch textliche Zusammenhänge auseinandergerissen würden. So erweist sich dieser Gesang als Paradebeispiel jenes Wort-Melodie-Stils, der für den Gregorianischen Choral so wesenstypisch ist.

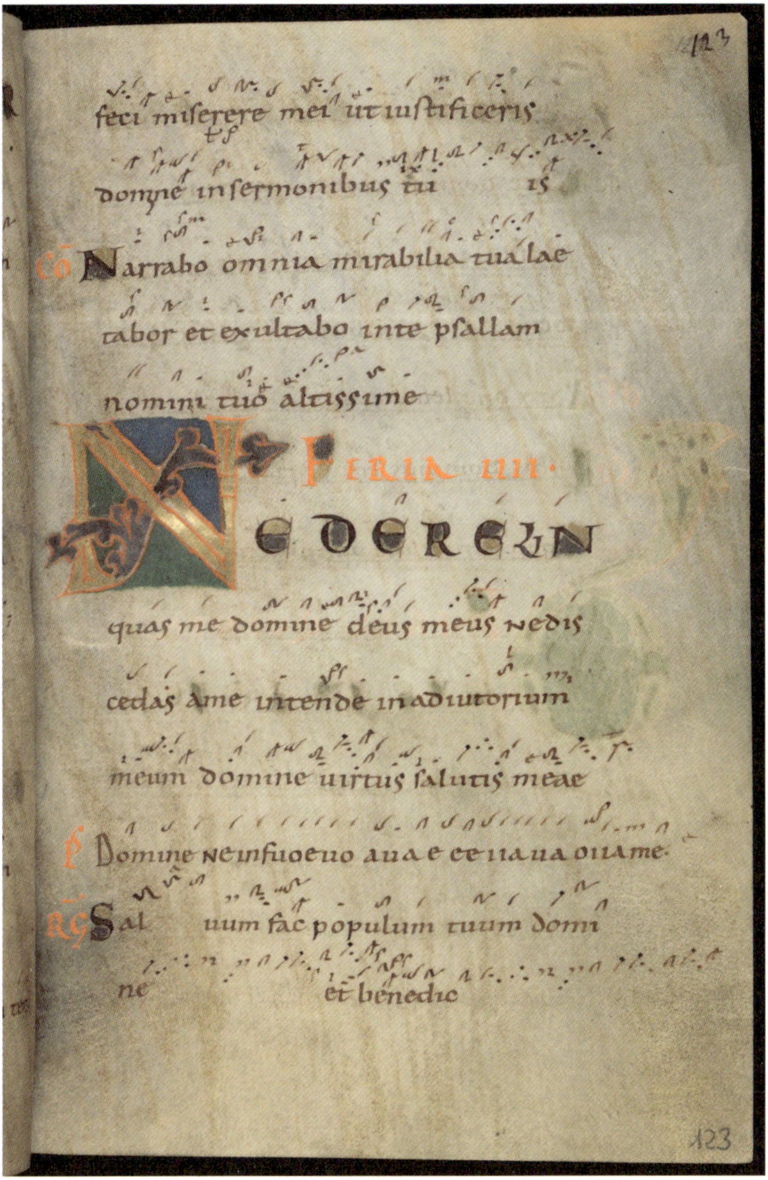

Communio *Narrabo* aus Einsiedeln Codex 121, p. 123,
2. Hälfte 10. Jh., Stiftsbibliothek Einsiedeln

GESANGSTEXTE

Introitus *Domine, in tua misericordia* (Ps 12/13,6; V. Ps 12/13,1)

Domine, in tua misericordia
speravi: exsultavit cor meum
in salutari tuo:
cantabo Domino,
qui bona tribuit mihi.

V. Usquequo, Domine,
oblivisceris me in finem:
usquequo avertis
faciem tuam a me?

Herr, auf dein Erbarmen hoffe ich,
es frohlockt mein Herz
über dein Heil.
Dem Herrn will ich singen,
der mir Gutes erwiesen hat.

V. Wie lange noch, Herr,
vergisst du mich ganz?
Wie lange noch wendest du
dein Gesicht von mir ab?

Graduale *Ego dixi* (Ps 40/41,5; V. Ps 40/41,2)

Ego dixi: Domine,
miserere mei:
sana animam meam,
quoniam peccavi tibi.

V. Beatus
qui intellegit
super egenum et pauperem:
in die mala liberabit
eum Dominus.

Ich sagte: Herr,
erbarme dich meiner.
Heile meine Seele, denn
ich habe gegen dich gesündigt.

V. Wohl dem,
der sich des Schwachen
und Armen annimmt.
Am Tag des Unheils
wird der Herr ihn retten.

Alleluia mit Vers *Verba mea* (Ps 5,2)

Alleluia.

V. Verba mea auribus
percipe, Domine:
intellige clamorem meum.

Alleluia.

V. Höre meine
Worte, o Herr,
achte auf mein Rufen.

Offertorium *Intende voci* (Ps 5,3.4)

Intende voci
orationis meae,
Rex meus,
et Deus meus:
quoniam ad te orabo, Domine.

Hab acht auf die Stimme
meines Flehens,
mein König
und mein Gott,
denn zu dir bete ich, Herr.

Communio *Narrabo omnia mirabilia* (Ps 9A/9,2.3; V. Ps 9A/9,4)

Narrabo omnia mirabilia tua: laetabor et exsultabo in te: psallam nomini tuo, Altissime.	Verkünden will ich all deine wunderbaren Taten. Ich will jubeln und an dir mich freuen. Lobsingen will ich Deinem Namen, Allerhöchster.
V. In convertendo inimicum meum retrorsum: infirmabuntur et peribunt a facie tua.	V. Indem meine Feinde zurückweichen, werden sie schwach und kommen um vor deinem Angesicht.

3. Achter Sonntag im Jahreskreis

Der Introitus *Factus est Dominus* dieses Sonntags, des vormaligen Zweiten Sonntags nach Pfingsten, ist ein einziges Loblied auf Gott, der den Menschen aus jeglicher Enge hinausführt in die Weite („... eduxit me in latitudinem" – ... er führte mich hinaus ins Weite) und ihm Rettung und Heilung schenkt („salvum me fecit" – er machte mich heil), und dies einzig und allein aus Liebe („quoniam voluit me" – denn er hat mich gewollt). Diese drei Sinnspitzen des Textes erfahren durch die Vertonung eine nachdrückliche Hervorhebung: „et eduxit me in latitudinem" durch Höherführung der Melodie bis in die Spitzenlage des I. Modus, „salvum me fecit" durch besondere Dichte des Ausdrucks, die an dieser Stelle die Neumen der ältesten mittelalterlichen Handschriften für jedes der drei Wörter einfordern, „quoniam voluit me" schließlich durch größeren, beinahe melismatischen Tonreichtum, der zudem rhythmisch sehr komplex strukturiert ist.

Eine ganz andere Atmosphäre ist dem Graduale *Ad Dominum* eigen. Sein Text spricht von extremer Notlage eines Menschen, der sich von Feinden bedrängt fühlt. Entsprechend bedrohlich und dramatisch klingt an manchen Stellen die musikalische Umsetzung. Aber nicht Bedrohung und Zerstörung haben das letzte Wort, sondern die Erhörung durch Gott, wie die Schlusspassage des Gesangs bei „et exaudivit me" (und er hat mich erhört) mit großartiger musikalischer Geste verkündet.

Von der Hoffnung auf Heilung und Befreiung durch Gott ist auch im Alleluia mit Vers *Domine Deus meus* und im Offertorium *Domine convertere* die Rede. Doch wird dies in beiden Gesängen auf ganz unterschiedliche Weise in Klang umgesetzt: im Vers des Alleluia mit schwungvollen Melodiebewegungen, die in drei Anläufen den gesamten Tonraum des I. Modus von unten nach oben und wieder zurück nach unten durchmessen, im Offertorium durch ein meditatives Umkreisen ein und derselben Tonstufe, der Grundtonstufe des VI. Modus, unter Verzicht auf nennenswerte Höhepunkte in der Melodieführung.

Den Schlusspunkt dieses Messpropriums bildet die Communio *Cantabo Domino*, deren Melodie bis an die Obergrenze des II. Modus vordringt und so diesen Gesang zu einem eindrucksvollen Lobpreis der Güte Gottes („qui bona tribuit mihi" – der mir Gutes erwiesen hat) macht.

GESANGSTEXTE

Introitus *Factus est Dominus* (Ps 17/18,19.20; V. Ps 17/18,2.3)

Factus est Dominus protector meus, et eduxit me in latitudinem: salvum me fecit, quoniam voluit me.	Der Herr ist mein Beschützer geworden, und er hat mich hinausgeführt ins Weite. Er hat mich heil gemacht, denn er hat mich gewollt.
V. Diligam te Domine virtus mea: Dominus firmamentum meum, et refugium meum.	V. Ich will dich lieben, Herr, meine Stärke, Herr, du mein Fels und meine Zuflucht.

Graduale *Ad Dominum* (Ps 119/120,1; V. Ps 119/120,2)

Ad Dominum, dum tribularer, clamavi, et exaudivit me.	Zum Herrn rief ich in meiner Not, und er hat mich erhört.

V. Domine, libera animam meam a labiis iniquis, et a lingua dolosa.	V. Herr, befreie meine Seele vor ungerechten Lippen und vor falscher Zunge.

Alleluia mit Vers *Domine Deus meus* (Ps 7,2)

Alleluia.	Alleluia.
V. Domine Deus meus, in te speravi: salvum me fac ex omnibus persequentibus me, et libera me.	V. Herr, mein Gott, auf dich hoffe ich. Rette mich von allen meinen Verfolgern und befreie mich.

Offertorium *Domine convertere* (Ps 6,5)

Domine convertere, et eripe animam meam: salvum me fac propter misericordiam tuam.	Herr, wende dich mir zu und rette meine Seele. Mache mich heil um deiner Barmherzigkeit willen.

Communio *Cantabo Domino* (Ps 12/13,6; V. Ps 12/13,4.5)

Cantabo Domino, qui bona tribuit mihi: et psallam nomini Domini altissimi.	Singen will ich dem Herrn, der mir Gutes erwiesen hat, und lobsingen will ich dem Namen des Herrn, des Höchsten.
V. Illumina oculos meos, ne umquam obdormiam in morte: nequando dicat inimicus meus: praevalui adversus eum.	V. Erleuchte meine Augen, damit ich nicht im Tod entschlafe, damit mein Feind nicht sagen kann: Ich habe über ihn gesiegt.

4. Neunter Sonntag im Jahreskreis

Auch in den Gesängen dieser Sonntagsmesse stehen sich die beklagenswerte, hilfebedürftige Lage des Menschen einerseits und die befreiende Zuwendung Gottes andererseits kontrapunktisch gegenüber. So beklagt der Psalmist im Introitus *Respice in me* seine Verlassenheit und Armseligkeit („quoniam unicus et pauper sum ego"

– denn einsam und arm bin ich). Dem entspricht eine Melodiewendung, die wie ein Hilfeschrei aus höchster Not klingt. Darüber hinaus beklagt er seine Sündhaftigkeit, die ihn belastet und niederdrückt. Im anschließenden Psalmvers überwiegt hingegen das Vertrauen auf das helfende Eingreifen Gottes.

Im Graduale *Iacta cogitatum tuum* ist von existenzieller Bedrohung durch persönliche Feinde („... qui appropinquant mihi" – ... die mir feindlich nahen) die Rede. Aber der Grundtenor dieses Gesangs ist ein anderer: Im sicheren Bewusstsein, von Gott erhört zu werden, lädt der Psalmist ein, alle Sorgen auf den Herrn zu werfen und sich seinem nährenden Beistand anzuvertrauen. Dafür eignet sich vortrefflich der VII. Modus, dessen jugendlicher Elan von jeglicher Erdenschwere befreit und der Seele Flügel verleiht, um sich emporzuschwingen zu Gott (vgl. hier „in Domino" und „ad Dominum"), dem Schöpfer, Lenker und Erhalter allen Lebens.

Das Alleluia mit Vers *Deus iudex iustus* wendet sich an den gerechten, starken und langmütigen Gott. Besonders interessant ist hier die sequenzartige Anlage des Jubilus auf der Endsilbe des Alleluia, die zum großen Teil auf der Endsilbe des Soloverses wiederkehrt und die die Sänger zu einer stetig zunehmenden Steigerung im dynamischen Ablauf des Melismas herausfordert.

Das Offertorium *Sperent in te* handelt von der Hoffnung aller Menschen, die an Gott glauben („omnes, qui noverunt nomen tuum, Domine" – alle, die deinen Namen kennen, Herr). Die Melodie im III. Modus mit der für sie charakteristischen Halbtonspannung zwischen *mi* und *fa* und vor allem zwischen *si* und *do* ist sehr geeignet, dieser Hoffnung des Menschen, der sein Leben auf Gott ausrichtet, lebendigen und sehr dichten Ausdruck zu verleihen.

Im Mittelpunkt des Textes der Communio *Ego clamavi* steht die demütige Bitte um Erhörung des Gebetes. Für diesen eher ernsten Inhalt hat jedoch der gregorianische Komponist eine Melodie geschaffen, in dessen schwungvollen Bewegungen viel von jenem Optimismus mitschwingt, der seinen Grund letztlich in der Heilszusage Gottes hat.

GESANGSTEXTE

Introitus *Respice in me* (Ps 24/25,16.18; V. Ps 24/25,1)

Respice in me	Schau auf mich
et miserere mei, Domine:	und erbarme dich meiner, o Herr,
quoniam unicus	denn ich bin einsam
et pauper sum ego:	und arm.
vide humilitatem meam,	Sieh an meine Niedrigkeit
et laborem meum:	und meine Plage
et dimitte omnia peccata mea,	und vergib mir alle meine
Deus meus.	Sünden, mein Gott.
V. Ad te Domine	V. Zu dir, Herr,
levavi animam meam:	erhebe ich meine Seele.
Deus meus, in te confido,	Mein Gott, auf dich vertraue ich,
non erubescam.	lass mich nicht in Scham erröten.

Graduale *Iacta cogitatum* (Ps 54/55,23; V. Ps 54/55,17-19)

Iacta cogitatum tuum	Wirf deine Sorge auf den Herrn,
in Domino, et ipse te enutriet.	und er wird dich ernähren.
V. Dum clamarem	V. Als ich zum Herrn rief,
ad Dominum,	erhörte er meine Stimme
exaudivit vocem meam	vor denen,
ab his qui appropinquant mihi.	die mir nachstellen.

Alleluia mit Vers *Deus iudex iustus* (Ps 7,12)

Alleluia.	Alleluia.
V. Deus iudex iustus,	V. Gott ist ein gerechter Richter,
fortis et patiens: numquid	stark und geduldig. Wird er etwa
irascetur per singulos dies?	jeden Tag zürnen?

Offertorium *Sperent in te* (Ps 9A/9,11.12.13)

Sperent in te omnes,	Hoffen sollen auf dich alle,
qui noverunt nomen tuum,	die deinen Namen kennen, Herr,
Domine: quoniam non derelinquis	denn du verlässt keinen,
quaerentes te:	der dich sucht.
psallite Domino,	Singt dem Herrn,

qui habitat in Sion: quoniam non est oblitus orationem pauperum.	der auf dem Zion wohnt, denn er vergisst nicht das Flehen der Armen.

Communio *Ego clamavi* (Ps 16/17,6; V. Ps 16/17,1)

Ego clamavi, quoniam exaudisti me Deus: inclina aurem tuam, et exaudi verba mea.	Ich rufe dich an, denn du erhörst mich, o Gott. Neige dein Ohr und vernimm meine Worte.
V. Exaudi Domine iustitiam meam: intende deprecationem meam.	V. Erhöre, Herr, meine Gerechtigkeit, hab acht auf mein Flehen.

5. Zehnter Sonntag im Jahreskreis

„Der Herr ist mein Licht und mein Heil, wen sollte ich fürchten?" Dieses Psalmwort zu Beginn des Introitus *Dominus illuminatio mea* steht programmatisch für das gesamte Proprium dieser Sonntagsmesse. Auffallend im Melodieverlauf des Introitus sind die zahlreichen Tonreperkussionen, deren teils kräftige Pulsationen teils zarte Schwebungen in diesem Textzusammenhang wohl als Ausdruck starker Emotion des Herzens und freudiger Erregung zu deuten sind.

Auch das Graduale *Propitius esto* thematisiert das Heilswirken Gottes, hier vor dem Hintergrund der Sündhaftigkeit des Menschen und feindlicher Bedrohung. Der Melodieverlauf im V. Modus, der sich zum allergrößten Teil aus bekannten Formeln zusammensetzt, trägt dem Textinhalt in perfekter Weise Rechnung, indem die Schlüsselbegriffe „peccatis nostris" (... mit unseren Sünden) im Chorstück, vor allem aber „salutaris noster" (unser Heil) und „propter honorem" (um der Ehre [deines Namens] willen) im Solovers eine deutliche musikalische Hervorhebung erfahren.

Das Alleluia mit Vers *Deus, qui sedes* preist in beschwingten Melodiebewegungen des VII. Modus Gott als gerechten Richter und Zuflucht der Armen. Besondere Aufmerksamkeit verdient das Offertorium *Illumina oculos meos*, das Gott als Licht im Dunkel des Todes und Verteidiger vor feindlichen Angriffen mit einem Melos von besonderer Ausdruckskraft lobsingt.

Schließlich fasst die Communio *Dominus firmamentum meum* die Thematik sämtlicher Propriumsstücke dieser Sonntagmesse zusammen, indem sie Gott als Fels in der Brandung („firmamentum"), als Zuflucht („refugium"), Befreier („liberator") und Helfer („adiutor") preist, und dies von Anfang an mit zunehmendem Crescendo bis zum musikalischen Höhepunkt bei „et liberator meus" (und mein Befreier) und einem entspannten Aufatmen im Schlussteil bei „Deus meus adiutor meus" (mein Gott ist mein Helfer).

GESANGSTEXTE

Introitus *Dominus illuminatio mea* (Ps 26/27,1.2; V. Ps 26/27,3)

Dominus illuminatio mea, et salus mea, quem timebo? Dominus defensor vitae meae, a quo trepidabo? Qui tribulant me inimici mei, infirmati sunt, et ceciderunt.	Der Herr ist mein Licht und mein Heil, vor wem sollte ich mich fürchten? Der Herr ist der Beschützer meines Lebens, vor wem sollte ich erzittern? Meine Feinde, die mich bedrängen, werden schwach und fallen.
V. Si consistant adversum me castra: non timebit cor meum.	V. Mag ein Heer mich belagern, mein Herz wird nicht verzagen.

Graduale *Propitius esto* (Ps 78/79,9b.10; V. Ps 78/79,9a)

Propitius esto Domine peccatis nostris: nequando dicant gentes: Ubi est Deus eorum?	Sei gnädig, Herr, wegen unserer Sünden, damit nicht die Heiden sagen: Wo ist ihr Gott?
V. Adiuva nos, Deus salutaris noster: et propter honorem nominis tui Domine, libera nos.	V. Hilf uns, Gott, unser Heil, und um der Ehre deines Namens willen, Herr, befreie uns!

Alleluia mit Vers *Deus qui sedes* (Ps 9A/9,5.10)

Alleluia.	Alleluia.
V. Deus, qui sedes super thronum, et iudicas aequitatem: esto refugium pauperum in tribulatione.	V. Gott, du sitzt auf dem Thron und richtest gerecht: sei den Armen Zuflucht in ihrer Not.

Offertorium *Illumina oculos meos* (Ps 12/13,4.5)

Illumina oculos meos, nequando obdormiam in morte: nequando dicat inimicus meus: praevalui adversus eum.	Erleuchte meine Augen, damit ich nicht im Tod entschlafe, damit mein Feind nicht sagen kann: Ich habe über ihn gesiegt.

Communio *Dominus firmamentum meum* (Ps 17/18,3; V. Ps 17/18,4)

Dominus firmamentum meum, et refugium meum, et liberator meus: Deus meus adiutor meus.	Der Herr ist mein Fels und meine Zuflucht und mein Befreier. Mein Gott ist mein Helfer.
V. Laudans invocabo Dominum: et ab inimicis meis salvus ero.	V. Mit Lobgesang rufe ich zum Herrn, und vor meinen Feinden werde ich gerettet.

Hinweis: Eine Einspielung der hier behandelten Messproprien ist zu finden auf der CD *Salvum me fecit. Sonntage VI-X im Gregorianischen Choral.* Consortium Vocale Oslo, Leitung: Alexander M. Schweitzer, ISBN 978-3-8306-7784-0.

X. SONNTAGE IM JAHRESKREIS XI–XV

Die hier zur Frage stehenden fünf Messproprien gehören mit wenigen Ausnahmen dem klassischen Kernrepertoire des Gregorianischen Chorals an, das in den ältesten Handschriften mit musikalischer Notation seit Beginn des 10. Jhs. überliefert ist und sich in den noch älteren Texthandschriften sogar bis ins 8./9. Jh. zurückverfolgen lässt. Davon ausgenommen sind lediglich zwei Alleluia-Gesänge, nämlich jene der Sonntage XI und XIV, deren handschriftliche Überlieferung große Lücken aufweist und die wohl, vor allem im Fall des Alleluia des XIV. Sonntags, etwas jünger sein dürften.

1. Elfter Sonntag im Jahreskreis

Alle Propriumsgesänge dieser Sonntagsmesse sind identisch mit jenen des Fünften Sonntags nach Pfingsten der vorkonziliaren Ordnung des Kirchenjahres. Da ihre Texte, die ohne Ausnahme den Psalmen entnommen sind, eher allgemeinen Charakters sind, d. h. von Grundbefindlichkeiten des Menschen im Verhältnis zu Gott sprechen, ließen sie sich problemlos mit der nachkonziliaren erneuerten Leseordnung verbinden.

Der Introitus *Exaudi Domine* ist in ein schlichtes Melos gekleidet, das einerseits geprägt ist von einer durchgehend meditativen Grundstimmung, andererseits der Dringlichkeit des Hilferufs eines bedrängten Menschen, von der der Text spricht, beredten Ausdruck verleiht, so vor allem bei „qua clamavi“ (mit der ich zu dir rufe) mit ausnahmslos gewichtigen Neumen und bei „adiutor meus esto“ (sei du mein Helfer!) mit zielgerichteter Höherführung der Melodie bis zum Kulminationspunkt des gesamten Stückes.

Das Graduale *Protector noster* ruft Gott als Beschützer des Menschen an, wobei im Chorstück die Imperativformen der beiden synonymen Wörter „aspice“ und „respice“ (sieh her!) besonders ausdrucksvoll gestaltet sind, während im Solovers die musikalische Ausformung der Bezeichnung Gottes als Herr der Mächte (*Domine Deus virtutum*) ganz im Zentrum der Aufmerksamkeit steht.

Das Alleluia mit seinem Vers *Domine, in virtute tua* thematisiert die Freude des Menschen – hier in der Person des Königs – über das machtvolle und heilschaffende Wirken Gottes am Menschen, dies mit gelegentlich ungewohnten Melodiewendungen, die vermuten lassen, dass dieses Stück nicht von Anfang an dem Kernrepertoire des Gregorianischen Chorals angehörte. Im Offertorium *Benedicam Dominum* dringt die Melodie mehrmals bis an die Obergrenze des I. Modus vor, wodurch Sinnspitzen wie „Dominum“ (Herr), „Deum“ (Gott), „intellectum“ (Einsicht), „a dextris“ (zur Rechten), aber auch die Personal- und Possessivpronomina der ersten Person „mihi“ (mir) und „meo“ (mein) eine besonders emphatische Hervorhebung erfahren. Schließlich malt die Communio *Unam petii* in den hellen Farben des VII. Modus die Sehnsucht des Menschen aus, im Hause Gottes zu wohnen, und dies ein Leben lang, für immer.

GESANGSTEXTE

Introitus *Exaudi Domine* (Ps 26/27,7.9; V. Ps 26/27,1)

Exaudi Domine vocem meam, qua clamavi ad te: adiutor meus esto, ne derelinquas me, neque despicias me, Deus salutaris meus.	Erhöre, Herr, meine Stimme, mit der ich zu dir rufe. Sei du mein Helfer, lass mich nicht im Stich und verachte mich nicht, Gott, mein Retter!
V. Dominus illuminatio mea, et salus mea: quem timebo?	V. Der Herr ist mein Licht und mein Heil, wen sollte ich fürchten?

Graduale *Protector noster* (Ps 83/84,10; V. Ps 83/84,9)

Protector noster, aspice, Deus, et respice super servos tuos.	Unser Beschützer, sieh her, o Gott, und schau auf deine Diener.

V. Domine Deus virtutum, exaudi preces servorum tuorum.	V. Herr, Gott der Mächte, erhöre die Bitten deiner Diener!

Alleluia mit Vers *Domine, in virtute tua* (Ps 20/21,2)

Alleluia.	Alleluia.
V. Domine, in virtute tua laetabitur rex: et super salutare tuum exsultabit vehementer.	V. Herr, über deine Macht freut sich der König, und über dein Heil frohlockt er gar sehr.

Offertorium *Benedicam Dominum* (Ps 15/16,7.8)

Benedicam Dominum, qui tribuit mihi intellectum: providebam Deum in conspectu meo semper: quoniam a dextris est mihi, ne commovear.	Preisen will ich den Herrn, der mir Einsicht gab. Ich habe Gott allzeit vor Augen, denn er ist zu meiner Rechten, damit ich nicht wanke.

Communio *Unam petii* (Ps 26/27,4; V. Ps 26/27,1)

Unam petii a Domino, hanc requiram: ut inhabitem in domo Domini omnibus diebus vitae meae.	Eines erbitte ich vom Herrn, danach verlangt mich: dass ich wohnen darf im Haus des Herrn alle Tage meines Lebens.
V. Dominus illuminatio mea, et salus mea: quem timebo?	V. Der Herrr ist mein Licht und mein Heil, wen sollte ich fürchten?

2. Zwölfter Sonntag im Jahreskreis

Erneut sind sämtliche Gesangstexte dieses Sonntags den Psalmen entnommen. Sie sind geprägt vom Vertrauen auf das machtvolle und segensreiche Wirken Gottes unter dem Volk Israel, seinem Erbteil, wie es im Introitus *Dominus fortitudo plebis suae* heißt.

Das Graduale *Convertere Domine* besingt Gott als Zuflucht seines Volkes, was dadurch besonders unterstrichen wird, dass bei der Textstelle „refugium factus es nobis“ (du bist uns zur Zuflucht geworden) der absolute Höhepunkt des gesamten Stückes erreicht wird.

Im Alleluia mit Vers *In te Domine speravi* thematisiert der Psalmist seine Hoffnung auf Gott, der in seiner Gerechtigkeit („in tua iustitia“) den Menschen (der sich vertrauensvoll an ihn wendet) aus Bedrängnissen aller Art befreien kann. Der III. Modus mit seiner allgegenwärtigen Strebetendenz aus der Tiefe zum Tenor *si,* der seinerseits immer wieder von der starken Tonstufe *do* angezogen wird, erweist sich als besonders geeignet, dieser vertrauensvollen Hinwendung zu Gott Ausdruck zu verleihen.

Das zu dieser Messe gehörige Offertorium *Perfice gressus meos* wurde bereits im Zusammenhang mit dem Messproprium des V. Sonntags im Jahreskreis besprochen. In der Communio *Circuibo* schließt sich der Kreis der zentralen Aussagen dieses Messpropriums, die alle die Hoffnung und das Vertrauen auf die rettende Tat Gottes zum Inhalt haben, und mündet unüberhörbar ein in den Jubel („hostiam iubilationis“ – Opfer des Lobes), den der Mensch seinem Retter darbringt.

GESANGSTEXTE

Introitus *Dominus fortitudo plebis suae* (Ps 27/28,8.9; V. Ps 27/28,1)

Dominus fortitudo	Der Herr ist die Stärke
plebis suae,	seines Volkes
et protector salutarium	und der Beschützer des Heils
Christi sui est:	seines Gesalbten.
salvum fac populum tuum,	Mache heil dein Volk, o Herr,
Domine, et benedic hereditati tuae,	und segne dein Erbe
et rege eos usque in saeculum.	und führe sie bis in Ewigkeit!
V. Ad te Domine clamabo,	V. Zu dir, o Herr, rufe ich.
Deus meus, ne sileas a me:	Mein Gott, schweige nicht vor mir,
nequando	damit du niemals
taceas a me.	vor mir verstummst.

Graduale *Convertere Domine* (Ps 89/90,13; V. Ps 89/90,1)

Convertere Domine aliquantulum, et deprecare super servos tuos.	Wende dich, Herr, ein wenig uns zu und lass dich erbitten über deine Diener!
V. Domine, refugium factus es nobis, a generatione et progenie.	V. Herr, zur Zuflucht bist du uns geworden von Geschlecht zu Geschlecht.

Alleluia mit Vers *In te Domine speravi* (Ps 30/31,2.3)

Alleluia.	Alleluia.
V. In te Domine speravi, non confundar in aeternum: in tua iustitia libera me, et eripe me: inclina ad me aurem tuam, accelera ut eripias me.	V. Auf dich, o Herr, hoffe ich, möge ich nicht zuschanden werden auf ewig. In deiner Gerechtigkeit befreie mich und reiß mich heraus. Neige zu mir dein Ohr, eile, mich herauszuholen!

Communio *Circuibo* (Ps 26/27,6; V. Ps 26/27,1)

Circuibo, et immolabo in tabernaculo eius hostiam iubilationis: cantabo, et psalmum dicam Domino.	Ich umschreite [den Altar] und bringe in seinem Zelt ein Jubelopfer dar. Ich will singen und psallieren dem Herrn.
V. Dominus protector vitae meae, a quo trepidabo?	V. Der Herr ist der Beschützer meines Lebens, vor wem sollte ich erzittern?

3. Dreizehnter Sonntag im Jahreskreis

Aufruf zum freudigen Lob Gottes kennzeichnet den Introitus *Omnes gentes* und das Alleluia mit seinem Vers *Omnes gentes,* denen beiden derselbe Text aus Ps 46/47 zugrunde liegt. Dieser Aufruf ergeht an alle Völker, nicht nur an das Volk Israel oder an einzelne Individuen desselben. So ist im Introitus nicht nur die Textstelle „iubilate Deo“

(jubelt Gott zu!) musikalisch hervorgehoben, sondern auch der Vokativ „Omnes gentes" (All ihr Völker) bedeutungsschwer, vor allem durch das Melisma über der ersten Silbe, vertont. Und im Alleluia mit seinem Vers sorgt vor allem die weiträumige Anlage der Melodie, die mehrmals bis an die obere Grenzstufe des I. Modus vordringt, dafür, dass alle Teile des Textes in spannungsvoller Beziehung zueinander gehalten werden.

Einen etwas anderen Ton schlägt das Graduale *Venite filii* an mit seiner Aufforderung zu hören, was die Gottesfurcht gebietet. Diese ist ihrerseits die Voraussetzung, um Gott nahen zu können und in seiner Gegenwart von dem Licht, das von ihm ausgeht, erleuchtet zu werden. So steht die aufwendige Vertonung der zentralen Textpassage „Accedite ad eum et illuminamini" (Tretet zu ihm hin, und ihr werdet erleuchtet) ganz im Zentrum des musikalischen Geschehens dieser wunderbaren Komposition.

Das Offertorium *Sicut in holocausto*, dessen Text dem Buch Daniel entnommen ist, erinnert an die Brandopfer, die im Tempel von Jerusalem dargebracht wurden, die aber nun der Vergangenheit angehören. Jetzt geht es um das Opfer, das heute („hodie") dargebracht wird. In der Deutung des gregorianischen Komponisten ist es die Selbsthingabe Jesu am Kreuz, die in der Feier der Eucharistie gegenwärtig wird und in die die eucharistische Gemeinschaft einschwingt, um Erlösung und Heilung zu erlangen. Besonders auffallend hier die Vertonung des Wortes „hodie" (heute), die dazu angetan ist, die sakramentale Aktualität des Erlösungswerkes Christi im Hier und Jetzt zu unterstreichen.

Die schlichte Communio *Inclina aurem tuam*, die sich im Wesentlichen im Tonraum einer Quarte bewegt, gibt der demütigen Bitte des Menschen um Erlösung und Befreiung Raum, einer Bitte, die dem Bewusstsein entspringt, auch als erlöste Menschen vielfältigen Gefährdungen ausgesetzt zu sein und deshalb stets des rettenden Eingreifens Gottes zu bedürfen.

GESANGSTEXTE

Introitus *Omnes gentes* (Ps 46/47,2; V. Ps 46/47,3)

Omnes gentes, plaudite manibus: iubilate Deo in voce exsultationis.	All ihr Völker, klatscht in die Hände, jubelt Gott zu mit jauchzender Stimme!
V. Quoniam Dominus excelsus, terribilis: Rex magnus super omnem terram.	V. Denn der Herr ist hoch erhaben und Ehrfurcht gebietend, ein großer König über die ganze Erde.

Graduale *Venite filii* (Ps 33/34,12; V. Ps 33/34,6)

Venite filii, audite me: timorem Domini docebo vos. V. Accedite ad eum, et illuminamini: et facies vestrae non confundentur.	Kommt, ihr Söhne, höret mich: die Furcht des Herrn will ich euch lehren. V. Tretet zu ihm hin, und ihr werdet erleuchtet, und euer Antlitz wird nicht zuschanden.

Alleluia mit Vers *Omnes gentes* (Ps 46/47,2)

Alleluia.	Alleluia.
V. Omnes gentes, plaudite manibus: iubilate Deo in voce exsultationis.	V. All ihr Völker, klatscht in die Hände, jubelt Gott zu mit jauchzender Stimme!

Offertorium *Sicut in holocausto* (Dan 3,40)

Sicut in holocausto arietum et taurorum, et sicut in millibus agnorum pinguium: sic fiat sacrificium nostrum in conspectu tuo hodie, ut placeat tibi: quia non est confusio confidentibus in te, Domine.	Wie bei Brandopfern von Widdern und Stieren und von Tausenden fetter Lämmer, so sei unser Opfer heute vor deinem Angesicht, auf dass es dir gefalle. Denn nicht werden zuschanden, die auf dich vertrauen, Herr.

Communio *Inclina aurem tuam* (Ps 30/31,3; V. Ps 30/31,2)

Inclina aurem tuam,	Neige dein Ohr,
accelera, ut eruas nos.	eile, uns herauszuholen!
V. In te Domine speravi,	V. Auf dich, o Herr, hoffe ich,
non confundar	möge ich nicht zuschanden
in aeternum:	werden auf ewig,
in iustitia tua libera me.	In deiner Gerechtigkeit befreie mich!

4. Vierzehnter Sonntag im Jahreskreis

Im Haus des Herrn, inmitten des Tempels auf dem Berg Zion das Erbarmen Gottes empfangen zu haben, ist für den Dichter des Ps 47/48 Grund und Motiv zugleich, den Namen und das Lob Gottes in alle Welt, bis an die Enden der Erde zu verkünden. Von dieser optimistischen Stimmung ist auch der gregorianische Komponist des Introitus *Suscepimus Deus* erfasst, der eine Melodie geschaffen hat, die in mehrfachen schwungvollen Anläufen bis zu den Spitzenlagen des I. Modus und darüber hinaus die Schlüsselbegriffe des Textes mit kaum noch zu überbietender Emphase ausgestaltet.

Zurückhaltender präsentiert sich der Text des Graduale *Esto mihi*, in dem die Bitte um Rettung und Schutz, aber auch die Hoffnung auf den Beistand Gottes, der den bedrängten Menschen nicht im Stich lässt, vorherrschen. Die musikalische Ausformung schöpft streckenweise aus dem Formelreservoir der Gradualia des V. Modus, setzt aber auch mehrmals zu eigenständigen, nicht formelhaften Vertonungen an, so besonders bei inhaltlich zentralen Begriffen bzw. Textstellen wie bei „Deum protectorem“ (Schützergott), „locum refugii“ (Ort der Zuflucht), „ut salvum me facias“ (damit du mich heil machst), „ in te speravi, Domine“ (auf dich hoffe ich, Herr).

Das Alleluia mit Vers *Magnus Dominus* ist nur in wenigen und zudem späteren Handschriften des Mittelalters bezeugt. Es zählt deshalb nicht zum Kernrepertoire des Gregorianischen Chorals. Dennoch besticht der insgesamt schwungvolle Verlauf der Melodie im VII. Modus,

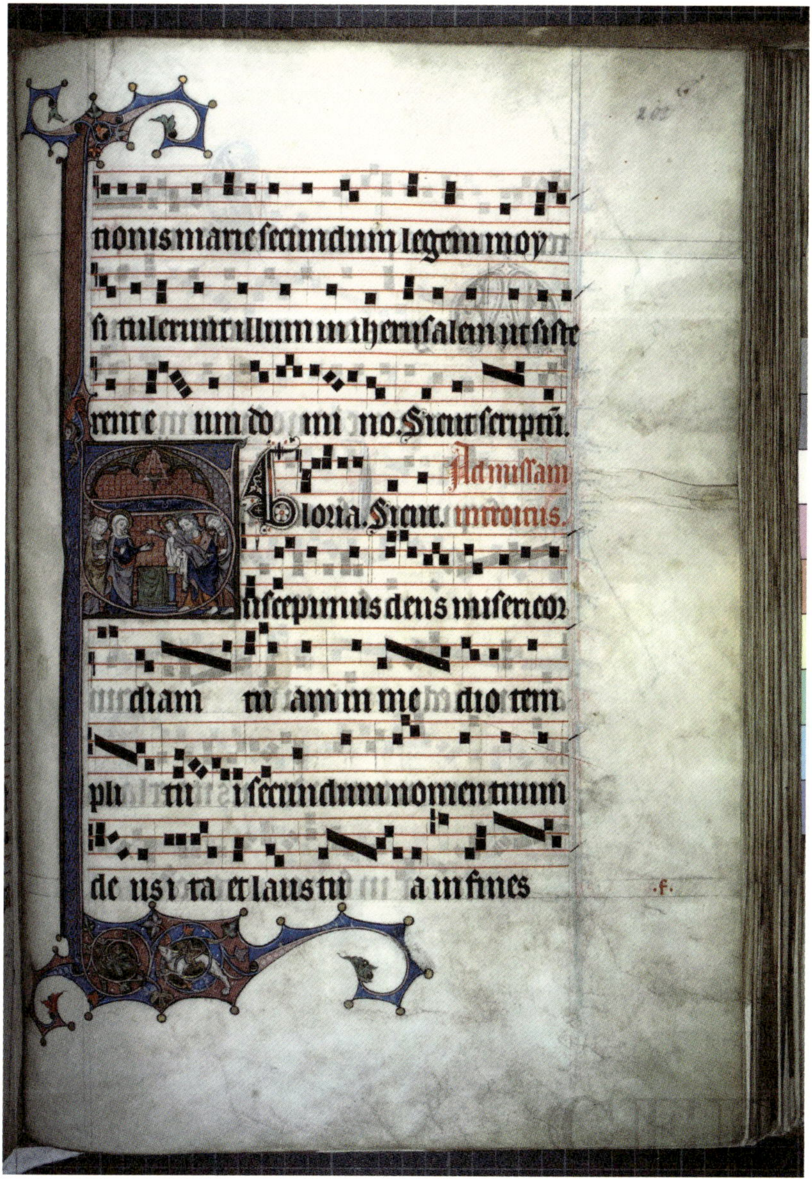

Introitus *Suscepimus Deus* aus dem Valkenburg-Graduale, fol. 203r, 1299, Köln, Erzbischöfliche Diözesan- und Dombibliothek, Cod. 1001b

der diesen Gesang zu einem einzigen Loblied auf die Größe Gottes und seine Wohnung in seiner Stadt, auf seinem heiligen Berg, macht.

Der Text des Offertoriums *Populum humilem* aus Ps 17/18 spielt mit Gegensatzbegriffen, die (ähnlich wie im Magnificat, Lk 1, 46-57) einander antithetisch gegenübergestellt werden: Die Stolzen (superbi) werden niedergedrückt, gedemütigt, die Gedemütigten (humiles) werden aufgerichtet, gerettet. Dieses Paradoxon macht die Besonderheit des Handelns Gottes an den Menschen aus. Vielleicht wollte der gregorianische Komponist gerade aus diesem Grund den Schlussteil dieses Gesangs so aufwendig, mit einer gewichtigen Neume bei dem betonten Einsilber „té" ([außer] dir), der sich auf Gott bezieht, und einem ausgedehnten Melisma über „Domine" (Herr!), gestalten.

Die Communio *Gustate et videte* eignet sich wie kaum ein zweiter Gesang als Begleitgesang zum Empfang der Kommunion. In der Tat war dieser Vers aus Ps 33/34 und mit ihm der ganze Ps 33/34 schon seit der christlichen Antike als Text ausersehen, die Prozession zum Empfang der eucharistischen Gaben zu begleiten. Das Stück beginnt mit der liebenswürdigen Einladung, die Güte Gottes zu verkosten und anzuschauen, was auch durch einen anmutigen Melodieverlauf sensibel nachgezeichnet wird. Aus dem Verkosten und Betrachten der Güte Gottes erwächst dem Menschen das glücklich machende Bewusstsein, seine Hoffnung allezeit auf Gott setzen zu dürfen, wie es im Schlussteil dieser Communio heißt.

GESANGSTEXTE

Introitus *Suscepimus Deus* (Ps 47/48,10.11; V. Ps 47/48,2)

Suscepimus, Deus,	Empfangen haben wir, o Gott,
misericordiam tuam	deine Barmherzigkeit
in medio templi tui:	inmitten deines Tempels.
secundum nomen tuum,	Wie dein Name, o Gott,
Deus, ita et laus tua	so reicht dein Lob
in fines terrae:	bis an die Grenzen der Erde. Voll
iustitia plena est dextera tua.	der Gerechtigkeit ist deine Rechte.

V. Magnus Dominus et laudabilis nimis: in civitate Dei nostri, in monte sancto eius.	V. Groß ist der Herr und hoch zu loben, in der Stadt unseres Gottes, auf seinem heiligen Berg.

Graduale *Esto mihi* (Ps 30/31,3; V. 30/31,1)

Esto mihi in Deum protectorem et in locum refugii, ut salvum me facias.	Sei mir ein Schützergott und ein Ort der Zuflucht, damit du mich heil machst!
V. Deus, in te speravi: Domine, non confundar in aeternum.	V. Gott, auf dich hoffe ich. Herr, möge ich doch nicht zuschanden werden auf ewig.

Alleluia mit Vers *Magnus Dominus* (Ps 47/48,2)

Alleluia.	Alleluia.
V. Magnus Dominus, et laudabilis valde, in civitate Dei, in monte sancto eius.	V. Groß ist der Herr und hoch zu loben, in der Stadt Gottes, auf seinem heiligen Berg.

Offertorium *Populum humilem* (Ps 17/18,28.32)

Populum humilem salvum facies, Domine, et oculos superborum humiliabis: quoniam quis Deus praeter te, Domine?	Das gedemütigte Volk wirst du heil machen, Herr, und die Augen der Stolzen demütigen. Denn wer ist Gott außer dir, o Herr?

Communio *Gustate et videte* (Ps 33/34,9; V. Ps 33/34,2)

Gustate et videte, quoniam suavis est Dominus: beatus vir, qui sperat in eo.	Kostet und seht, wie gütig der Herr ist! Selig der Mann, der auf ihn hofft.
V. Benedicam Domino in omni tempore: semper laus eius in ore meo.	V. Preisen will ich den Herrn allezeit, immer sei sein Lob in meinem Munde.

5. Fünfzehnter Sonntag im Jahreskreis

Vorbemerkung

Die Gesänge der bisher vorgestellten und erörterten gregorianischen Messproprien der Sonntage XI bis XIV im Jahreskreis entsprechen ohne Ausnahme jenen der Sonntage V bis VIII nach Pfingsten der vorkonziliaren Ordnung des Kirchenjahres. Mit dem Messproprium des XV. Sonntags im Jahreskreis wird nun diese Reihe unterbrochen: Statt hier, wie erwartet, die Gesänge des vormaligen IX. Sonntags nach Pfingsten vorzufinden, trifft man – mit Ausnahme der Communio – auf die Gesänge des vormaligen X. Sonntags nach Pfingsten. Umgekehrt wurden die Gesänge des vormaligen IX. Sonntags nach Pfingsten in der erneuerten Ordnung des Kirchenjahres – wiederum mit Ausnahme der Communio – der Messe des XVI. Sonntags im Jahreskreis zugeteilt. Auf Anfrage an den holländischen Liturgiewissenschaftler Frans Kok, wie dieser Tausch zwischen beiden Messproprien zu erklären ist, kam folgende humorig gewürzte Antwort zurück: „Schuld an allem ist der Introitus [*Ecce Deus* vom vormaligen IX. Sonntag nach Pfingsten]. ... Seit dem II. Vatikanischen Konzil ist es in der Liturgie nicht mehr erlaubt zu fluchen. ... ‚Ecce Deus' enthält aber leider einen sogenannten Fluchvers ... ‚averte mala inimicis meis ... disperde illos'. Darum ist ... dieser Introitus ... ersetzt worden. ... Es muss aber in einem zweiten – wahrscheinlich späten – Stadium gewesen sein, dass man ‚Ecce Deus' doch wieder zugelassen hat (weil es andernfalls der einzige weggefallene gregorianische Sonntagsintroitus gewesen wäre)." – Nachdem man vorher schon die Gesänge des vormaligen X. Sonntags nach Pfingsten um eine Woche vorverlegt hatte, auf den XV. Sonntag im Jahreskreis, wollte man daran nichts mehr ändern, sondern verschob einfach den Introitus *Ecce Deus* zusammen mit den übrigen Gesängen des vormaligen IX. Sonntag nach Pfingsten – mit Ausnahme der Communio – um eine Woche nach hinten, auf den XVI. Sonntag im Jahreskreis. Dass tatsächlich der Introitus *Ecce Deus* mit dem oben genannten Fluchvers aus Psalm 53/54 Stein des Anstoßes und letztlich das auslösende Moment für die beschriebene Umstellung zweier Messproprien war, beweist nicht zuletzt die Tatsache, dass im nachkonziliaren Römischen Messbuch die „anstößige" Textpassage dieses Introitus („averte mala inimicis meis, et in veritate tua disperde illos" – wende das Unheil auf meine Feinde ab, und in deiner Treue vernichte sie!) getilgt und durch einen anderen, völlig unproblematischen Vers aus demselben Psalm („Voluntarie sacrificabo tibi, et confitebor nomini tuo, Domine, quoniam bonum est." – Gern will ich dir opfern und deinen Namen preisen, Herr, denn er ist gut.) ersetzt wurde. Der gregorianische Introitus *Ecce Deus* blieb natürlich (Gott sei Dank!) von dieser Textänderung verschont.

Der an die Stelle des Introitus *Ecce Deus* auf den XV. Sonntag im Jahreskreis vorgezogene Introitus *Dum clamarem* mit Text aus Ps 54/55 ist ein Loblied auf Gott, der den Menschen aus feindlicher Bedrohung befreit hat. Dennoch lässt die Melodie im III. Modus mit seinen oft ambivalenten und spannungsgeladenen Strukturen noch etwas von der Not erahnen, in der sich der Dichter bzw. Beter dieses Psalms befunden haben mag.

Bitte um persönlichen Schutz sowie die Bitte um ein gerechtes Urteil prägen den Text des Graduale *Custodi me.* Die Melodie im I. Modus, die größtenteils als Originalkomposition anzusehen ist, d. h. nicht auf mehrfach verwendetes Formelgut zurückgreift, erweist sich als sehr geeignet, die Sinnspitzen des Textes sowie die hier verwendeten plastischen Bilder wie das Bild vom Augenstern („ut pupillam oculi") und vom Schatten der Flügel („sub umbra alarum tuarum") eindrucksvoll zur Geltung zu bringen.

Im Alleluia mit Vers *Te decet hymnus,* einem Loblied auf Gott und den Ort seiner Wohnung auf dem Berg Zion in Jerusalem, dominieren die leuchtenden Farben des VII. Modus mit seinem mehrmals bis in die Spitzenlagen ausgreifenden Tonumfang. Das Offertorium *Ad te, Domine, levavi* wurde bereits im Zusammenhang mit den Messgesängen des Ersten Adventsonntags besprochen.

Die Communio *Qui manducat* ist der einzige Gesang, der an seinem ursprünglichen Ort, nämlich dem vormaligen IX. Sonntag nach Pfingsten und jetzigen XV. Sonntag im Jahreskreis, verblieben ist. Es handelt sich hier um einen neutestamentlichen Text aus Joh 6, 57, ideal für einen Begleitgesang zum Empfang der eucharistischen Gaben. Besonders fällt die Parallelität in der Vertonung der beiden Sinnspitzen „carnem meam" (mein Fleisch) und „sanguinem meum" (mein Blut) auf, wenn auch auf unterschiedlichen Ebenen der Melodiestruktur. Die Quintessenz dieser Botschaft aber liegt bei den Worten „in me manet, et ego in eo" (der bleibt in mir und ich in ihm), wobei der Komponist vor allem die beiden sich auf Jesus beziehenden Personalpronomina „me" ([in] mir) und „ego" (ich) markant hervorgehoben hat. Die genannten auffälligen musikalischen Gesten dieser Communio sind ohne Zweifel der großen Ehrfurcht geschuldet, mit der der Komponist diesem Jesuswort gerecht zu werden suchte, das einerseits ein Geheimnis und deshalb schwer zu verstehen, andererseits die biblische Grundlage schlechthin für das Verständnis und die kultische Verehrung der Eucharistie in allen christlichen Kirchen ist.

GESANGSTEXTE

Introitus *Dum clamarem* (Ps 54/55,17-20.23; V. Ps 54/55,2)

Dum clamarem ad Dominum, exaudivit vocem meam, ab his qui appropinquant mihi: et humiliavit eos, qui est ante saecula, et manet in aeternum: iacta cogitatum tuum in Domino, et ipse te enutriet.	Als ich zum Herrn schrie, erhörte er meine Stimme vor denen, die mir feindlich nahen. Und er hat sie gedemütigt, er, der da ist vor aller Zeit und bleibt in Ewigkeit. Wirf deine Sorgen auf den Herrn, er wird dich nähren!
V. Exaudi, Deus, orationem meam, et ne despexeris deprecationem meam.	V. Erhöre, Gott, mein Gebet und verschmähe nicht mein Flehen!

Graduale *Custodi me* (Ps 16/17,8; V. 16/17,2)

Custodi me, Domine, ut pupillam oculi: sub umbra alarum tuarum protege me,	Behüte mich, Herr, wie den Stern des Auges, unter dem Schatten deiner Flügel beschütze mich!
V. De vultu tuo iudicium meum prodeat: oculi tui videant aequitates.	V. Von deinem Angesicht komme mir mein Recht, dein Auge achte auf Gerechtigkeit.

Alleluia mit Vers *Te decet hymnus* (Ps 64/65,2)

Alleluia.	Alleluia.
V. Te decet hymnus, Deus, in Sion: et tibi reddetur votum in Ierusalem.	V. Dir gebührt ein Loblied, Gott, auf dem Zion, und dir wird man das Gelübde in Jerusalem erfüllen.

Communio *Qui manducat* (Joh 6,57; V. Ps 118/119,1)

Qui manducat carnem meam, et bibit sanguinem meum, in me manet, et ego in eo, dicit Dominus.	„Wer mein Fleisch isst und mein Blut trinkt, der bleibt in mir und ich in ihm“, spricht der Herr.
V. Beati immaculati in via: qui ambulant in lege Domini.	V. Selig, die untadelig sind auf dem Weg, die wandeln nach dem Gesetz des Herrn.

Hinweis: Eine Einspielung der hier behandelten Messproprien ist zu finden auf der CD *Gustate et videte. Sonntage im Jahreskreis XI-XV.* Schola Gregoriana Monacensis, Leitung: Johannes B. Göschl, ISBN 978-3-8306-7698-0.

XI. SONNTAGE IM JAHRESKREIS XVI–XX

Auch bei den hier zu besprechenden Messproprien handelt es sich fast durchwegs um Kompositionen des Kernrepertoires des Gregorianischen Chorals, die sich bis ins 8./9. Jh. zurückverfolgen lassen und die sich durch ein qualitativ hohes künstlerisches Niveau auszeichnen.

1. Sechzehnter Sonntag im Jahreskreis

Die Propriumsgesänge dieser Sonntagsmesse wurden im Zuge der nachkonziliaren Reform des Kirchenjahres – mit Ausnahme der Communio – um eine Woche nach hinten verschoben, auf den 16. Sonntag im Jahreskreis, und die an diesem Sonntag seit alters vorgesehenen Gesänge – wiederum mit Ausnahme der Communio – um eine Woche vorgezogen, auf den 15. Sonntag im Jahreskreis. Wie weiter oben bereits ausgeführt, dürfte für diesen Tausch zweier Gesangsrepertoires der Introitus *Ecce Deus adiuvat me* verantwortlich gewesen sein, der in einem frühen Stadium der Reform wegen des „anstößigen" Verses „averte mala inimicis meis, in veritate tua disperde illos" (wende das Unheil auf meine Feinde ab, in deiner Treue vernichte sie!) wohl ganz eliminiert werden sollte, in einem späteren Stadium aber doch wieder aufgenommen wurde, ohne dass man deshalb den bereits vollzogenen Tausch der beiden gregorianischen Messproprien rückgängig machte. Der Sinnschwerpunkt dieses Introitus liegt ganz und gar nicht auf der Bitte um Vernichtung der Feinde, sondern auf dem Lob Gottes, der dem bedrängten Menschen Helfer und Schutz ist. Das kündigt sich bereits in der Intonationspassage „Ecce Deus adiuvat me" (Siehe, Gott ist mein Helfer) durch ein Melos von großer Eindringlichkeit an.

Das folgende Graduale *Domine Dominus noster* ist sowohl von seinem Textinhalt als auch von seiner musikalischen Ausformung her ein einziges Loblied auf die Größe und Herrlichkeit Gottes, die in der Schöpfung sichtbar werden. Als interessantes Detail sei auf die Vertonung von „in universa terra" (auf der ganzen Erde) hingewiesen, die eine melodische Reminiszenz einer Passage aus dem Graduale *Viderunt* der Dritten Weihnachtsmesse darstellt, und dies dort bezeichnenderweise bei dem synonymen Ausdruck „omnis terra" (ganze Erde).

Das Alleluia mit Vers *Eripe me* ist relativ gut bezeugt in den ältesten Handschriften mit musikalischer Notation seit dem frühen 10. Jh., hingegen in keiner der älteren Texthandschriften ab dem 8. Jh. Dem ernsten Textinhalt entspricht eine gleichsam strenge Melodieführung, deren ständig wiederkehrende Quartraumspannung *re-sol* und umgekehrt *sol-re* einen gallikanischen Ursprung vermuten lässt.

Das Offertorium *Iustitiae Domini* wurde bereits in Verbindung mit dem Messproprium des Dritten Fastensonntags besprochen. Die musikalische Ausgestaltung der Communio *Acceptabis* ist ebenfalls von Ernst und Nüchternheit geprägt, was dem Text aus Psalm 50/51, einem Klage- und Bußlied, Rechnung trägt. Andererseits erweist sich diese Communio dank einer subtil differenzierten Rhythmik von einem Wort zum andern, ja von einer Silbe zur nächsten, als ein Gesang von bemerkenswerter Tiefe und Innerlichkeit.

GESANGSTEXTE

Introitus *Ecce Deus adiuvat me* (Ps 53/54,6.7; V. Ps 53/54,3)

Ecce Deus adiuvat me,	Siehe, Gott ist mein Helfer,
et Dominus susceptor	und der Herr ist der Beistand
est animae meae:	meiner Seele.
averte mala	Wende das Unheil
inimicis meis,	auf meine Feinde ab,
in veritate tua disperde illos,	in deiner Treue vernichte sie,
protector meus Domine.	mein Beschützer und Herr!

V. Deus in nomine tuo salvum me fac: et in virtute tua iudica me.	V. Gott, in deinem Namen rette mich und in deiner Macht richte mich!

Graduale *Domine Dominus noster* (Ps 8,2a; V. Ps 8,2b)

Domine Dominus noster, quam admirabile est nomen tuum in universa terra!	Herr, unser Herrscher, wie wunderbar ist dein Name auf der ganzen Erde!
V. Quoniam elevata est magnificentia tua super caelos.	V. Denn erhaben ist deine Hoheit über die Himmel.

Alleluia mit Vers *Eripe me* (Ps 58/59, 2)

Alleluia.	Alleluia.
V. Eripe me de inimicis meis, Deus meus: et ab insurgentibus in me libera me.	V. Entreiße mich meinen Feinden, mein Gott, und von denen, die gegen mich aufstehen, befreie mich!

Communio *Acceptabis* (Ps 50/51,21; V. Ps 50/51,3)

Acceptabis sacrificium iustitiae, oblationes et holocausta, super altare tuum, Domine.	Annehmen wirst du das Opfer der Gerechtigkeit, Opfergaben und Brandopfer auf deinem Altar, o Herr.
V. Miserere mei Deus, secundum magnam misericordiam tuam.	V. Erbarme dich meiner, o Gott, nach deiner großen Barmherzigkeit!

2. Siebzehnter Sonntag im Jahreskreis

Die Gesänge dieses Messpropriums entsprechen ohne Ausnahme jenen des vormaligen XI. Sonntags nach Pfingsten. Sie vermitteln fast durchwegs eine entspannte und ruhige, gelegentlich auch heitere und fröhliche Atmosphäre. Andererseits fehlt es nicht an dunkleren Momenten, die auf eine konkrete Bedrohung hinweisen, so vor allem im Introitus und Graduale.

Der Introitus *Deus in loco sancto suo* enthält zwei textliche und musikalische Sinnspitzen, die in einem ursächlichen Verhältnis zueinander stehen: bei „unanimes in domo“ (einträchtig im Hause) und „ipse dabit virtutem“ (er selbst gibt Kraft). Das einträchtige Wohnen im Hause ist nicht der Leistung und dem Verdienst der Menschen, sondern einzig und allein dem Wirken und der Gnade Gottes zuzuschreiben. Ohne seinen Schutz ist der Mensch hoffnungslos der Bedrohung durch Feinde ausgeliefert, wie im nachfolgenden Psalmvers kontrapunktisch angedeutet wird.

Noch ausgeprägter ist dieser Dualismus zwischen dem Vertrauen auf die Hilfe Gottes und dem Zurückschrecken vor feindlicher Bedrohung im Graduale *In Deo speravit.* Während im Chorstück Hoffnung und Lobpreis vorherrschen, thematisiert der Solovers eine extreme Notsituation, die vor allem bei der Textstelle „ne sileas“ (schweige doch nicht!) durch eine bis in die Spitzenlage de V. Modus vordringende Melodieführung aufhorchen lässt. Die Wiederholung des Chorstückes sorgt dann für die nötige Entspannung und gibt bei der Textstelle „et refloruit caro mea“ (und wieder aufgeblüht ist mein Fleisch) nach der Erfahrung existentieller Bedrohung den Blick frei auf die Chance eines neuen Anfangs.

In helles Licht und leuchtende Farben ist das Alleluia mit Vers *Exsultate Deo* getaucht, in dem der Jubel über die durch Gott erfahrene Hilfe grenzenlos scheint. Und die Communio *Honora Dominum* lädt zum Dank und zur Ehrerbietung Gott gegenüber ein, dies mit einer Melodieführung, die an manchen Stellen geradezu enthusiastische Züge aufweist. Auf das für diesen Sonntag vorgesehene Offertorium *Exaltabo te* wird zu einem späteren Zeitpunkt, im Zusammenhang mit Gesängen der Liturgie des Aschermittwochs, eingegangen.

GESANGSTEXTE

Introitus *Deus in loco sancto suo* (Ps 67/68,6.7.36; V. Ps 67/68,2)

Deus in loco sancto suo: Deus, qui inhabitare facit unanimes in domo: ipse dabit virtutem et fortitudinem plebi suae.	Gott ist an seinem heiligen Ort. Gott, der einträchtig wohnen lässt im Hause, er selbst wird Kraft und Stärke seinem Volk geben.
V. Exsurgat Deus, et dissipentur inimici eius: et fugiant, qui oderunt eum, a facie eius.	V. Gott stehe auf, und zerstreuen sollen sich seine Feinde. Und fliehen sollen, die ihn hassen, vor seinem Angesicht.

Graduale *In Deo speravit* (Ps 27/28,7; V. Ps 27/28,1)

In Deo speravit cor meum, et adiutus sum: et refloruit caro mea: et ex voluntate mea confitebor illi.	Auf Gott hoffte mein Herz, und mir wurde geholfen. Und wieder aufgeblüht ist mein Fleisch, und mit ganzer Willenskraft will ich ihn preisen.
V. Ad te, Domine, clamavi: Deus meus, ne sileas: ne discedas a me.	V. Zu dir, Herr, schreie ich; mein Gott, schweige doch nicht, gehe nicht weg von mir!

Alleluia mit Vers *Exsultate Deo* (Ps 80/81,2.3)

Alleluia.	Alleluia.
V. Exsultate Deo adiutori nostro, iubilate Deo Iacob: sumite psalmum iucundum cum cithara.	V. Jauchzt Gott zu, unserem Helfer, jubelt dem Gott Jakobs zu; nehmt einen lieblichen Psalm und spielt dazu die Harfe!

Communio *Honora Dominum* (Spr 3,9.10; V. Ps 67/68,10)

Honora Dominum de tua substantia, et de primitiis	Ehre den Herrn von deinem Besitz und von den Erstlingen

frugum tuarum: ut impleantur horrea tua saturitate, et vino torcularia redundabunt.	deiner Früchte, damit sich deine Scheunen bis an den Rand füllen und von Wein deine Fässer überfließen!
V. Pluviam voluntariam segregabis, Deus, hereditati tuae: et infirmata est, tu vero perfecisti eam.	V. Regen wirst du nach deinem Willen, Gott, deinem Erbe zuteilen. Es wurde schwach, du aber hast es wiederhergestellt.

3. Achtzehnter Sonntag im Jahreskreis

Der Introitus *Deus in adiutorium* verleiht der flehentlichen Bitte um Hilfe vor Bedrohung durch Feinde adäquaten musikalischen Ausdruck. Zu dem eher ernsten Text überrascht aber die Wahl des VII. Modus, der sonst meist freudigeren Texten vorbehalten ist. Hier jedoch gewinnt man den Eindruck, dass er der Entfaltung einer gewissen Dramatik nicht entgegensteht.

Von ambivalentem Charakter ist das Graduale *Benedicam Dominum*. Der Text aus Psalm 33/34 lädt in wiederholten Anläufen zum Lob Gottes und zur Freude über das Heilswirken Gottes ein. Dafür erscheint auf den ersten Blick die Wahl des VII. Modus ideal. Doch erkennt man bei näherer Betrachtung auch dramatischere Züge des musikalischen Geschehens. Diese erreicht der Komponist einerseits durch einen weit gespannten Tonumfang, der sich vom tiefen *do* bis zum hohen *sol* erstreckt und damit die gesamte Reichweite sowohl des VII. als auch des VIII. Modus umfasst, andererseits dadurch, dass er in den Melodieverlauf auch Elemente und Formeln anderer Modi einflicht, die sich zur Entfaltung einer gewissen Dramatik besser eignen. So besonders am Ende des Chorstückes bei „in ore meo" eine Formel aus den Gradualia des I. Modus und im Melisma bei der Akzentsilbe „mansuéti" im Solovers einen Teil einer Formel aus den Gradualia des III. Modus.

Im Vergleich zu diesem Graduale wirkt das Alleluia mit Vers *Domine Deus salutis* entspannter und weniger komplex, und dies trotz des III. Modus und eines Soloverses, dessen Text aus Psalm 87/88 eine bestimmte Notsituation mitteilt.

Von singulärer Bedeutung ist das Offertorium *Precatus est Moyses*, und dies in mehrfacher Hinsicht. Sein Text ist nicht den Psalmen entnommen, sondern dem Buch Exodus. Darin wird eine Geschichte erzählt: die Geschichte von Mose in seiner konfliktreichen Mittlerrolle zwischen Gott und dem Volk Israel. Das allein erklärt schon die „epische" Länge des Gesangs. Diese wird noch zusätzlich „gestreckt" durch die text- und fast notengetreue Wiederholung des ersten Teils. Dafür mögen praktische Gründe anzuführen sein, insofern etwa die Notwendigkeit bestand, einen zeitlich ausgedehnten Ritus der Gabenbereitung und Gabenprozession musikalisch zu überbrücken. Aber vor allem diente diese Wiederholung dem Komponisten als geeignetes Mittel, den ersten Höhepunkt des Stückes mit zunehmend wachsender Spannung vorzubereiten. Dieser wird bei der Textstelle „Quare, Domine, irasceris in populo tuo?" (Warum, Herr, zürnst du deinem Volk?) erreicht, was sich bereits beim allerersten Wort „Quare" unüberhörbar ankündigt. Es folgen noch zwei weitere Höhepunkte, die jeweils durch eine weitere Höherführung der Melodie und gesteigerte Expressivität herausgehoben sind: ab „Memento Abraham ..." (Gedenke Abrahams ...) und ab „Et placatus factus est Dominus ..." (Und versöhnen ließ sich der Herr ...). Um diese im Text angelegte gestufte Dramaturgie adäquat in Musik umzusetzen, bediente sich der Komponist einmal mehr des gesamten Tonumfangs zweier Modi, des VII. und VIII. Modus. Das Ergebnis ist ein besonders ausdrucksstarker Gesang, der zu den Meisterwerken gregorianischer Kompositionskunst zählt.

Im Zuge der nachkonziliaren Neuordnung der biblischen Lesungen in den Eucharistiefeiern wurde die Communio *Panem de caelo* um eine Woche vorgezogen, auf den XVIII. Sonntag im Jahreskreis. Der Grund hierfür liegt in der mehr oder weniger expliziten eucharistischen Thematik der Evangeliumsberichte und alttestamentlichen Lesungen dieser Sonntagsmesse in allen drei Lesejahren, vor allem jener der Lesejahre A und B. Dieser Gesang ist ein schönes Beispiel, wie feinfühlig die Komponisten des Gregorianischen Chorals immer wieder mit den Texten, vor allem mit deren Sinnspitzen wie hier bei „omne delectamentum" (allen Genuss) und „omnem saporem suavitatis" (allen lieblichen Wohlgeschmack), umgehen.

GESANGSTEXTE

Introitus *Deus in adiutorium* (Ps 69/70,2.3a; V. Ps 69/70,3b)

Deus in adiutorium meum intende: Domine ad adiuvandum me festina: confundantur et revereantur inimici mei, qui quaerunt animam meam.	Gott, achte auf meine Hilfe! Herr, eile, mir zu helfen! Zuschanden werden und zurückschrecken sollen meine Feinde, die nach meiner Seele trachten.
V. Avertantur retrorsum et erubescant, qui cogitant mihi mala.	V. Zurückweichen und beschämt werden sollen, die gegen mich Böses sinnen.

Graduale *Benedicam Dominum* (Ps 33/34,2; V. Ps 33/34,3)

Benedicam Dominum in omni tempore: semper laus eius in ore meo.	Preisen will ich den Herrn allezeit, immer sei sein Lob in meinem Munde.
V. In Domino laudabitur anima mea: audiant mansueti, et laetentur.	V. Im Herrn rühmt sich meine Seele, die Sanften sollen es hören und sich freuen.

Alleluia mit Vers *Domine Deus salutis* (Ps 87/88,2)

Alleluia.	Alleluia.
V. Domine Deus salutis meae, in die clamavi, et nocte coram te.	V. Herr, Gott meines Heils, am Tag und in der Nacht schreie ich vor dir.

Offertorium *Precatus est Moyses* (Ex 32,11.12.13.14)

Precatus est Moyses	Mose flehte vor dem Angesicht
in conspectu Domini Dei sui,	des Herrn, seines Gottes,
et dixit. Precatus est Moyses	und sprach. Mose flehte
in conspectu Domini	vor dem Angesicht des Herrn,
Dei sui, et dixit:	seines Gottes, und sprach:
„Quare, Domine,	„Warum, Herr,
irasceris in populo tuo?	zürnst du deinem Volk?
Parce irae animae tuae:	Lass ab vom Zorn deiner Seele!
memento Abraham, Isaac	Gedenke Abrahams, Isaaks
et Iacob, quibus iurasti	und Jakobs, denen du geschworen
dare terram fluentem	hast, das Land zu geben,
lac et mel."	das von Milch und Honig fließt!"
Et placatus	Und der Herr
factus est	ließ sich besänftigen
Dominus de malignitate,	(und nahm Abstand) von dem
quam dixit facere	Unheil, das er seinem Volk
populo suo.	angedroht hatte.

Communio *Panem de caelo* (Weish 16,20; V. Ps 77/78,24)

Panem de caelo dedisti nobis,	Brot vom Himmel hast du uns
Domine, habentem	gegeben, Herr, das allen
omne delectamentum,	Genuss und allen
et omnem saporem suavitatis.	Wohlgeschmack enthält.
V. Et pluit illis manna	V. Und er ließ ihnen Manna
ad manducandum,	regnen zur Speise,
et panem caeli	und Brot des Himmels
dedit eis.	gab er ihnen.

4. Neunzehnter Sonntag im Jahreskreis

Introitus *Respice Domine* und Graduale *Respice Domine* liegt mit Ausnahme des jeweiligen letzten (Halb-) Satzes ein und dieselbe Textquelle aus Psalm 73/74 zugrunde. Beide Gesänge stimmen darin überein, dass die Textstelle „exsurge Domine" (erhebe dich, Herr!)

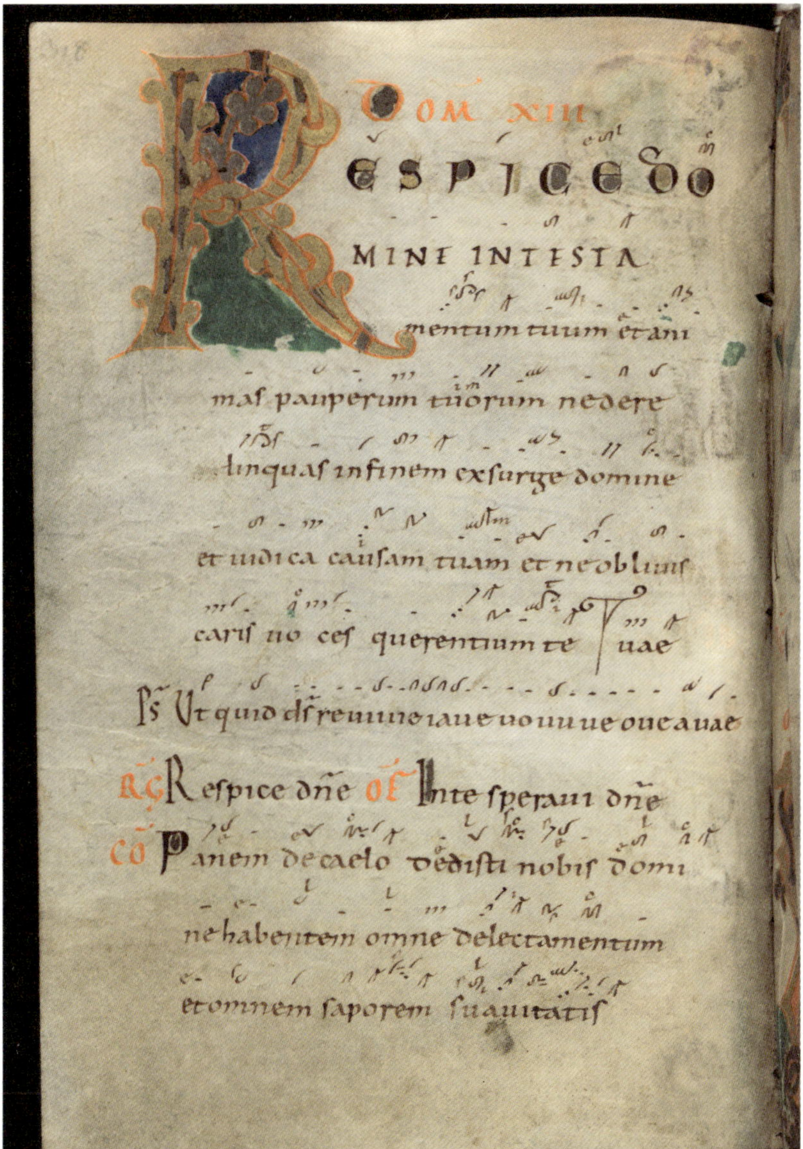

Introitus *Respice Domine* aus Einsiedeln Codex 121, p. 324,
2. Hälfte 10. Jh., Stiftsbibliothek Einsiedeln

als emphatischer Höhepunkt ausgewiesen ist, der das gesamte übrige musikalische Geschehen überstrahlt. Aber auch andere zentrale Textstellen erhalten eine adäquate musikalische Einkleidung, die auf sich aufmerksam macht, so „testamentum tuum" ([Blicke, Herr, auf] deinen Bund!) und „animas pauperum tuorum" (die Seelen deiner Armen) in beiden Gesängen sowie vor allem „iudica causam tuam" (führe deine Sache!) im Graduale.

Das Alleluia mit Vers *Domine refugium* besingt in den leuchtenden Klangfarben des VII. Modus Gott als Zuflucht seines Volkes von Geschlecht zu Geschlecht. Das Offertorium *In te speravi* wurde bereits im Zusammenhang mit dem Messproprium des Festes der Hl. Familie behandelt. Die Communio *Panis quem ego dedero* wurde um zwei Wochen vorverlegt, und dies vor allem wegen der für den XIX. Sonntag im Lesejahr B vorgesehenen Evangeliumsperikope aus Joh 6, der der Text dieser Communio entnommen ist. Besonders fällt hier die für eine Communio dieser Kürze aufwendige melismatische Vertonung an drei Stellen auf: bei „ego" (ich), „[caro] mea" (mein [Fleisch]) und „pro saeculi vita" (für das Leben der Welt). Das Brot, von dem hier die Rede ist, bezieht seine lebenspendende Kraft („pro saeculi vita") daraus, dass Jesus selbst es ist, der es darreicht, und dass es identisch mit seinem Fleisch („caro mea"), mit ihm selbst ist.

GESANGSTEXTE

Introitus *Respice Domine* (Ps 73/74,20.19.22.23; V. Ps 73/74,1)

Respice, Domine,	Schau, Herr,
in testamentum tuum,	auf deinen Bund,
et animas pauperum tuorum	und die Seelen deiner Armen
ne derelinquas in finem:	lass nicht für immer im Stich!
exsurge Domine,	Erhebe dich, Herr,
et iudica causam tuam:	und führe deine Sache
et ne obliviscaris voces	und vergiss nicht die Stimmen
quaerentium te.	derer, die dich suchen!

V. Ut quid Deus repulisti in finem: iratus est furor tuus super oves pascuae tuae?	V. Warum, Gott, hast du für immer verstoßen, ist dein Zorn über die Schafe deiner Weide entbrannt?

Graduale *Respice Domine* (Ps 73/74,20.19; V. Ps 73/74,22)

Respice, Domine, in testamentum tuum: et animas pauperum tuorum ne obliviscaris in finem.	Schau, Herr, auf deinen Bund, und die Seelen deiner Armen vergiss nicht für immer!
V. Exsurge Domine, et iudica causam tuam: memor esto opprobrii servorum tuorum.	V. Erhebe dich, Herr, und führe deine Sache, sei eingedenk der Schmach deiner Diener!

Alleluia mit Vers *Domine refugium* (Ps 89/90,1)

Alleluia.	Alleluia.
V. Domine, refugium factus es nobis a generatione et progenie.	V. Herr, zur Zuflucht bist du uns geworden von Geschlecht zu Geschlecht.

Communio *Panis quem ego dedero* (Joh 6,52; V. Ps 77/78,25)

Panis, quem ego dedero, caro mea est pro saeculi vita.	Das Brot, das ich gebe, ist mein Fleisch für das Leben der Welt.
V. Panem Angelorum manducavit homo: cibaria misit eis in abundantiam.	V. Das Brot der Engel aß der Mensch, Nahrung sandte er ihnen zur Sättigung.

5. Zwanzigster Sonntag im Jahreskreis

Die Propriumsgesänge dieser Sonntagsmesse entsprechen ohne Ausnahme jenen des XIV. Sonntags nach Pfingsten der vorkonziliaren Ordnung des Kirchenjahres. *Ein* Gedanke zieht sich wie ein roter Faden durch alle Gesangstexte dieser Messe: Wer in der Gegenwart Gottes lebt und sich seinem Schutz anvertraut, hat nichts zu befürchten und erhält alles, was er zum Leben braucht. In vorkonziliarer Zeit war dieser inhaltliche Zusammenhang noch in besonderer Weise verstärkt durch die für diesen Sonntag vorgesehene Evangeliumsperikope aus Mt 6 mit der Aufforderung, alle ängstliche Sorge um das zeitliche Wohl fallen zu lassen, „denn euer Vater weiß, dass ihr dies alles braucht“. So wendet sich der Introitus *Protector noster* an Gott mit der Bitte um seine schützende Gegenwart, und dies um seines Gesalbten willen (aus neutestamentlicher Sicht: um Christi willen). Hier, bei dem Begriff „Christi tui“ (deines Gesalbten), findet sich denn auch der expressive Höhepunkt der Komposition.

Im Graduale *Bonum est confidere* sind es vor allem die textlichen Sinnspitzen „confidere“ (vertrauen) und „sperare“ (hoffen) sowie auch „Bonum est“ (Gut ist es), die durch eine besonders aufwendige und ausdrucksstarke Vertonung herausgehoben sind. Das Alleluia mit Vers *Venite exsultemus* besingt in schwungvollen Melodiebewegungen im VII. Modus das Heilswirken Gottes an den Menschen („Deo salutari nostro“ – Gott, unserem Heil). Das Offertorium *Immittet Angelus* thematisiert in seinem ersten Teil die schützende Gegenwart Gottes und lädt in seinem zweiten Teil ein, die Güte Gottes zu verkosten und sich an ihr zu erfreuen. Alle textlichen Sinnspitzen erfahren durch die Musik eine bevorzugte Behandlung, nicht zuletzt durch den Einsatz einer Vielzahl filigraner Tonreperkussionen, die der Komposition den Ausdruck besonderer Zartheit verleihen.

Die Communio *Primum quaerite* schließlich knüpft unmittelbar an die Evangeliumsperikope des vormaligen XIV. Sonntags nach Pfingsten an, deren Schlusssatz die Textquelle dieses Gesangs darstellt. Der musikalische Höhepunkt liegt bei der Textstelle „et omnia adicientur vobis“ (und alles wird euch hinzugegeben werden), deren herausgehobene melodische Position in auffälligem Kontrast zur merklich tieferen Lage der unmittelbar vorausgehenden Textpassage „Primum quaerite regnum Dei“ (Zuerst suchet das Reich Gottes) steht. Der Einladung der Evangeliumsperikope, alle übertriebene Sorge um das zeitliche Wohl hinter sich zu lassen, wird so in augenfälliger Weise Ausdruck verliehen.

GESANGSTEXTE

Introitus *Protector noster* (Ps 83/84,10.11; V. Ps 83/84,2.3)

Protector noster aspice, Deus, et respice in faciem Christi tui: quia melior est dies una in atriis tuis super millia.	Unser Beschützer, sieh her, o Gott, und schau auf das Angesicht deines Gesalbten! Denn besser ist ein Tag in deinen Vorhöfen als sonst tausend.
V. Quam dilecta tabernacula tua, Domine virtutum! Concupiscit, et deficit anima mea in atria Domini.	V. Wie liebenswert sind deine Zelte, Herr der Mächte! Es verzehrt sich und vergeht meine Seele nach den Vorhöfen des Herrn.

Graduale *Bonum est confidere* (Ps 117/118, 8; Ps 117/118,9)

Bonum est confidere in Domino, quam confidere in homine.	Gut ist es, auf den Herrn zu vertrauen, besser als auf den Menschen zu vertrauen.
V. Bonum est sperare in Domino, quam sperare in principibus.	V. Gut ist es, auf den Herrn zu hoffen, besser als auf Fürsten zu hoffen.

Alleluia mit Vers *Venite exsultemus* (Ps 94/95,1)

Alleluia.	Alleluia.
V. Venite, exsultemus Domino: iubilemus Deo salutari nostro.	V. Kommt, lasst uns zujauchzen dem Herrn, lasst uns zujubeln Gott, unserem Heil!

Offertorium *Immittet Angelus* (Ps 33/34,8.9)

Immittet Angelus Domini in circuitu timentium eum, et eripuit eos: gustate et videte, quoniam suavis est Dominus.	Es umgibt der Engel des Herrn diejenigen, die ihn fürchten, und er befreit sie. Kostet und seht, denn gütig ist der Herr!

Communio *Primum quaerite* (Mt 6,33; V. Ps 53/54,3)

„Primum quaerite regnum Dei, et omnia adicientur vobis,“ dicit Dominus.	„Zuerst suchet das Reich Gottes, und alles wird euch hinzugegeben werden“, spricht der Herr.
V. Deus, in nomine tuo salvum me fac: et in virtute tua iudica me.	V. Gott, in deinem Namen rette mich, und in deiner Macht richte mich!

Hinweis: Eine Einspielung der hier behandelten Messproprien ist zu finden auf der CD *Refloruit caro mea. Sonntage im Jahreskreis XVI-XX und XXXI im Gregorianischen Choral.* Schola Gregoriana Monacensis, Leitung; Johannes B. Göschl, ISBN 978-3-8306-7770-3.

XII. SONNTAGE IM JAHRESKREIS XXI–XXV

Der weitaus größte Teil der hier zu besprechenden fünf Messproprien gehört dem Kernrepertoire des Gregorianischen Chorals an, dessen Entstehung sich bis ins 8./9. Jh. zurückverfolgen lässt. Davon sind lediglich zwei Alleluia mit ihren Versen auszunehmen, das Alleluia mit Vers *Cantate Domino* des XXII. Sonntags und das Alleluia mit Vers *Timebunt gentes* des XXIV. Sonntags, die zwar unwesentlich jünger sein dürften, aber sich nicht universaler Verbreitung erfreuten, da sie in relativ wenigen der ältesten Handschriften überliefert sind.

1. Einundzwanzigster Sonntag im Jahreskreis

Die Gesänge dieser Sonntagsmesse entsprechen mit Ausnahme der Communio dem Messproprium des XV. Sonntags nach Pfingsten der vorkonziliaren Ordnung des Kirchenjahres. Sie sind fast durchwegs geprägt von freudiger, ja mitunter sogar fröhlicher Stimmung, die ihren tiefsten Grund in der Zuwendung Gottes zum Menschen und zu seiner ganzen Schöpfung hat. Lediglich der Introitus *Inclina, Domine* verbreitet eine etwas ambivalente Atmosphäre. Herrschen in den ersten beiden Sätzen die Bitte zu Gott um Erhörung und Heilung sowie die Hoffnung auf das Heilswirken Gottes vor, so werden im Text des Schlusssatzes dunklere Töne angeschlagen, die einen bedrohlichen Hintergrund erahnen lassen. Der gregorianische Komponist reagiert auf diese ambivalente seelische Verfassung des Psalmisten, indem er sich des Tonumfangs zweier Modi, des I. und II. Modus, bedient, des I. Modus mit spannungsvollen musikalischen Höhepunkten bei „Domine“ (Herr!) und „sperantem in te“ (...der auf dich hofft) in den ersten beiden Sätzen, des II. Modus mit einem Abstieg der Melodie bis zum tiefstmöglichen Punkt im Schlusssatz.

Das Graduale *Bonum est confiteri* ist ein einziger Hymnus auf die Barmherzigkeit (misericordia) und Treue (veritas) Gottes. Der durch die Melodieführung ausgedrückte Jubel, sowohl im Chorstück wie auch im Solovers, scheint denn auch keine Grenzen zu kennen. Das Alleluia mit Vers *Quoniam Deus* besingt in mehrmaligen Aufschwüngen der Melodie vom Grundton bis in die höheren Lagen des VII. Modus die Königsherrschaft Gottes über die ganze Erde. Der textliche und musikalische Höhepunkt des Offertoriums *Exspectans exspectavi* findet sich in dessen Schlussteil: „et immisit in os meum canticum novum, hymnum Deo nostro" (und er legte in meinen Mund ein neues Lied, einen Hymnus für unseren Gott). Nicht aus eigener Kraft kann sich der Mensch zum Lob Gottes aufschwingen, es muss ihm von Gott selbst eingegeben werden.

Die Communio *De fructu* preist das Wirken Gottes in seiner Schöpfung, zum Wohl und zur Freude des Menschen. Passend zum Text scheint die Melodie an zwei Stellen geradezu Freudensprünge auszuführen: bei „vinum laetificet" (damit Wein [das Herz des Menschen] erfreue) und „ut exhilaret" (damit er aufheitere [das Gesicht mit Öl]. Es dürfte wohl nicht abwegig sein, daraus Rückschlüsse auf eine durch den Text ausgelöste freudige Erregung des gregorianischen Komponisten zu ziehen.

GESANGSTEXTE

Introitus *Inclina, Domine* (Ps 85/86,1.2.3; V. Ps 85/86,4)

Inclina, Domine, aurem tuam ad me, et exaudi me: salvum fac servum tuum, Deus meus, sperantem in te: miserere mihi, Domine, quoniam ad te clamavi tota die.	Neige, o Herr, dein Ohr mir zu und erhöre mich. Mache heil, mein Gott, deinen Diener, der auf dich hofft. Erbarme dich meiner, Herr, denn ich rufe zu dir den ganzen Tag.
V. Laetifica animam servi tui: quoniam ad te, Domine, animam meam levavi.	V. Erfreue die Seele deines Dieners, denn zu dir, Herr, erhebe ich meine Seele.

Graduale *Bonum est confiteri* (Ps 91/92,2; V. Ps 91/92,3)

Bonum est confiteri Domino: et psallere nomini tuo, Altissime.	Gut ist es, den Herrn zu preisen und deinem Namen zu singen, Allerhöchster.
V. Ad annuntiandum mane misericordiam tuam, et veritatem tuam per noctem.	V. Um am Morgen deine Barmherzigkeit zu verkünden und deine Wahrheit in der Nacht.

Alleluia mit Vers *Quoniam Deus* (Ps 94/95,3)

Alleluia.	Alleluia.
V. Quoniam Deus magnus Dominus, et Rex magnus super omnem terram.	V. Denn Gott ist ein großer Herr und ein großer König über die ganze Erde.

Offertorium *Exspectans exspectavi* (Ps 39/40,2.3.4)

Exspectans exspectavi Dominum, et respexit me: et exaudivit deprecationem meam, et immisit in os meum canticum novum, hymnum Deo nostro.	Ich harrte, ja ich harrte auf den Herrn, und er hat auf mich geschaut. Und er erhörte mein Flehen und legte in meinen Mund ein neues Lied, ein Loblied für unseren Gott.

Communio *De fructu* (Ps 103/104,13.14.15; V. Ps 103/104,1)

De fructu operum tuorum, Domine, satiabitur terra: ut educas panem de terra, et vinum laetificet cor hominis: ut exhilaret faciem in oleo, et panis cor hominis confirmet.	Von der Frucht deiner Werke, Herr, wird die Erde gesättigt, damit du Brot von der Erde hervorbringst und Wein das Herz des Menschen erfreue, dass er das Gesicht mit Öl aufheitere, und Brot das Herz des Menschen stärke.
V. Benedic anima mea Domino: Domine, Deus meus, magnificatus es vehementer.	V. Preise, meine Seele, den Herrn. Herr, mein Gott, du bist überaus groß.

2. Zweiundzwanzigster Sonntag im Jahreskreis

Im gregorianischen Messproprium dieses Sonntags, des vormaligen XVI. Sonntags nach Pfingsten, herrschen zwei Themen vor: die vertrauensvolle Bitte um barmherzige und gütige Zuwendung Gottes und um seine Hilfe vor feindlicher Bedrohung einerseits sowie andererseits der Lobpreis des gütigen und machtvollen Wirkens Gottes in seiner Schöpfung. So preist der Introitus *Miserere mihi* die überreiche Barmherzigkeit Gottes („copiosus in misericordia" – überreich an Barmherzigkeit) an den Menschen, die ihn anrufen, mit einer Melodiewendung, die das übrige musikalische Geschehen dieses Gesangs um ein Vielfaches überragt.

Das Graduale *Timebunt gentes,* das das herrliche und majestätische Wirken Gottes unter allen Menschen und seine machtvolle Gegenwart auf dem Berg Zion hymnisch besingt, wurde bereits im Zusammenhang mit den Messgesängen des III. Sonntags im Jahreskreis besprochen. Das Alleluia mit Vers *Cantate Domino* ruft zum Lobpreis der Wundertaten Gottes („quia mirabilia fecit Dominus" – denn Wunderbares hat der Herr vollbracht) auf. Hier überraschen vor allem die nicht enden wollenden Melismata bei dem Wort „mirabilia" und auf der Endsilbe von „Dominus".

Mit zurückhaltender musikalischer Geste präsentiert sich das Offertorium *Domine, in auxilium,* dies durch unablässiges meditatives Umkreisen der Grundtonstufe *fa* des VI. Modus, ganz im Einklang mit der im Text enthaltenen demütigen Bitte um den Beistand Gottes vor zudringlichen Feinden. In der Communio *Domine, memorabor* schließlich wendet sich der Psalmist an Gott mit der Bitte, ihn nicht im Stich zu lassen, da er doch von früher Jugend an bis ins hohe Alter seinen Weisungen gefolgt ist. Dabei erfahren inhaltlich wichtige Begriffe bzw. Textpassagen wie „docuisti me" (du hast mich gelehrt), „usque in senectam et senium" (bis ins hohe Alter) und vor allem „ne derelinquas me" (lass mich nicht im Stich!) eine deutliche musikalische Hervorhebung.

GESANGSTEXTE

Introitus *Miserere mihi … ad te* (Ps 85/86,3.5; V. Ps 85/86,1)

Miserere mihi Domine, quoniam ad te clamavi tota die: quia tu Domine suavis ac mitis es, et copiosus in misericordia omnibus invocantibus te.	Erbarme dich meiner, o Herr, denn ich rufe zu dir den ganzen Tag. Denn du, o Herr, bist gütig und mild und reich an Barmherzigkeit für alle, die dich anrufen.
V. Inclina Domine aurem tuam et exaudi me: quoniam inops et pauper sum ego.	V. Neige, o Herr, dein Ohr und erhöre mich, denn ich bin elend und arm.

Alleluia mit Vers *Cantate Domino* (Ps 97/98,1)

Alleluia.	Alleluia.
V. Cantate Domino canticum novum: quia mirabilia fecit Dominus.	V. Singet dem Herrn ein neues Lied, denn Wunderbares hat der Herr vollbracht.

Offertorium *Domine, in auxilium* (Ps 39/40,14.15)

Domine, in auxilium meum respice: confundantur et revereantur, qui quaerunt animam meam, ut auferant eam: Domine, in auxilium meum respice.	Herr, hab acht auf meine Hilfe! Zuschanden werden sollen und zurückschrecken, die nach meiner Seele trachten, um sie (mir) wegzunehmen. Herr, hab acht auf meine Hilfe!

Communio *Domine, memorabor* (Ps 70/71,16.17.18; V. Ps 70/71,1)

Domine, memorabor iustitiae tuae solius: Deus, docuisti me a iuventute mea, et usque in senectam et senium, Deus, ne derelinquas me.	Herr, ich will deiner Gerechtigkeit allein gedenken. Gott, du hast mich gelehrt von Jugend an, und bis ins hohe Alter verlass mich nicht, o Gott!
V. In te, Domine, speravi, non confundar	V. Auf dich, o Herr, habe ich gehofft, möge ich auf ewig

in aeternum:	nicht zuschanden werden.
in iustitia tua	In deiner Gerechtigkeit
libera me et eripe me.	befreie und errette mich!

3. Dreiundzwanzigster Sonntag im Jahreskreis

In den mittelalterlichen Choralhandschriften und im Graduale Romanum von 1908 finden sich die Propriumsgesänge dieser Messe beim XVII. Sonntag nach Pfingsten. Die Gerechtigkeit Gottes und seine Barmherzigkeit schließen einander nicht aus, sondern bedingen sich gegenseitig. Dies ist die Botschaft des Introitus *Iustus es, Domine,* die mit raumgreifender musikalischer Geste bis in die Spitzenlage des I. Modus verkündet wird.

Das Graduale *Beata gens* thematisiert die Erwählung des Volkes Israel zum Eigentum Gottes. Der gregorianische Komponist reagiert darauf im Chorstück mit musikalischen Höhepunkten an den Schlüsselstellen des Textes, so gleich zu Beginn bei „Beata gens" (Selig das Volk!) und bei „populus, quem elegit Dominus in haereditatem sibi" (das Volk, das der Herr sich zum Erbe erwählt hat). Der Solovers bekräftigt diesen Sachverhalt: Derjenige, der sein Volk auserwählt hat, ist kein Geringerer als der Schöpfer der Welt.

Das Alleluia mit Vers *Domine, exaudi* enthält die eindringliche Bitte um Erhörung des Gebetes, mit musikalischen Höhepunkten bei dem Wort „exaudi" (erhöre!) und „(clamor) meus" (mein [Rufen]). Dem Offertorium *Oravi Deum meum* liegen Textpassagen aus dem Buch Daniel (Kap. 9) zugrunde. Die musikalische Umsetzung dieses Textes ist in mehrfacher Hinsicht hochkomplex, und dies von Beginn an bis zum Schluss. Dennoch ragen zwei Höhepunkte aus dem gesamten musikalischen Geschehen heraus: erneut bei dem Wort „exaudi" (erhöre!) und bei der Textstelle „illumina faciem tuam" (lass leuchten dein Antlitz!). Ernst und bedeutungsschwer präsentiert sich die Communio *Vovete,* die dazu auffordert, Gott Gelübde darzubringen und sie zu erfüllen. Dem trägt der Komponist durch eine gewisse Strenge in der Melodieführung Rechnung, die auf herausragende Höhepunkte verzichtet, vielmehr über weite Strecken auf der modalen Strukturstufe *fa* beharrt.

GESANGSTEXTE

Introitus *Iustus es Domine* (Ps 118/119,137.124; V. Ps 118/119,1)

Iustus es Domine, et rectum iudicium tuum: fac cum servo tuo secundum misericordiam tuam.	Gerecht bist du, Herr, und recht ist dein Richterspruch. Verfahre mit deinem Diener nach deiner Barmherzigkeit.
V. Beati immaculati in via: qui ambulant in lege Domini.	V. Selig, die unbescholten auf dem Weg sind, die wandeln nach dem Gesetz des Herrn.

Graduale *Beata gens* (Ps 32/33,12; V. Ps 32/33,6)

Beata gens, cuius est Dominus Deus eorum: populus, quem elegit Dominus in hereditatem sibi.	Selig das Volk, dessen Gott der Herr ist; das Volk, das der Herr sich zum Erbe erwählt hat.
V. Verbo Domini caeli firmati sunt: et spiritu oris eius omnis virtus eorum.	V. Durch das Wort des Herrn wurden die Himmel befestigt, und durch den Hauch seines Mundes all ihre Kraft.

Alleluia mit Vers *Domine, exaudi* (Ps 101/102,2)

Alleluia.	Alleluia.
V. Domine, exaudi orationem meam, et clamor meus ad te veniat.	V. Herr, erhöre mein Gebet, und mein Rufen möge zu dir kommen.

Offertorium *Oravi Deum meum* (Dan 9,4.2b.17.19)

Oravi Deum meum ego Daniel, dicens: Exaudi, Domine, preces servi tui: illumina faciem tuam	Ich habe zu meinem Gott gebetet, ich Daniel, und sagte: Erhöre, Herr, die Bitten deines Dieners! Lass leuchten dein Angesicht

super sanctuarium tuum:	über deinem Heiligtum
et propitius intende	und achte gnädig
populum istum, super quem	auf dieses Volk, über das
invocatum est	dein Name angerufen
nomen tuum, Deus.	wurde, o Gott!

Communio *Vovete* (Ps 75/76,12.13; V. Ps 75/76,1)

Vovete, et reddite Domino	Legt Gelübde ab und erfüllt sie
Deo vestro, omnes qui	dem Herrn, eurem Gott, ihr alle, die
in circuitu eius affertis munera:	ihr rings um ihn Gaben darbringt;
terribili, et ei	ihm, dem Furcht Gebietenden,
qui aufert	und ihm, der den Fürsten
spiritum principum:	den Geist wegnimmt,
terribili apud omnes	ihm, der gefürchtet ist
reges terrae.	bei allen Königen der Erde.
V. Notus in Iudaea Deus:	V. Bekannt in Judäa ist Gott,
in Israel magnum nomen eius.	in Israel ist groß sein Name.

4. Vierundzwanzigster Sonntag im Jahreskreis

Eröffnet wird das Messproprium dieses Sonntags, des vormaligen XVIII. Sonntags nach Pfingsten, durch einen Introitus, der zu den Kostbarkeiten des gregorianischen Repertoires zählt. Seine textliche Sinnspitze findet sich gleich zu Beginn: „Da pacem, Domine“ (Gib Frieden, Herr!). Die hier verwendete musikalische Intonationsformel verleiht dieser Bitte besonderen Nachdruck. Frieden erbittet der Psalmist (sowie auch der gregorianische Komponist) für alle, die auf Gott harren („sustinentibus te“), besonders aber für sich selbst („servi tui“ – deines Knechtes) und für das ganze Volk Israel („plebis tuae Israel“ – deines Volkes Israel).

Auf das für diesen Sonntag vorgesehene Graduale *Laetatus sum* wurde bereits im Zusammenhang mit dem Messproprium des Vierten Fastensonntags näher eingegangen. Das Alleluia mit Vers *Timebunt gentes* preist die Herrschaft Gottes über die ganze Welt, der alle Völker und alle Herrscher der Erde unterworfen sind. Die sehr kom-

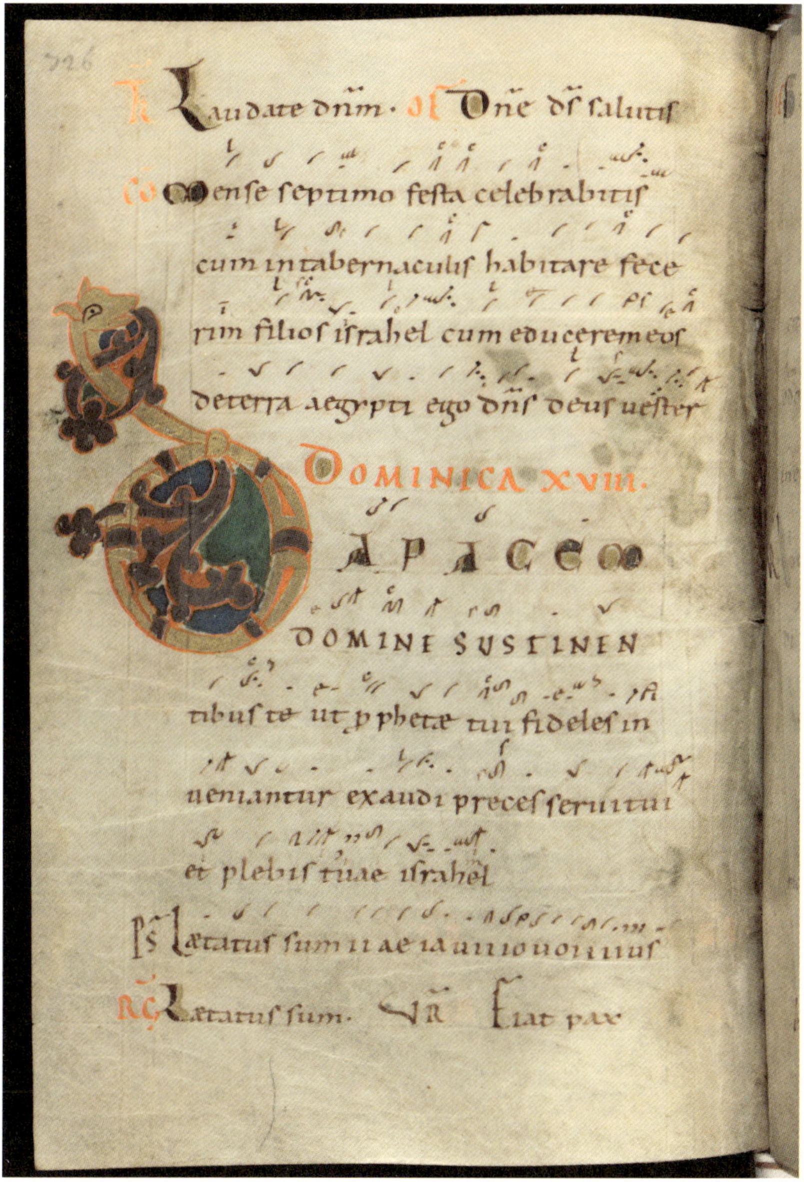

Introitus *Da pacem* aus Einsiedeln Codex 121, p. 332,
2. Hälfte 10. Jh., Stiftsbibliothek Einsiedeln

plexe modale Struktur der Melodie lässt erkennen, dass dieser Gesang nicht zum Urbestand des gregorianischen Repertoires gehört, obwohl er bereits in einigen französischen und italienischen Handschriften des 10. und 11. Jhs. überliefert ist.

Sowohl im Offertorium *Sanctificavit Moyses* als auch in der Communio *Tollite hostias* ist die Rede von Opfern, die Gott dargebracht werden. Während im musikalisch sehr aufwendigen Offertorium die Schlachtung von Opfertieren und die Darbringung von Brandopfern thematisiert werden, liegt der Sinnschwerpunkt in der musikalisch schlichteren Communio mehr auf einem geistigen Opfer, der Selbsthingabe des Menschen an Gott im Akt der Anbetung Gottes. Dazu werden Sänger und Hörer bei der Textstelle „adorate Dominum" (betet den Herrn an!) durch eine Melodiebewegung eingeladen, die sich von Silbe zu Silbe zunehmend tiefer, bis zum absoluten Tiefpunkt der Melodie, „verneigt".

GESANGSTEXTE

Introitus *Da pacem, Domine* (Sir 36,18; V. Ps 121/122,1)

Da pacem, Domine, sustinentibus te, ut prophetae tui fideles inveniantur: exaudi preces servi tui, et plebis tuae Israel.	Gib Frieden, Herr, denen, die auf dich harren, damit deine Propheten für treu befunden werden. Erhöre die Bitten deines Dieners und deines Volkes Israel.
V. Laetatus sum in his quae dicta sunt mihi: in domum Domini ibimus.	V. Ich freute mich über das, was man mir sagte: Wir ziehen zum Haus des Herrn.

Alleluia mit Vers *Timebunt gentes* (Ps 101/102,16)

Alleluia.	Alleluia.
V. Timebunt gentes nomen tuum, Domine: et omnes reges terrae gloriam tuam.	V. Die Völker werden deinen Namen fürchten, Herr, und alle Könige der Erde deine Herrlichkeit.

Offertorium *Sanctificavit Moyses* (Ex 24,4.5)

Sanctificavit Moyses altare Domino, offerens super illud holocausta, et immolans victimas: fecit sacrificium vespertinum in odorem suavitatis Domino Deo, in conspectu filiorum Israel.	Mose weihte dem Herrn einen Altar, brachte auf ihm Brandopfer dar und schlachtete Opfertiere. Er brachte dem Herrn und Gott ein Abendopfer mit süßem Wohlgeruch dar, vor dem Angesicht der Kinder Israels.

Communio *Tollite hostias* (Ps 95/96,8.9; V. Ps 95/96,1)

Tollite hostias, et introite in atria eius: adorate Dominum in aula sancta eius.	Nehmt Opfergaben und tretet ein in seine Vorhöfe, betet den Herrn an in seinen heiligen Hallen!
V. Cantate Domino canticum novum: cantate Domino, omnis terra.	V. Singt dem Herrn ein neues Lied, singt dem Herrn, alle Welt!

5. Fünfundzwanzigster Sonntag im Jahreskreis

Dieses Gesangsproprium entspricht in all seinen Teilen jenem des XIX. Sonntags nach Pfingsten der vorkonziliaren Ordnung des Kirchenjahres. Gott als Heil seines Volkes, das ist das Thema des Introitus *Salus populi*. Diese Heilszusage Gottes gilt für immer, auf ewig („in perpetuum“), wie die Melodieführung ganz zum Schluss der Antiphon mit großem Nachdruck unterstreicht.

Geradezu tonmalerisch präsentiert sich das Graduale *Dirigatur* von Beginn des Chorstückes an mit stetig zunehmender Höherführung der Melodie bis zur Spitzenlage des VII. Modus bei dem Wort „incensum“ (Weihrauch). Was für eine wunderbare musikalische Illustration des Gebetes, das wie Weihrauch zu Gott emporsteigt! Ähnlich bildhaft bewegt sich der Solovers bei der Textstelle „Elevatio manuum mearum“ (Das Erheben meiner Hände), wo die Melodie den oberen Grenzbereich des Chorstückes noch um einen Ton übersteigt.

Im Alleluia mit Vers *Confitemini Domino* fällt der ungewöhnlich kurze, dafür aber umso schwungvoller zum Spitzenton aufstrebende Jubilus auf der Endsilbe des Wortes „Alleluia“ auf, der identisch bei der Endsilbe des Soloverses wiederkehrt. So erweist sich dieser Gesang als gestraffte, aber sehr prägnante Form eines Lobliedes auf Gott und sein Wirken in Schöpfung und Geschichte.

Im ersten Moment mutet das Offertorium *Si ambulavero* düster und bedrohlich an. Da ist die Rede von einer Notsituation („in medio tribulationis“ – mitten in der Bedrängnis) und zornigen Feinden („super iram inimicorum meorum“ – über dem Zorn meiner Feinde). Und die Melodieführung trägt hier dazu bei, den düsteren Eindruck noch zu verstärken. Doch nicht Anfeindung und Bedrohung haben das letzte Wort, sondern das rettende Eingreifen Gottes, wie besonders auch die musikalische Umsetzung der Textstellen „vivificabis me“ (du wirst mich beleben), „extendes manum tuam“ (du wirst deine Hand ausstrecken) und „salvum me fecit dextera tua“ (heil gemacht hat mich deine Rechte) unterstreicht. Der Text der Communio *Tu mandasti* kreist – wie übrigens der gesamte Psalm 118/119 mit seinen 176 Versen – um die Begriffe Wort, Gebote („mandata“), Rechtsprechungen („iustificationes“) Gottes. Entsprechend kreisend bewegt sich auch die Melodieführung, vor allem im Schlussteil der Antiphon.

GESANGSTEXTE

Introitus *Salus populi* (Ps 36/37,39.40.28; V. Ps 77/78,1)

Salus populi ego sum,	Das Heil des Volkes bin ich,
dicit Dominus:	spricht der Herr.
de quacumque tribulatione	Aus welcher Not sie
clamaverint ad me,	mich auch anrufen,
exaudiam eos: et ero illorum	ich werde sie erhören,
Dominus in perpetuum.	und ich werde ihr Herr sein auf ewig.

V. Attendite popule meus
legen meam:
inclinate aurem vestram
in verba oris mei.

V. Achte, mein Volk,
auf mein Gesetz,
neigt euer Ohr
den Worten meines Mundes!

Graduale *Dirigatur* (Ps 140/141,2a; V. Ps 140/141,2b)

Dirigatur oratio mea
sicut incensum
in conspectu tuo, Domine.

Aufsteige mein Gebet
wie Weihrauch
vor dein Angesicht, Herr.

V. Elevatio manuum mearum
sacrificium vespertinum.

V. Das Erheben meiner Hände
sei ein abendliches Opfer.

Alleluia mit Vers *Confitemini ... et invocate* (Ps 104/105,1)

Alleluia.
V. Confitemini Domino,
et invocate nomen eius:
annuntiate inter gentes
opera eius.

Alleluia.
V. Preist den Herrn
und ruft an seinen Namen,
verkündet unter den Völkern
seine Werke!

Offertorium *Si ambulavero* (Ps 137/138,7)

Si ambulavero
in medio tribulationis,
vivificabis me, Domine:
et super iram inimicorum
meorum extendes manum tuam,
et salvum me fecit dextera tua.

Wenn ich wandle
inmitten von Bedrängnis,
belebst du mich, Herr.
Und über den Zorn meiner Feinde
streckst du deine Hand aus,
und deine Rechte hat mich gerettet.

Communio *Tu mandasti* (Ps 118/119,4.5; V. Ps 118/119,1)

Tu mandasti mandata tua
custodiri nimis:
utinam dirigantur viae meae,
ad custodiendas
iustificationes tuas.

Du hast befohlen, deine Gebote
genau zu beachten.
O dass meine Wege darauf
ausgerichtet seien,
deine Weisungen zu beachten.

V. Beati immaculati
in via: qui ambulant
in lege Domini.

V. Selig, die unbescholten sind
auf dem Weg, die wandeln
nach dem Gesetz des Herrn.

Hinweis: Eine Einspielung der hier behandelten Messproprien ist zu finden auf der CD *Mirabilia fecit Dominus. Sonntage im Jahreskreis XXI-XXV und XXXII im Gregorianischen Choral*. Consortium Vocale Oslo, Leitung: Alexander M. Schweitzer, ISBN 978-3-8306-7796-3.

XIII. SONNTAGE IM JAHRESKREIS XXVI–XXX

Alle Gesänge der hier zu behandelnden Messproprien sind in den ältesten Choralhandschriften vom 8. bis 10. Jh. gut bezeugt, in der überwiegenden Mehrzahl sogar schon in den Texthandschriften des 8./9. Jhs. Damit sind die weitaus meisten dieser Gesänge dem Kernrepertoire des Gregorianischen Chorals zuzurechnen, das durch eine besonders enge Beziehung zwischen Text und Melodie, und dies auf künstlerisch hohem Niveau, ausgewiesen ist.

1. Sechsundzwanzigster Sonntag im Jahreskreis

Die Propriumsgesänge dieser Sonntagsmesse entsprechen ohne Ausnahme jenen des XX. Sonntags nach Pfingsten der vorkonziliaren Ordnung des Kirchenjahres. Im Introitus *Omnia quae fecisti* werden die Gerechtigkeit Gottes und seine Barmherzigkeit einander gegenübergestellt. Sie schließen einander nicht aus, sondern ergänzen sich gegenseitig. Dennoch drückt der Text aus dem Buch Daniel die Hoffnung aus, dass das letzte Wort der Barmherzigkeit Gottes vorbehalten bleibt, Gott zum Ruhm und dem Menschen zum Heil. Davon ließ sich auch der gregorianische Komponist inspirieren, der zwar im ersten Teil auch das gerechte Tun Gottes an den Menschen gebührend hervorhebt, aber im Schlussteil der vertrauensvollen Bitte um das Erbarmen Gottes noch größeren musikalischen Nachdruck verleiht.

Das für diesen Sonntag vorgesehene Graduale *Oculi omnium* findet sich auch im Proprium der Messe vom Letzten Abendmahl am Gründonnerstag und wurde bereits dort näher erörtert. Von der Bereitschaft, Gott aus ganzem Herzen ein Loblied darzubringen, ist im Alleluia mit Vers *Paratum cor meum* die Rede. Die Typusmelodie im III. Modus eignet sich vortrefflich, den drei textlichen Sinneinhei-

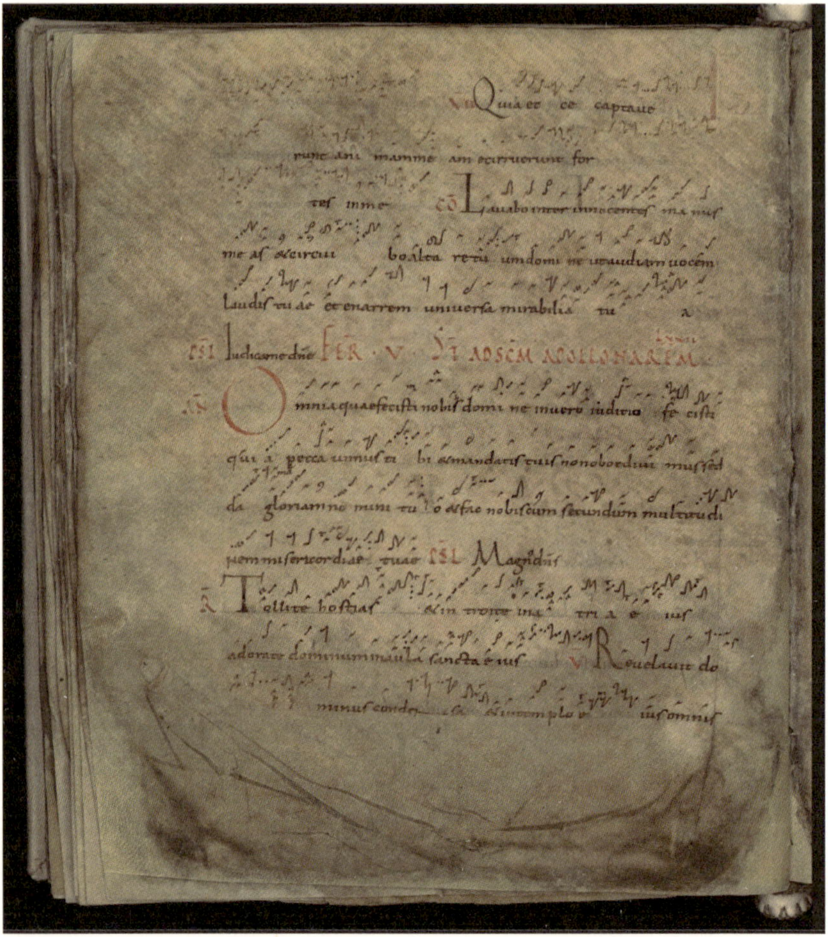

Introitus *Omnia quae fecisti* aus Codex Laon 239, fol. 97r,
ca. 930, Ville de Laon, Bibliothèque municipale

ten des Soloverses, dem zweimaligen „paratum cor meum“ (bereit ist mein Herz), „cantabo et psallam“ (ich will singen und lobpreisen) und „in gloria mea“ (in meiner Herrlichkeit), mit wirkungsvoller musikalischer Gestik gerecht zu werden.

Mit dem Offertorium *Super flumina* ist dem gregorianischen Komponisten ein Meisterwerk gelungen, in dem der Schmerz des Volkes Israel über den Verlust der Heimat und das Leben in der Fremde Babylons besonders eindrucksvoll in Musik umgesetzt ist. Das Wort Gottes schenkt dem Menschen, der in Not geraten ist, Hoffnung und Trost. Das ist das Thema der Communio *Memento verbi tui*. Die insgesamt schlichte Melodieführung erreicht bei der Textstelle „haec me consolata est“ (diese hat mich getröstet) eine gewisse expressive Verdichtung, mit deutlicher Hervorhebung des Personalpronomens „me“ (mich). Das Hoffnung und Trost spendende Wort Gottes ist kein leeres, abstraktes Versprechen, sondern gilt dem Menschen ganz persönlich, ist Ausdruck der liebenden Hinwendung Gottes zum Menschen.

GESANGSTEXTE

Introitus *Omnia quae fecisti* (Dn 3,31.29.30.43.42; V. Ps 47/48,2)

Omnia quae fecisti nobis, Domine, in vero iudicio fecisti, quia peccavimus tibi, et mandatis tuis non obedivimus: sed da gloriam nomini tuo, et fac nobiscum secundum multitudinem misericordiae tuae.	Alles, was du uns getan hast, Herr, hast du nach gerechtem Urteil getan, denn wir haben vor dir gesündigt und deinen Geboten nicht gehorcht. Aber verleihe Ehre deinem Namen und handle an uns nach der Fülle deiner Barmherzigkeit!
V. Magnus Dominus et laudabilis nimis: in civitate Dei nostri, in monte sancto eius.	V. Groß ist der Herr und hoch zu loben, in der Stadt unseres Gottes, auf seinem heiligen Berg.

Alleluia mit Vers *Paratum cor meum* (Ps 107/108,2)

Alleluia.	Alleluia.
V. Paratum cor meum, Deus, paratum cor meum: cantabo, et psallam in gloria mea.	V. Bereit ist mein Herz, o Gott, bereit ist mein Herz. Singen und spielen will ich in meiner Herrlichkeit.

Offertorium *Super flumina* (Ps 136/137,1)

Super flumina Babylonis, illic sedimus, et flevimus, dum recordaremur tui, Sion.	An den Flüssen Babylons, dort saßen wir und weinten, wenn wir deiner gedachten, Zion.

Communio *Memento verbi tui* (Ps 118/119,49.50; V. Ps 118/119,1)

Memento verbi tui servo tuo, Domine, in quo mihi spem dedisti: haec me consolata est in humilitate mea.	Gedenke deines Wortes an deinen Diener, Herr, in dem du mir Hoffnung gegeben hast. Diese hat mich getröstet in meiner Niedrigkeit.
V. Beati immaculati in via: qui ambulant in lege Domini.	V. Selig, die untadelig sind auf dem Weg, die wandeln nach dem Gesetz des Herrn.

2. Siebenundzwanzigster Sonntag im Jahreskreis

Alle Menschen und der gesamte Kosmos sind dem Willen und der Macht des Schöpfergottes unterworfen. Mit diesem Gedanken wird die Messe des XXVII. Sonntags im Jahreskreis, des vormaligen XXI. Sonntags nach Pfingsten, durch den Introitus *In voluntate tua* eröffnet. Seine Melodie umkreist das ganze Stück hindurch die modale Grundtonstufe *mi*, die ihrerseits von Beginn an der starken Anziehungskraft der Tonstufe *fa* ausgesetzt ist. Diese modale Ambivalenz im unteren Halbtonbereich – wohl das wichtigste Charakteristikum des IV. Modus – hält den gesamten Melodieverlauf in stetiger Spannung, und dies obgleich kaum nennenswerte musikalische Höhepunkte zu verzeichnen sind.

Das Graduale *Domine, refugium* preist Gott als Zuflucht des Menschen und als ungeschaffenen Schöpfer der Welt, der schon von Ewigkeit ist. Die Typusmelodie im II. Modus ist reich an musikalischen Höhepunkten, die der Bedeutung des Textinhalts insgesamt Rechnung tragen. Der Text des Alleluia mit Vers *In exitu Israel* verweist auf die Frühgeschichte des Volkes Israel, namentlich auf seine Herausführung aus dem Land Ägypten. Die in relativ wenigen Handschriften überlieferte Melodie ist unter modalem Gesichtspunkt mehrdeutig. Es finden sich Hinweise sowohl auf den II. Modus als auch auf den IV. und sogar V. Modus. Die im Graduale Novum wiedergegebene Melodiefassung im VIII. Modus orientiert sich vor allem an der Handschrift Einsiedeln 121 (2. Hälfte 10. Jh.) sowie an einigen späteren ostfränkischen Handschriften.

Im Offertorium *Vir erat in terra* wird die Leidensgeschichte des Dulders Hiob erzählt, dies mit stetig zunehmender Steigerung vom Verlust seines Besitzes über den Verlust seiner Kinder bis hin zum Befall seines Leibes mit Geschwüren. Die Dramatik des Textinhaltes findet ihren Niederschlag auch in der Art und Weise der Vertonung, dies nicht in erster Linie durch besonders hervortretende Höhepunkte in der Melodieführung, sondern vielmehr durch zunehmende Verdichtung des rhythmischen Bewegungsablaufes und damit auch der Ausdruckskraft.

Der Text der Communio *In salutari tuo* spricht vom Vertrauen auf das gerechte Gericht und die Heilszusage Gottes inmitten feindlicher Bedrohung. Die einfache und über weite Strecken sogar rezitativische Melodieführung verdichtet sich ganz zum Schluss bei der Anrede Gottes „Domine Deus meus“ (Herr, mein Gott). Das Vertrauen des in Not geratenen Menschen gründet letztlich auf der persönlichen, liebenden Hinwendung Gottes zum Menschen.

GESANGSTEXTE

Introitus *In voluntate tua* (Est 13,9-11; Ps 118/119,1)

In voluntate tua, Domine,	Deinem Willen, o Herr,
universa sunt posita,	unterliegt alles,
et non est qui possit	und niemand kann sich
resistere voluntati tuae:	deinem Willen widersetzen;
tu enim fecisti omnia,	denn du hast alles geschaffen,
caelum et terram, et universa	Himmel und Erde und alles,
quae caeli ambitu	was durch den Himmelsbogen
continentur:	umschlossen wird.
Dominus universorum tu es.	Herr über alles bist du.
V. Beati immaculati	V. Selig, die untadelig sind
in via: qui ambulant	auf dem Weg, die wandeln
in lege Domini.	nach dem Gesetz des Herrn.

Graduale *Domine, refugium* (Ps 89/90,1; V. Ps 89/90,2)

Domine, refugium	Herr, zur Zuflucht
factus es nobis,	bist du uns geworden
a generatione et progenie.	von Geschlecht zu Geschlecht.
V. Priusquam montes fierent,	V. Bevor die Berge entstanden,
aut formaretur terra et orbis:	die Erde und das Weltall
a saeculo, et in saeculum	gebildet wurden, von Ewigkeit
tu es Deus.	zu Ewigkeit bist du, o Gott.

Alleluia mit Vers *In exitu Israel* (Ps 113/114,1)

Alleluia.	Alleluia.
V. In exitu Israel ex Aegypto,	V. Als Israel auszog aus Ägypten,
domus Iacob de populo barbaro.	das Haus Jakob aus fremdem Volk.

Offertorium *Vir erat in terra* (Hiob 1,1.12; 2,5.7)

Vir erat in terra	Es war ein Mann im Lande
nomine Iob,	mit Namen Hiob,
simplex et rectus,	einfach, rechtschaffen
ac timens Deum:	und gottesfürchtig.
quem Satan petiit,	Ihn verlangte der Satan

ut tentaret:	zu versuchen.
et data est ei potestas	Und es wurde ihm
a Domino in facultate	vom Herrn Gewalt gegeben über
et in carne eius:	sein Vermögen und seinen Leib.
perdiditque omnem substantiam	Und er vernichtete all seinen Besitz
ipsius, et filios: carnem	und seine Kinder, und seinen Leib
quoque eius gravi ulcere	verwundete er mit
vulneravit.	bösartigem Geschwür.

Communio *In salutari tuo* (Ps 118/119,81.84.86; V. Ps 118/119,88)

In salutari tuo	Nach deinem Heil sehnt sich
anima mea,	meine Seele,
et in verbum tuum speravi:	und auf dein Wort hoffe ich.
quando facies	Wann wirst du über
de persequentibus me iudicium?	meine Verfolger Gericht halten?
Iniqui persecuti sunt me,	Ungerechte Menschen verfolgen
adiuva me, Domine	mich, komm mir zu Hilfe,
Deus meus.	Herr, mein Gott!
V. Secundum misericordiam	V. Nach deiner Barmherzigkeit
tuam vivifica me:	schenke mir Leben, und befolgen
et custodiam testimonia	will ich die Weisungen
oris tui.	deines Mundes.

3. Achtundzwanzigster Sonntag im Jahreskreis

Mit Ausnahme der Communio entsprechen die Gesänge dieser Sonntagsmesse jenen des XXII. Sonntags nach Pfingsten der vorkonziliaren Ordnung des Kirchenjahres. Mit der Bitte um huldvolle Vergebung der Sünden wendet sich der Introitus *Si iniquitates* an den Gott Israels. Die Wahl des III. Modus mit der für ihn typischen Halbtonspannung *si-do* erweist sich als vorteilhafte Basis, um mehrere musikalische Höhepunkte an den textlichen Sinnspitzen anzubringen.

Im Graduale *Ecce quam bonum* wird das einträchtige, friedliche Zusammenleben unter den Menschen beschworen. Der Gesang beginnt mit dem emphatischen Ausruf „Ecce“ (Siehe!), der durch ein rhythmisch subtil differenziertes Melisma aufhorchen lässt. Der musikalische Höhepunkt des Chorstückes findet sich bei der Textstelle „habitare fratres in unum“ ([wenn] Brüder beisammen wohnen). Im Solovers wird bei dem Wort „descendit“ ([Öl auf dem Haupt, das] herniederrinnt) – konträr zur Wortbedeutung! – der absolute Höhepunkt des gesamten Stückes erreicht. Aber im nachfolgenden Kontext wird dann doch das Herabrinnen des Salböls auf den Bart Aarons in geradezu tonmalerischer Manier dargestellt.

Der Gottesfürchtige darf auf die Hilfe und den Schutz Gottes hoffen. So der Text des Alleluia mit Vers *Qui timent Dominum.* Alle inhaltlichen Sinnspitzen: „Qui timent“ (Die [den Herrn] fürchten), „sperent“ (mögen [auf ihn] hoffen), „adiutor et protector“ ([er ist ihr] Helfer und Beschützer) machen durch aufwendige, melismatische Vertonungen auf sich aufmerksam. Der Text des Offertoriums *Recordare mei* aus dem Buch Esther wendet sich an Gott mit der Bitte um das rechte Wort in der Begegnung mit dem Fürsten. Sinnvollerweise findet sich der erste von zwei melodischen Höhepunkten bei der Textstelle „da sermonem rectum in os meum“ (lege die rechte Rede in meinen Mund!). Was aber wohl den gregorianischen Komponisten zu der ausladenden melismatischen Vertonung des Wortes „conspectu“ ([im] Angesicht [des Fürsten]) bewogen haben mag, darüber kann man nur spekulieren. Der ursprüngliche Ort der Communio *Aufer a me* ist die Messe des Freitags der Quatember-Woche im September. Hier gibt vor allem der Schluss der Antiphon, bei den Worten „nam et testimonia tua meditatio mea est“ (denn auch deine Weisungen sind mein Sinnen), zu denken. Bezeichnenderweise beschränkt sich die Melodieführung an dieser Stelle auf ein meditatives Umkreisen ein und derselben Tonstufe ohne weitere motivische Entfaltung.

GESANGSTEXTE

Introitus *Si iniquitates* (Ps 129/130,3.4; V. Ps 129/130,1.2)

Si iniquitates observaveris Domine, Domine quis sustinebit? Quia apud te propitiatio est, Deus Israel.	Wenn Du auf die Sünden achten würdest, Herr, wer könnte bestehen? Denn bei dir ist Versöhnung, Gott Israels.
V. De profundis clamavi ad te Domine: Domine exaudi vocem meam.	V. Aus der Tiefe rufe ich zu dir, Herr. Herr, erhöre meine Stimme!

Graduale *Ecce quam bonum* (Ps 132/133,1; V. Ps 132/133,2)

Ecce quam bonum, et quam iucundum habitare fratres in unum!	Siehe, wie gut und angenehm ist es, wenn Brüder beisammen wohnen!
V. Sicut unguentum in capite, quod descendit in barbam, barbam Aaron.	V. Es ist wie Salböl auf dem Haupt, das niederrinnt auf den Bart, auf den Bart Aarons.

Alleluia mit Vers *Qui timent Dominum* (Ps 113/114,19)

Alleluia.	Alleluia.
V. Qui timent Dominum, sperent in eo: adiutor et protector eorum est.	V. Die den Herrn fürchten, mögen auf ihn hoffen. Er ist ihr Helfer und Beschützer.

Offertorium *Recordare mei* (Est 14,12.13)

Recordare mei, Domine, omni potentatui dominans: da sermonem rectum in os meum, ut placeant verba mea in conspectu principis.	Gedenke meiner, Herr, der du über jegliche Macht gebietest. Lege die rechte Rede in meinen Mund, damit meine Worte Gefallen finden im Angesicht des Fürsten.

Communio *Aufer a me* (Ps 118/119,22.24; V. Ps 118/119,12)

Aufer a me opprobrium et contemptum,	Nimm weg von mir Schimpf und Verachtung,

quia mandata tua exquisivi, Domine: nam et testimonia tua meditatio mea est.	denn deine Gebote suche ich, Herr. Ja, über deine Weisungen sinne ich nach.
V. Benedictus es, Domine: doce me iustificationes tuas.	V. Gepriesen bist du, Herr, lehre mich deine Ordnungen!

4. Neunundzwanzigster Sonntag im Jahreskreis

Die Propriumsgesänge dieser Sonntagsmesse wurden im Zuge der Liturgiereform – natürlich mit Ausnahme des Alleluia – unterschiedlichen Messen der Fastenzeit entnommen, so der Introitus *Ego clamavi* der Messe des Dienstags der dritten Fastenwoche. Die flehentliche Bitte um Erhörung des Gebetes und um den Schutz und Beistand Gottes wird durch eine spannungsreiche Melodieführung im III. Modus wirksam unterstrichen.

Von besonderer Ausdrucksstärke ist das Graduale *Salvum fac populum,* das im Chorstück Heilung und Segen für das Volk Israel, das Erbteil Gottes, erfleht. Die Melodieführung des Soloverses gleicht einem Hilfeschrei zu Gott aus höchster Not, passend zu dem Text, der von drohenden tödlichen Gefahren spricht. Das Alleluia mit Vers *Lauda, anima mea* wurde im Zuge der Liturgiereform neu in das Repertoire der Propriumsgesänge der Messe aufgenommen, obwohl es bereits in den ältesten Handschriften bezeugt ist, folglich zum Urbestand des Gregorianischen Chorals gehört. Hier bot sich die Typusmelodie im VIII. Modus an, um inhaltlich bedeutsame Ausdrücke wie „Lauda“ (Lobe!), „Dominum“ (den Herrn), „laudabo“ (ich will loben), „Deo meo“ ([ich will singen] meinem Gott), mit Betonung auf „meo“, gebührend hervorzuheben.

Der ursprüngliche Ort des Offertoriums *Meditabor* ist das Messproprium des Zweiten Fastensonntags, weswegen es bereits dort näher besprochen wurde. Die Communio *Domine Dominus noster* ist ein Loblied auf den wunderbaren Namen Gottes. Im Verständnis des alttestamentlichen Menschen ist der Name Gottes gleichbedeutend mit dem Wesen Gottes, seiner Allmacht und seiner Liebe. Der Höhepunkt in der Melodieführung liegt klar bei der Textstelle „quam admirabile" (wie wunderbar ... !). Aber nicht nur an das Volk Israel und nicht nur an die Menschheit insgesamt wendet sich die Offenbarung des Wesens Gottes, seiner Allmacht und Liebe, sondern an die ganze Schöpfung („in universa terra"), wie nicht zuletzt die auffallende Vertonung des Wortes „universa" nachdrücklich unterstreicht.

GESANGSTEXTE

Introitus *Ego clamavi* (Ps 16/17,6.8; V. Ps 16/17,1)

Ego clamavi, quoniam exaudisti me, Deus: inclina aurem tuam, et exaudi verba mea: custodi me, Domine, ut pupillam oculi: sub umbra alarum tuarum protege me.	Ich rief, denn du hast mich erhört, o Gott. Neige dein Ohr und erhöre meine Worte! Behüte mich, Herr, wie den Augenstern, unter dem Schatten deiner Flügel schütze mich!
V. Exaudi Domine iustitiam meam: intende deprecationem meam.	V. Erhöre, Herr, meine Gerechtigkeit, achte auf mein Flehen!

Graduale *Salvum fac populum* (Ps 27/28,9; V. Ps 27/28,1)

Salvum fac populum tuum, Domine: et benedic haereditati tuae.	Rette dein Volk, o Herr, und segne dein Erbe!
V. Ad te Domine clamavi: Deus meus, ne sileas a me, et ero similis descendentibus in lacum.	V. Zu dir, o Herr, rief ich. Mein Gott, schweige nicht vor mir, sonst werde ich denen gleich, die in die Grube hinabfahren.

Alleluia mit Vers *Lauda, anima mea* (Ps 145/146,2)

Alleluia.	Alleluia.

V. Lauda, anima mea, Dominum: laudabo Dominum in vita mea: psallam Deo meo, quamdiu ero.	V. Lobe, meine Seele, den Herrn! Loben will ich den Herrn in meinem Leben, singen meinem Gott, solange ich bin.

Communio *Domine Dominus noster* (Ps 8,2a; V. Ps 8,2b)

Domine Dominus noster, quam admirabile est nomen tuum in universa terra!	Herr, unser Herrscher, wie wunderbar ist dein Name auf der ganzen Erde!
V. Quoniam elevata est magnificentia tua, super caelos.	V. Denn erhaben ist deine Hoheit, hoch über die Himmel.

5. Dreißigster Sonntag im Jahreskreis

Der Introitus *Laetetur cor* dieser Sonntagsmesse findet im Laufe eines Jahres mehrmals Verwendung. In den mittelalterlichen Handschriften erscheint er mit vollständigem Text und vollständiger Neumennotation in der Messe des Donnerstags nach dem Vierten Fastensonntag. Dem Aufruf zur Freude an die Adresse derer, die Gott suchen, entspricht eine Melodieführung, die in schwungvollen Bewegungen den gesamten Tonraum des II. Modus nach oben und nach unten durchmisst.

Das Graduale *Clamaverunt iusti* stammt ursprünglich aus dem Messproprium der heiligen Märtyrer Marcellinus und Petrus und findet sich im Graduale Romanum von 1908 sowie auch im nachkonziliaren Graduale Romanum von 1974 beim Commune der Märtyrer. Sein Text handelt von der Befreiung und Rettung vor dem Untergang, die Gott den gerechten, d. h. gottesfürchtigen Menschen in großer Bedrängnis zukommen lässt. Der an mehreren Stellen subtil differenzierte rhythmische Verlauf der Melodie sowie die zahlreichen schwungvollen Aufwärtsbewegungen der Melodie bis an die Obergrenze des VII. Modus unterstreichen diese Befreiungstat Gottes auf äußerst effektvolle Weise.

Das Alleluia mit Vers *Lauda, Ierusalem* ist ein einziger Aufruf zum Lob Gottes, der in Jerusalem, auf dem Berg Zion, unter seinem Volk gegenwärtig ist. Das Alleluia selbst verwendet die Typusmelodie im IV. Modus, die Melodie des Verses geht hingegen eigene Wege, wobei hier jedem Wort des Textes ein markantes melodisches und rhythmisches Profil zugedacht ist.

Der ursprüngliche Ort des Offertoriums *Domine, vivifica me* ist die Messe des Freitags nach Aschermittwoch. Die im Text enthaltene Bitte um das Leben spendende Wort Gottes wird eingeleitet durch den Vokativ „Domine" (Herr!), dessen ungewöhnliche Höhenlage gleich zu Beginn des Stückes aufhorchen lässt und die Dringlichkeit der Bitte wirksam unterstreicht. Die musikalische Gestalt der Communio *Laetabimur,* die sich in den Handschriften beim Dienstag nach dem Vierten Fastensonntag findet, ist Ausdruck geradezu überschwenglicher Freude über Gott, der sich als Retter erwiesen hat, zum Ruhme seines Volkes.

GESANGSTEXTE

Introitus *Laetetur cor* (Ps 104/105,3.4; V. Ps 104/105,1)

Laetetur cor quaerentium Dominum: quaerite Dominum, et confirmamini: quaerite faciem eius semper.	Es freue sich das Herz derer, die den Herrn suchen. Sucht den Herrn und werdet stark, sucht sein Antlitz allezeit!
V. Confitemini Domino, et invocate nomen eius: annuntiate inter gentes opera eius.	V. Preist den Herrn und ruft seinen Namen an, verkündet unter den Völkern seine Taten!

Graduale *Clamaverunt iusti* (Ps 33/34,18; V. Ps 33/34,19)

Clamaverunt iusti, et Dominus exaudivit eos: et ex omnibus tribulationibus eorum liberavit eos.	Es schrien die Gerechten, und der Herr hat sie erhört, und aus all ihren Bedrängnissen hat er sie befreit.

V. Iuxta est Dominus his, qui tribulato sunt corde: et humiles spiritu salvabit.	V. Nahe ist der Herr denen, die zerschlagenen Herzens sind, und die demütig im Geiste sind, macht er heil.

Alleluia mit Vers *Lauda, Ierusalem* (Ps 147,12)

Alleluia.	Alleluia.
V. Lauda, Ierusalem, Dominum: lauda Deum tuum, Sion.	V. Lobe, Jerusalem, den Herrn, lobe deinen Gott, Zion!

Offertorium *Domine, vivifica me* (Ps 118/119,107.125)

Domine, vivifica me secundum eloquium tuum: ut sciam testimonia tua.	Herr, belebe mich nach deinem Wort, damit ich deine Weisungen erkenne!

Communio *Laetabimur* (Ps 19/20,6; V. Ps 19/20,2)

Laetabimur in salutari tuo: et in nomine Domini Dei nostri magnificabimur,	Freuen wollen wir uns über dein Heil, und im Namen des Herrn, unseres Gottes, wollen wir uns rühmen.
V. Exaudiat te Dominus in die tribulationis: protegat te nomen Dei Iacob.	V. Es erhöre dich der Herr am Tag der Bedrängnis, es beschütze dich der Name des Gottes Jakobs.

Hinweis: Eine Einspielung der hier behandelten Messproprien ist zu finden auf der CD *Testimonia tua meditatio mea. Sonntage im Jahreskreis XXVI-XXX und Woche XXXIV im Gregorianischen Choral.* Schola Gregoriana Monacensis, Leitung: Johannes B. Göschl, ISBN 978-3-8306-7797-0.

XIV. SONNTAGE IM JAHRESKREIS XXXI–XXXIII UND WOCHE XXXIV

1. Einunddreißigster Sonntag im Jahreskreis

Von drei Gesängen dieses Messpropriums war bereits früher die Rede: vom Graduale *Suscepimus Deus* im Zusammenhang mit dem Fest der Darstellung des Herrn am 2. Februar, vom Offertorium *Benedic anima mea* in Verbindung mit dem II. Sonntag nach Weihnachten und von der Communio *Notas mihi fecisti* im Zusammenhang mit den Messgesängen der I. Woche im Jahreskreis. Hier soll kurz auf die beiden restlichen Gesänge eingegangen werden: den Introitus und das Alleluia mit Vers.

Der ursprüngliche Ort des Introitus *Ne derelinquas me* ist die Messe des Mittwochs in der zweiten Woche der Fastenzeit. Der Text lässt einen ernsten bzw. bedrohlichen Hintergrund erahnen. Deshalb überrascht einmal mehr die Wahl des VII. Modus, der aber nur im ersten Satz den für ihn typischen Elan entfaltet. Der gesamte Rest des Gesangs zeigt hingegen eine straffere und dichtere kompositorische Struktur (ohne größere Aufschwünge der Melodie), die aber umso geeigneter erscheint, der flehentlichen Bitte um den Beistand Gottes Ausdruck zu verleihen.

Das Alleluia mit Vers *Verbo Domini* ist nur in wenigen mittelalterlichen Handschriften enthalten, die zudem an mehreren Stellen voneinander abweichen. Die Version der Vatikanischen Choralausgabe sowie auch die revidierte Fassung des Graduale Novum stellen eine Adaptation des Alleluia mit Vers *Angelus Domini* des Ostermontags dar. Diese Adaptation orientiert sich sehr eng am Original, sodass von dessen Ausdruckskraft und Anmut viel erhalten geblieben ist.

GESANGSTEXTE

Introitus *Ne derelinquas me* (Ps 37/38,22.23; V. Ps 37/38,2)

Ne derelinquas me, Domine Deus meus, ne discedas a me: intende in adiutorium meum, Domine virtus salutis meae.	Verlass mich nicht, Herr, mein Gott, gehe nicht weg von mir! Achte auf meine Hilfe, Herr, Kraft meines Heils!
V. Domine, ne in furore tuo arguas me: neque in ira tua corripias me.	V. Herr, überführe mich nicht in deinem Zorn, und in deinem Grimm züchtige mich nicht!

Alleluia mit Vers *Verbo Domini* (Ps 32/33,6)

Alleluia.	Alleluia.
V. Verbo Domini caeli firmati sunt, et Spiritu oris eius omnis virtus eorum.	V. Durch das Wort des Herrn wurden die Himmel befestigt und durch den Hauch seines Mundes all ihre Macht.

2. Zweiunddreißigster Sonntag im Jahreskreis

Das Proprium dieser Sonntagsmesse setzt sich aus Gesängen zusammen, deren ursprünglicher Ort unterschiedliche Wochentage der Fastenzeit sind. Die Bitte um Erhörung des Gebetes durch Gott, wie sie der Text des Introitus *Intret oratio* zum Ausdruck bringt, erfährt durch die Melodieführung im III. Modus mit der für sie charakteristischen Halbtonspannung *si–do* den adäquaten musikalischen Nachdruck. Das Graduale *Dirigatur* wurde bereits in Verbindung mit dem Messproprium des XXV. Sonntags im Jahreskreis besprochen.

Das Alleluia mit Vers *Qui posuit fines* präsentiert sich über weite Strecken mit der Typusmelodie im IV. Modus, d. h. einer Melodie, die im gregorianischen Repertoire mit unterschiedlichen Texten mehrmals wiederkehrt. Inhaltlich ist es ein Loblied auf Gott, der seinem

Volk Frieden verschafft und für das leibliche Wohl der Menschen Sorge trägt. Mit der Bitte um Geleit auf den rechten Weg wendet sich das Offertorium *Gressus meos* an Gott. Der textliche und musikalische Höhepunkt findet sich bei der Textstelle „secundum eloquium tuum" (nach deinem Wort). Es ist Gott selbst, der durch das Wort der Offenbarung dem Menschen den richtigen Weg zeigt. Der Text der Communio *Dominus regit me* ist Psalm 22/23, dem wohl bekanntesten und beliebtesten aller Psalmen, entnommen. Hier ist fast jedes Wort inhaltlich von großem Gewicht und tiefer Bedeutung, was den gregorianischen Komponisten zu einer aufwendigen Vertonung mit vielen musikalischen Höhepunkten inspiriert hat.

GESANGSTEXTE

Introitus *Intret oratio mea* (Ps 87/88,3; V. Ps 87/88,2)

Intret oratio mea in conspectu tuo: inclina aurem tuam ad precem meam, Domine.	Mein Gebet trete vor dein Angesicht. Neige dein Ohr zu meinem Flehen, Herr.
V. Domine Deus salutis meae: in die clamavi, et nocte coram te.	V. Herr, Gott meines Heils, am Tag rufe ich und in der Nacht vor dir.

Alleluia mit Vers *Qui posuit fines* (Ps 147,14)

Alleluia.	Alleluia.
V. Qui posuit fines tuos pacem, et adipe frumenti satiat te.	V. Er verleiht deinen Grenzen Frieden und mit dem Mark des Weizens sättigt er dich.

Offertorium *Gressus meos* (Ps 118/119,133)

Gressus meos dirige Domine secundum eloquium tuum: ut non dominetur omnis iniustitia, Domine.	Meine Schritte lenke, Herr, nach deinem Wort, damit nicht irgendein Unrecht triumphiere, Herr.

Communio *Dominus regit me* (Ps 22/23,1.2; V. Ps 22/23,3)

Dominus regit me, et nihil mihi deerit: in loco pascuae ibi me collocavit: super aquam refectionis educavit me.	Der Herr leitet mich, und mir wird nichts fehlen. Auf dem Ort der Weide, dort ließ er mich lagern, und mit frischem Wasser zog er mich auf.
V. Deduxit me super semitas iustitiae: propter nomen suum.	V. Er führte mich auf Pfade der Gerechtigkeit, getreu seinem Namen.

3. Dreiunddreißigster Sonntag im Jahreskreis

Die hier zur Frage stehenden Propriumsgesänge der Messe des vormaligen XXIII. und XXIV. Sonntags nach Pfingsten sind erfüllt von eschatologischem Gedankengut, nicht zuletzt inspiriert von der Evangeliumsperikope vom Jüngsten Gericht (Mt 24, 15-35), das für den XXIV. Sonntag nach Pfingsten, den letzten Sonntag des Kirchenjahres, vorgesehen war. Aber auch in der nachkonziliaren Liturgie sind die letzten Sonntage im Jahreskreis von der Blickrichtung auf das Jenseits geprägt, wenn auch mit unterschiedlichen Akzentsetzungen in den drei Lesejahren.

Das den Introitus *Dicit Dominus: Ego cogito* beherrschende Thema kreist um die Zusage Gottes, seinem Volk Frieden zu schenken und es aus der (babylonischen) Gefangenschaft heimzuführen. Dies wird nicht zuletzt am kompositorischen Aufbau des Gesangs deutlich, wo die textlichen Sinnspitzen durch herausragende musikalische Höhepunkte gekennzeichnet sind.

Im Graduale *Liberasti nos* hat die Antwort des Volkes Israel auf die Befreiungstat Gottes eine an vielen Stellen überschwengliche musikalische Form angenommen. Der absolute Höhepunkt wird im Solovers bei den Worten „In Deo laudabimur tota die“ (In Gott rühmen wir uns den ganzen Tag) erreicht. Das Lob Gottes auf sein rettendes Eingreifen in der Geschichte des auserwählten Volkes Israel wie auch des neutestamentlichen pilgernden Volkes Gottes, repräsentiert durch die eucharistische Gemeinschaft, darf kein Ende finden, muss in alle Ewigkeit fortdauern.

Dem Alleluia mit seinem Vers *De profundis* und dem Offertorium *De profundis* liegt ein und dieselbe Textpassage aus Psalm 129/130 zugrunde. Dennoch verströmen beide Gesänge eine zutiefst unterschiedliche Atmosphäre. Klingt das Alleluia mit Vers in seinem lichten und überbordenden Melos wie ein einziges Loblied, im sicheren Bewusstsein, dass Gott den Hilfeschrei aus der Tiefe („De profundis clamavi ad te, Domine" – Aus der Tiefe rufe ich zu dir, o Herr) bereits erhört hat, erweckt das Offertorium den Eindruck eines nach Hilfe rufenden Menschen, der tief darniederliegt und sehnsüchtig seine Hände nach dem rettenden Arm Gottes ausstreckt.

In der Communio *Amen dico vobis, quidquid,* in der der gregorianische Komponist Worte Jesu aus Mk 11,23.24 vertont hat, schließt sich der Kreis jener Aussagen, die schon im Introitus bei den Worten „invocabitis me, et ego exaudiam vos" (ihr werdet mich anrufen, und ich werde euch erhören) anklangen. Weist die dortige Textpassage eine geradezu emphatische musikalische Ausgestaltung auf, so ist hier eben der gleiche Sachverhalt, nämlich die Gewissheit, von Gott erhört zu werden, in ein schlichteres Melos gekleidet, das aber ganz zum Schluss bei den Worten „et fiet vobis" (und so wird euch geschehen) doch noch eine deutliche Hervorhebung erfährt. Auf diese Weise mündet die Botschaft der letzten, stark eschatologisch geprägten Sonntage im Jahreskreis in die Verheißung: Bei allen existenziellen Bedrohungen (auch der heutigen Zeit) setzt euer Vertrauen auf Gott, dann wird alles gut!

GESANGSTEXTE

Introitus *Dicit Dominus: Ego cogito* (Jer 29,11.12.14; V. Ps 84/85,2)

Dicit Dominus:	So spricht der Herr:
Ego cogito cogitationes pacis,	„Ich denke Gedanken des Friedens

et non afflictionis:	und nicht des Verderbens.
invocabitis me,	Ihr werdet mich anrufen,
et ego exaudiam vos:	und ich werde euch erhören.
et reducam	Und ich werde euch
captivitatem vestram	aus der Gefangenschaft
de cunctis locis.	zurückführen von überall her".
V. Benedixisti, Domine,	V. Gesegnet hast du, Herr,
terram tuam:	dein Land und die
avertisti captivitatem Iacob.	Gefangenschaft Jakobs abgewendet.

Graduale *Liberasti nos* (Ps 43/44,8; V. Ps 43/44,9)

Liberasti nos, Domine,	Du hast uns befreit, o Herr,
ex affligentibus nos:	von denen, die uns bedrängen;
et eos, qui nos oderunt,	und die uns hassen,
confudisti.	hast du zuschanden gemacht.
V. In Deo laudabimur tota die,	V. In Gott rühmen wir uns
et nomini tuo confitebimur	den ganzen Tag, und deinen
in saecula.	Namen preisen wir in Ewigkeit.

Alleluia mit Vers *De profundis* (Ps 129/130,1.2)

Alleluia.	Alleluia.
V. De profundis clamavi ad te,	V. Aus der Tiefe rufe ich zu dir,
Domine: Domine,	o Herr. Herr,
exaudi vocem meam.	erhöre meine Stimme!

Offertorium *De profundis* (Ps 129/130,1.2)

De profundis clamavi ad te,	Aus der Tiefe rufe ich zu dir,
Domine: Domine,	o Herr. Herr,
exaudi orationem meam:	erhöre mein Gebet!
De profundis	Aus der Tiefe rufe ich
clamavi ad te, Domine.	zu dir, o Herr.

Communio *Amen dico vobis, quidquid* (Mk 11,23.24; V. Ps 129/130,1.2)

Amen dico vobis,	Amen, ich sage euch:
quidquid orantes petitis,	Was immer ihr im Gebet erbittet,
credite,	glaubt nur,

quia accipietis, et fiet vobis.	dass ihr es erhalten werdet, und so wird euch geschehen.
V. De profundis clamavi ad te, Domine: Domine, exaudi vocem meam.	V. Aus der Tiefe rufe ich zu dir, o Herr. Herr, erhöre meine Stimme!

4. Vierunddreißigste Woche im Jahreskreis

Am letzten Sonntag des Kirchenjahres feiert die Katholische Kirche das Hochfest Christkönig, das die liturgische Feier des XXXIV. Sonntags im Jahreskreis verdrängt. Dennoch wird ein eigenes Messformular inklusive Messproprium angeboten, das für die festlosen Werktage der darauffolgenden Woche vorgesehen ist. Von den fünf Gesängen dieses Propriums wurden bereits zwei besprochen, nämlich das Offertorium *Bonum est confiteri* im Zusammenhang mit den Messgesängen des IV. Sonntags im Jahreskreis und die Communio *Ierusalem, quae aedificatur* in Verbindung mit den Messgesängen des Vierten Fastensonntags. Die hier vorgesehenen „Zwischengesänge", Graduale und Alleluia, die nach der (einzigen) Lesung vor dem Evangelium wahlweise oder auch nacheinander zusammen gesungen werden können, sind dem Messproprium des Dreifaltigkeitssonntags entnommen. Auf sie wird im Zusammenhang mit diesem Festproprium einzugehen sein.

Als einziger Gesang des Messpropriums der XXXIV. Woche im Jahreskreis ist folglich der Introitus *Loquetur Dominus pacem* für eine kurze Besprechung verblieben. Ursprünglich dem Messproprium der heiligen Märtyrer Gervasius und Protasius zugehörig, verheißt dieser Introitus Frieden dem Volk Israel, vor allem den Gottesfürchtigen, aber auch denen, die sich zu Gott bekehren. Durch den Melodieverlauf im III. Modus werden die textlichen Sinnschwerpunkte „pacem" (Frieden), „plebem suam" (sein Volk), „sanctos suos" (seine Heiligen), „qui convertuntur" (die sich bekehren) klar hervorgehoben. Auch die Menschen von heute sehnen sich nach Frieden. Möge

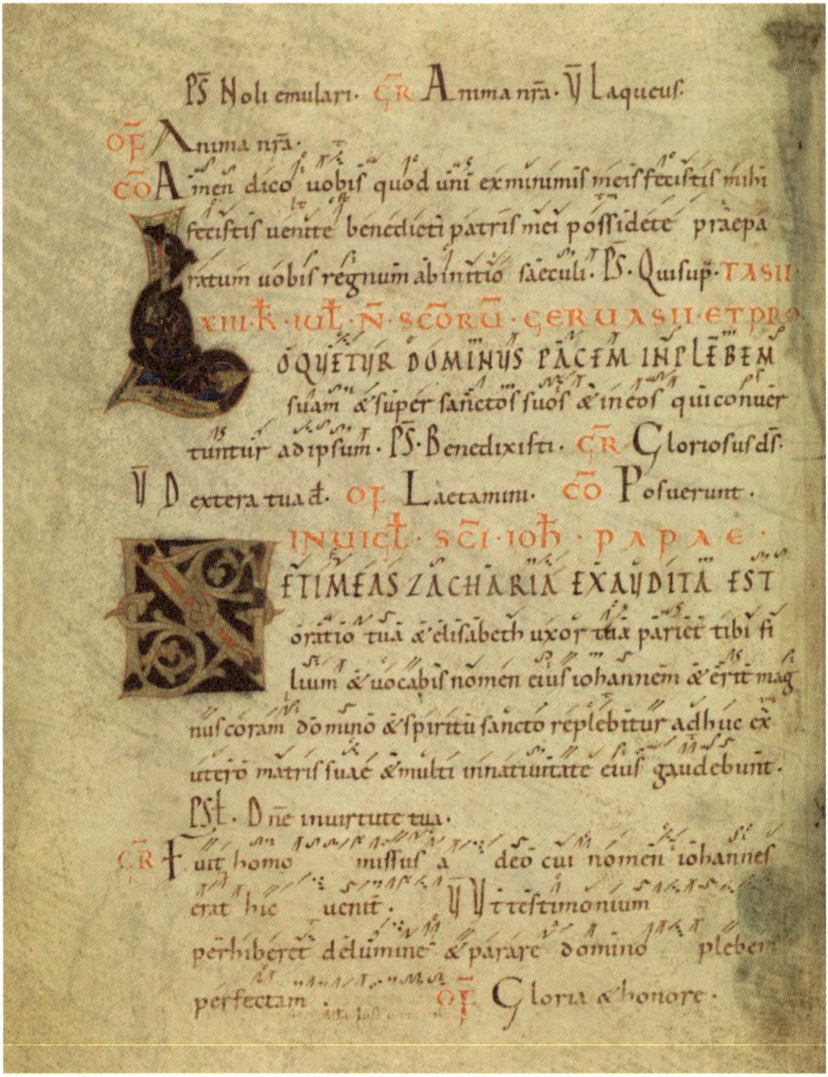

Introitus *Loquetur Dominus pacem* aus
Staatsbibliothek Bamberg, Codex lit. 6, fol. 52v, um 1000

Gott seinen Frieden, den wahren Frieden, auch uns, allen Völkern und allen Menschen auf der Erde zusprechen.

GESANGSTEXT

Introitus *Loquetur Dominus pacem* (Ps 84/85,9; V. Ps 84/85,2)

Loquetur Dominus pacem in plebem suam: et super sanctos suos, et in eos qui convertuntur ad ipsum.	Frieden spricht der Herr seinem Volk zu, und seinen Heiligen und denen, die sich zu ihm bekehren.
V. Benedixisti, Domine, terram tuam: avertisti captivitatem Iacob.	V. Gesegnet hast du, o Herr, dein Land, hast abgewendet die Gefangenschaft Jakobs.

Hinweis: Einspielungen der hier behandelten Messgesänge finden sich auf folgenden CDs: Introitus *Ne derelinquas me* und Alleluia mit Vers *Verbo Domini* des 31. Sonntags im Jahreskreis auf der CD *Refloruit caro mea*, siehe S. 242; die Gesänge des 32. Sonntags im Jahreskreis auf der CD *Mirabilia fecit Dominus*, siehe S. 256; die Gesänge des 33. Sonntags im Jahreskreis auf der CD *In excelso throno*, siehe S. 198; Introitus *Loquetur Dominus pacem* der 34. Woche im Jahreskreis auf der CD *Testimonia tua meditatio mea*, siehe S. 270.

XV. ASCHERMITTWOCH, MARIÄ HIMMELFAHRT, ALLERHEILIGEN UND TOTENLITURGIE

Eschatologie im Gregorianischen Choral

Die Initiale auf dem Coverbild dieses Buches findet sich im Graduale von Kloster St. Katharinenthal (um 1312) zum Fest Mariä Himmelfahrt und unterscheidet sich sehr von den üblichen Darstellungen. Sie lädt liebevoll ermutigend ein, sich auf die eschatologische Thematik einzulassen. Wenn ich dieses Bild anschaue, sehe ich links die Gestalt Marias mit mütterlich geneigtem Kopf und liebevollem Blick auf die kleine Seelengestalt in der Mitte. Rechts sitzt Christus, ebenso wie Maria mit sichtbarer (väterlicher) Zu-Neigung des Herzens, die aus Augen und Körperhaltung spricht, und hält mit Maria gemeinsam eine riesige Krone über den winzigen Kopf der kleinen Seelengestalt. Diese lädt mich ein, mich selbst an ihre Stelle zu setzen – sei es, wenn ich mich aktiv oder passiv den gregorianischen Gesängen zu eschatologischen Themen hingebe, sei es, wenn ich an meinen eigenen Übergang von der sichtbaren in die unsichtbare Welt denke und so eine Idee, eine Vision und Perspektive davon gewinnen kann, wie liebevoll und wie erhebend es sein kann, dort empfangen zu werden.

Birte Göschl

Vorbemerkung

Die hier zur Frage stehenden gregorianischen Gesänge sind für vier unterschiedliche liturgische Anlässe vorgesehen: die Eucharistiefeiern des Aschermittwochs, des Festes Mariä Himmelfahrt und des Festes Allerheiligen sowie die Totenmesse inklusive Begräbnisliturgie. Bei aller Verschiedenheit haben diese vier liturgischen Feiern eines gemeinsam: ihre eschatologische Ausrichtung. In der Tat lenken sie – jede auf ihre Weise – den Blick von der Vergänglichkeit irdischen Lebens auf das zukünftige, ewige Leben im Jenseits, jene endzeitliche Dimension, die der christliche Glaube als Vollendung allen irdischen Daseins erwartet.

Die gregorianischen Gesänge, die in den aktuellen liturgischen Gesangbüchern den genannten vier gottesdienstlichen Feiern zugeordnet sind, gehören teilweise dem ältesten, bis ins 8./9. Jh. zurückgehenden Kernrepertoire an. Zum anderen Teil sind sie etwas jünger, erst in den Handschriften des 10./11. Jhs. bezeugt. Und in zwei Fällen handelt es sich sogar um Neukompositionen aus den 50er Jahren des 20. Jhs. Aber auch diese Gesänge aus jüngerer und jüngster Zeit können für sich in Anspruch nehmen, dass die essentiellen Gestaltungsprinzipien gregorianischer Kompositionskunst, vor allem was das Verhältnis zwischen Text und Melodie betrifft, auf bestmögliche Weise verwirklicht wurden.

1. Aschermittwoch

Mit dem Aschermittwoch beginnt in den christlichen Kirchen des Abendlandes die 40-tägige Fastenzeit (Tempus Quadragesimae), von den evangelischen Christen auch Passionszeit genannt. Ihre Einführung im abendländischen Christentum ist bereits im 4. Jh. bezeugt, wobei ihr Beginn zunächst auf den Ersten Fastensonntag festgesetzt wurde. Diese Zeit war geprägt durch strenges Fasten – mit einmaliger täglicher Sättigung – in Erinnerung an das 40-tägige Fasten Jesu in der Wüste. Sehr bald ging man dazu über, die Sonntage von dieser strengen Fastenpraxis auszunehmen. Um aber an der Zahl 40 festzuhalten, zählte man nun auch Karfreitag und Karsamstag – bislang Bestandteile des österlichen Triduums – zu den Fasttagen und setzte den Beginn der Fastenzeit am Mittwoch vor dem Ersten Fastensonntag, dem Aschermittwoch, an.

Der Name „Aschermittwoch“ verweist auf die Bußpraxis der christlichen Antike des Abendlandes. Öffentliche Sünder wurden zu Beginn der Fastenzeit „exkommuniziert“, d. h. von der Teilnahme am sakramentalen Leben der Kirche, vor allem an der Eucharistiefeier ausgeschlossen und mussten sich einer 40-tägigen Buße und erneuten Unterweisung in Glaubens- und Sittenfragen unterziehen, bis sie am Gründonnerstag wieder in die volle Gemeinschaft der Kirche eingegliedert werden konnten. Ihnen wurde zu Beginn der Fastenzeit ein rauhes Bußkleid angelegt und Asche auf ihr Haupt gestreut. Sie gingen buchstäblich „in Sack und Asche“, als Zeichen ihrer Reue und Buße und der Vergänglichkeit alles Irdischen. Mit den öffentlichen Büßern solidarisierten sich dann auch alle anderen Mitglieder der christlichen Gemeinde. Auch ihnen wurde Asche auf das Haupt gestreut – ein Ritus, der sich bis heute in der Liturgie des Aschermittwochs erhalten hat. Auf diese Weise wurden auch sie und werden auch heute die Christen ermahnt, sich in Werken der Buße zu üben, ihr Leben zu überdenken und auf die übernatürlichen, jenseitigen Güter auszurichten, dies ganz besonders in Erwartung des nahe bevorstehenden Osterfestes.

Die folgenden Ausführungen beschränken sich auf die Propriumsgesänge der Messe des Aschermittwochs. Der Text des Introitus *Misereris omnium* spricht, in Anlehnung an Passagen aus dem Buch der Weisheit, vom Erbarmen Gottes Sündern gegenüber, sofern diese sich der Umkehr und Buße unterziehen: „propter paenitentiam“ (um der Buße willen). Dass dies eine Bedingung auf Seiten des Menschen ist, darauf weist der melodische Höhepunkt des gesamten Stückes bei dem Wort „paenitentiam“ mit Nachdruck hin.

Vom Erbarmen Gottes dem Menschen gegenüber, der sein Vertrauen auf Gott setzt, handelt das Graduale *Miserere mei, Deus,* dies vor allem in seinem Chorstück, während im Solovers die Befreiungstat Gottes vor feindlichen Übergriffen und die Bestrafung der Widersacher durch Gott thematisiert und durch eine aufwendige, melismenreiche Vertonung hervorgehoben werden. Der Tractus *Domine, non secundum* ist erst in jüngeren handschriftlichen Quellen des Gregorianischen Chorals seit dem 11. Jh. bezeugt. Er bedient sich durchgehend des Formelreservoirs der Tractus im II. Modus. Besonders auffallend sind die teilweise ausgedehnten rezitativischen Passagen auf der Grundtonstufe *re*. Darüber hinaus lässt die melodisch hoch aufragende Emphase bei der Textstelle „Adiuva nos, Deus" (Komm uns zu Hilfe, Gott, [unser Heil]!) aufhorchen.

Das Offertorium *Exaltabo te* ist ein Lobpreis auf die Befreiungstat Gottes vor feindlicher Bedrohung und auf sein Heilswirken an den Menschen. Besonders eindringlich hier die mit überwiegend verbreiterten Notenwerten ausgestattete Vertonung des Schlussteils „et sanasti me" (und du hast mich heil gemacht)!

Das unablässige meditierende Bedenken der Weisungen Gottes bietet die Gewähr für ein gelungenes, erfülltes Leben. Diesen Kausalzusammenhang bringt der gregorianische Komponist der Communio *Qui meditabitur* passend dadurch zur Geltung, dass er die beiden Sinnspitzen „in lege Domini" (über das Gesetz des Herrn) und „dabit fructum" (… wird [seine] Frucht bringen) jeweils durch Höherführung der Melodie deutlich heraushebt.

GESANGSTEXTE

Introitus *Misereris omnium* (cf. Weish 11,24.25.27; V. Ps 56/57,2)

Misereris omnium, Domine, et nihil odisti eorum quae fecisti, dissimulans peccata hominum propter paenitentiam, et parcens illis: quia tu es Dominus Deus noster.	Du erbarmst dich aller, o Herr, und verachtest nichts von dem, was du geschaffen hast, indem du hinwegsiehst über die Sünden der Menschen, wenn sie diese bereuen, und sie verschonst, denn du bist der Herr, unser Gott.
V. Miserere mei Deus, miserere mei: quoniam in te confidit anima mea.	V. Erbarme dich meiner, o Gott, erbarme dich meiner, denn dir vertraut meine Seele.

Graduale *Miserere mei, Deus* (Ps 56/57,2; V. Ps 56/57,4)

Miserere mei Deus, miserere mei: quoniam in te confidit anima mea.	Erbarme dich meiner, o Gott, erbarme dich meiner, denn dir vertraut meine Seele.
V. Misit de caelo, et liberavit me: dedit in opprobrium conculcantes me.	V. Er sandte vom Himmel herab und befreite mich, gab der Beschimpfung preis, die mich zertreten.

Tractus *Domine, non secundum* (Ps 102/103,10; Ps 78/79,8.9)

Domine, non secundum peccata nostra facias nobis: neque secundum iniquitates nostras retribuas nobis.	Herr, handle an uns nicht nach unseren Sünden, und nach unseren Ungerechtigkeiten vergilt uns nicht!
V. Domine, ne memineris iniquitatum nostrarum antiquarum: cito anticipent nos misericordiae tuae, quia pauperes facti sumus nimis.	V. Herr, gedenke nicht unserer verflossenen Ungerechtigkeiten, eilends komme uns dein Erbarmen zuvor, denn ganz arm sind wir geworden.
V. Adiuva nos, Deus, salutaris noster: et propter gloriam nominis tui, Domine, libera nos: et propitius esto peccatis nostris, propter nomen tuum.	V. Komm uns zu Hilfe, Gott, unser Heil, und um der Ehre deines Namens willen, Herr, befreie uns! Und sei gnädig unseren Sünden um deines Namens willen!

Offertorium *Exaltabo te* (Ps 29/30,2.3)

Exaltabo te Domine, quoniam suscepisti me, nec delectasti inimicos meos super me: Domine, clamavi ad te, et sanasti me.	Ich will dich erheben, Herr, denn du hast mich aufgenommen und ließest meine Feinde nicht frohlocken über mich. Herr, ich habe zu dir gerufen, und du hast mich heil gemacht.

Communio *Qui meditabitur* (Ps 1,2.3; V. Ps 1,1)

Qui meditabitur in lege Domini die ac nocte, dabit fructum suum in tempore suo.	Wer nachsinnt über das Gesetz des Herrn Tag und Nacht, wird seine Frucht bringen zur rechten Zeit.
V. Beatus vir, qui non abiit in consilio impiorum et in via peccatorum non stetit: et in cathedra pestilentiae non sedit.	V. Selig der Mann, der nicht abirrte im Rat der Gottlosen und nicht auf dem Weg der Sünder stand, und der nicht auf dem Sitz des Verderbens saß.

2. Hochfest Mariä Himmelfahrt

Im christlichen Orient schon im 5. Jh. bezeugt, wird das Fest in der römischen Kirche seit dem 7. Jh. gefeiert und ist damit eines der ältesten Marienfeste der römischen Liturgie. Die Dogmatisierung der leiblichen Aufnahme Mariens in den Himmel durch Papst Pius XII. im Jahr 1950 brachte eine Neugestaltung der liturgischen Texte dieses Festes mit sich. Davon war teilweise auch das Proprium Missae betroffen. In der Tat ist der Introitus *Signum magnum* eine Neukomposition der 50er Jahre des 20.Jhs., genauer: eine Adaptation alter Vorbilder auf den in die Festliturgie neu eingeführten Text aus der Offenbarung des Johannes. Die Adaptation scheint gut gelungen, dem Wort-Ton-Verhältnis ist in nahezu perfekter Weise Rechnung getragen.

Das Graduale *Audi filia* ist das einzige Stück dieses Messpropriums, das dem authentischen Kernrepertoire des Gregorianischen Chorals angehört. Die überaus melismenreichen Melodiebewegungen im VII. Modus eignen sich vortrefflich, mehrere im Text enthaltene Sinnspitzen plastisch auszuformen.

Das Alleluia mit Vers *Assumpta est Maria* findet sich nur in wenigen, meist jüngeren mittelalterlichen Handschriften und stellt eine Adaptation des originaleren Alleluia mit Vers *Te martyrum* dar. Aus der gesamten Komposition des Soloverses ragt passenderweise vor allem die Stelle bei dem Wort „gaudet“ (... es freut sich) durch eine schwungvoll in die Höhe strebende Melodiebewegung heraus. Auch im Fall des Offertoriums *Assumpta est Maria* handelt es sich um eine jüngere Adaptation eines älteren Stückes auf einen neuen Text. Und auch hier erfahren inhaltlich wichtige Wörter wie „gaudent“ (es freuen sich ...) und „laudantes“ (lobend) eine deutliche Hervorhebung, dies sowohl durch Höherführung der Melodie als auch durch deren melismatische Ausgestaltung.

Wie der Introitus *Signum magnum* ist auch die Communio *Beatam me dicent* eine neogregorianische Komposition der 50er Jahre des vergangenen Jahrhunderts, deren Bestandteile aber alten Vorbildern nachgebildet sind, und dies – auch hier – in nahezu vollkommener Übereinstimmung mit den textlichen Vorgaben.

GESANGSTEXTE

Introitus *Signum magnum* (Offb 12,1; V. Ps 97/98,1)

Signum magnum apparuit in caelo: mulier amicta sole, et luna sub pedibus eius, et in capite eius corona stellarum duocedim.	Ein großes Zeichen erschien am Himmel: eine Frau, umgeben von der Sonne und der Mond unter ihren Füßen, und auf ihrem Haupt eine Krone von zwölf Sternen.
V. Cantate Domino canticum novum: quia mirabilia fecit.	V. Singt dem Herrn ein neues Lied, denn Wunderbares hat er vollbracht.

Graduale *Audi filia* (Ps 44/45,11.12; V. Ps 44/45,5)

Audi, filia, et vide, et inclina aurem tuam: quia concupivit rex speciem tuam.	Höre, Tochter, sieh her und neige dein Ohr, denn der König verlangt nach deiner Schönheit.
V. Specie tua, et pulchritudine tua intende, prospere procede, et regna.	V. In deinem Liebreiz und deiner Schönheit zieh aus, schreite siegreich voran und herrsche!

Alleluia mit Vers *Assumpta est Maria*

Alleluia.	Alleluia.
V. Assumpta est Maria in caelum: gaudet exercitus Angelorum.	V. Aufgenommen ist Maria in den Himmel. Es freut sich das Heer der Engel.

Offertorium *Assumpta est Maria*

Assumpta est Maria in caelum: gaudent Angeli, laudantes benedicunt Dominum, alleluia.	Aufgenommen ist Maria in den Himmel. Es freuen sich die Engel, sie loben und preisen den Herrn, alleluia.

Communio *Beatam me dicent* (Lk 1,48.49; V. Ps 33/34,4)

Beatam me dicent omnes generationes, quia fecit mihi magna qui potens est.	Selig preisen sollen mich alle Geschlechter, denn Großes hat an mir getan, der mächtig ist.
V. Magnificate Dominum mecum: et exaltemus nomen eius in idipsum.	V. Rühmt den Herrn mit mir, und erheben lasst uns seinen Namen alle zusammen.

3. Hochfest Allerheiligen

Spuren der Entstehung und Entwicklung des Festes Allerheiligen im Abendland führen nach Rom, wo zu Beginn des 7. Jhs. das im Andenken an Kaiser Augustus erbaute Pantheon zu einer christlichen Kirche zu Ehren der Gottesmutter Maria und aller heiligen Märtyrer geweiht wurde. Im 9. Jh. wurde das Fest im Frankenreich eingeführt. Erstaunlich ist aber, dass es in den ältesten Messantiphonalien mit musikalischer Notation seit Beginn des 10. Jhs. so gut wie nicht vorkommt. Dies kann man auch daran erkennen, dass mit Ausnahme des Graduale *Timete Dominum* kein weiteres Stück des aktuellen Messpropriums dem Kernrepertoire des Gregorianischen Chorals angehört. Und auch das Graduale *Timete Dominum* ist ursprünglich nicht mehreren, geschweige denn allen Heiligen gewidmet, sondern dem Fest eines einzelnen Heiligen, des hl. Cyriakus, zugewiesen. Auf Anfrage an den Liturgiewissenschaftler Frans Kok kam sinngemäß folgende Antwort zurück: Die Tatsache, dass das Fest Allerheiligen aus der Zelebration der Weihe des Pantheon zu einer christlichen Kirche hervorgegangen ist, hat wohl dazu geführt, dass man noch bis hinauf ins 10. Jh. bei dem Messproprium für eine Kirchweihe (mit Introitus *Terribilis est locus iste* usw.) geblieben ist, obwohl zu diesem Zeitpunkt das Fest Allerheiligen bereits eingeführt war.

Das ältere Vorbild für den Introitus *Gaudeamus ... Sanctorum* ist der Introitus für das Fest der hl. Agatha am 5. Februar. In der Tat ist der Melodieverlauf in beiden Gesängen identisch. Lediglich im Text fand an zwei Stellen eine Aktualisierung für das Fest Allerheiligen statt: „sub honore Sanctorum omnium" (zur Ehre aller Heiligen) statt „sub honore Agathae martyris" (zur Ehre der Martyrin Agatha) und „de quorum solemnitate ..." (über deren Festfeier ...) statt „de cuius passione ..." (über deren Leiden ...). Diese beiden Stellen wurden denn auch – genau wie im älteren Vorbild – mit musikalischen Höhepunkten ausgestattet.

Auch im Graduale *Timete Dominum* fällt einer der musikalischen Höhepunkte mit der Nennung aller Heiligen („omnes sancti") zusammen. Ein weiterer, sehr emphatischer und aus dem melodischen Umfeld steil aufragender Höhepunkt findet sich bei dem Wort „nihil" ([denn] nichts [fehlt denen, die ihn fürchten]) im Chorstück. Die dadurch ausgedrückte tröstliche Botschaft, dass es dem Gottesfürchtigen an nichts mangelt, durchzieht dann aber auch den Solovers, sodass der Gesang in all seinen Teilen zu einer einzigen Ermutigung wird, sein Leben auf Gott auszurichten, um von ihm die Erfüllung all dessen zu erlangen, was das Leben lebenswert macht.

Das in den gregorianischen Handschriften erst seit dem 11. Jh. bezeugte Alleluia mit Vers *Venite ad me* ist eine Einladung an „alle Mühseligen und Beladenen" (omnes qui laboratis et onerati estis) – man beachte den musikalischen und emphatischen Höhepunkt bei

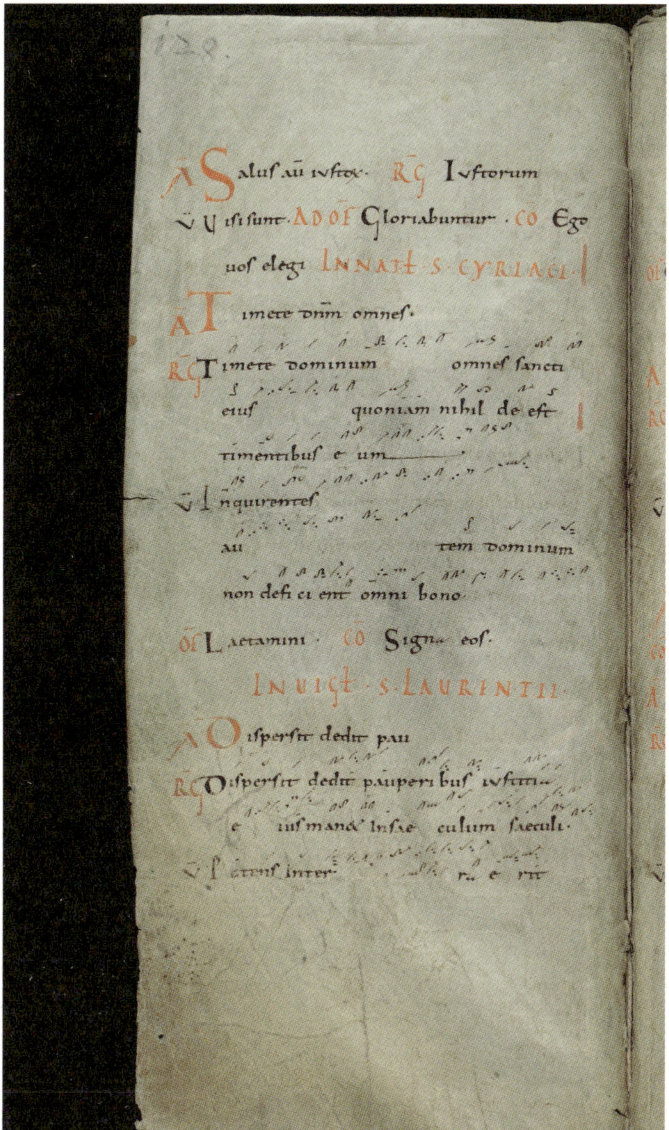

Graduale *Timete Dominum* aus St. Gallen Codex 359, p. 128, ca. 920, Stiftsbibliothek St. Gallen

dem Wort „laboratis" –, sich vertrauensvoll an Gott zu wenden, um von ihm neu belebt zu werden („reficiam vos" – ich will euch neu erschaffen).

Das Offertorium *Iustorum animae* ist eine ebenfalls seit dem 11. Jh. bezeugte, sehr gelungene Adaptation älterer Vorbilder, des Offertoriums *Viri Galilaei* vom Fest Christi Himmelfahrt und vor allem des Offertoriums *Stetit Angelus* vom Fest des Erzengels Michael. Atmosphärische Kontraste zwischen Phasen temperamentvollen Aufschwungs und Phasen der Ruhe ziehen sich durch die ganze Komposition, so ganz besonders bei der Textstelle „illi autem sunt in pace" (sie aber sind in Frieden). Sehr spärlich bezeugt in den mittelalterlichen Handschriften ist die Communio *Beati mundo corde,* in der drei der Seligpreisungen aus der Bergpredigt vertont sind. Der Melodieverlauf im I. Modus strebt mit stetig zunehmender Dynamik zielgerichtet auf den Höhepunkt beim dritten „beati" (selig ...!) zu und kommt im Schlussteil in allmählich absteigenden Tonbewegungen zur Ruhe.

GESANGSTEXTE

Introitus *Gaudeamus ... Sanctorum* (V. Ps 32/33, 1)

Gaudeamus omnes in Domino,	Freuen wir uns alle im Herrn,
diem festum celebrantes	die wir das Fest zu Ehren
sub honore Sanctorum omnium:	aller Heiligen feiern.
de quorum solemnitate	Über deren festliche Feier
gaudent Angeli,	freuen sich die Engel
et collaudant Filium Dei.	und loben den Sohn Gottes.
V. Exsultate iusti in Domino:	V. Jubelt, ihr Gerechten, im Herrn,
rectos decet	den Redlichen
collaudatio.	geziemt der Lobgesang.

Graduale *Timete Dominum* (Ps 33/34,10; V. Ps 33/34,11)

Timete Dominum	Fürchtet den Herrn,
omnes sancti eius:	ihr alle seine Heiligen,

quoniam nihil deest timentibus eum.	denn an nichts mangelt es denen, die ihn fürchten.
V. Inquirentes autem Dominum non deficient omni bono.	V. Die aber den Herrn suchen, denen wird es an nichts Gutem fehlen.

Alleluia mit Vers *Venite ad me* (Mt 11,28)

Alleluia.	Alleluia.
V. Venite ad me, omnes qui laboratis, et onerati estis: et ego reficiam vos.	V. Kommt zu mir, alle die ihr Mühsal erleidet und beladen seid. Ich will euch neu erschaffen.

Offertorium *Iustorum animae* (Weish 3,1.2.3)

Iustorum animae in manu Dei sunt, et non tanget illos tormentum mortis: visi sunt oculis insipientium mori: illi autem sunt in pace, alleluia.	Der Gerechten Seelen sind in der Hand Gottes, und nicht berührt sie die Marter des Todes. Sie schienen den Augen der Toren zu sterben, doch sie sind in Frieden, alleluia.

Communio *Beati mundo corde* (Mt 5,8.9.10; V. Ps 125/126,1)

Beati mundo corde, quoniam ipsi Deum videbunt: beati pacifici, quoniam filii Dei vocabuntur: beati qui persecutionen patiuntur propter iustitiam, quoniam ipsorum est regnum caelorum.	Selig, die reinen Herzens sind, denn sie werden Gott schauen. Selig die Friedfertigen, denn sie werden Söhne Gottes genannt werden. Selig, die Verfolgung erleiden um der Gerechtigkeit willen, denn ihrer ist das Himmelreich.
V. In convertendo Dominus captivitatem Sion: facti sumus sicut consolati.	V. Als der Herr die Gefangenenschaft Zions wendete, da wurden wir wie Getröstete.

4. Totenliturgie

In den ältesten Quellen des Gregorianischen Chorals sind die Gesänge der Totenliturgie sehr schlecht und zudem sehr uneinheitlich bezeugt. In den frühen Texthandschriften der Messe seit dem 8. Jh. sind sie gar nicht vorhanden. Das Gleiche gilt für manche frühe Handschriften der Notationsschule von St. Gallen wie besonders das Cantatorium St. Gallen 359 und den Codex Einsiedeln 121. Das bedeutet andererseits nicht, dass es zu dieser Zeit keine Totenliturgie gab. Doch hatte sie offensichtlich keinen offiziell verbindlichen Status, sondern eher den privaten Charakter einer „Hausliturgie" (nach Aussage von Frans Kok), die für individuelle und lokal begrenzte Ausprägungen empfänglich war. Erst seit dem 10. Jh. bildete sich nach und nach ein gewisser „Kanon" von Gesängen heraus, die der Totenliturgie zugeordnet wurden. So enthalten z. B. die Handschriften Laon 239 (1. Drittel des 10. Jhs.) und St. Gallen 339 (Ende 10. Jh.) schon übereinstimmend den Introitus *Requiem aeternam* und das Graduale *Requiem aeternam* der späteren klassischen Totenmesse, allerdings mit Unterschieden in der Textauswahl im Graduale und in der melodischen Gestaltung im Introitus. Die klassische Zusammenstellung mit Introitus *Requiem aeternam,* Graduale *Requiem aeternam,* Tractus *Absolve,* Offertorium *Domine Iesu Christe* und Communio *Lux aeterna* breitete sich seit dem 12./13. Jh. aus und wurde im 16. Jh. durch das Konzil von Trient zusammen mit der im 13. Jh. entstandenen Sequenz *Dies irae* für den römischen Ritus allgemein verbindlich vorgeschrieben.

A. Totenmesse

Für das Proprium der Totenmesse stellt der nachkonziliare Ordo Cantus Missae und folglich auch das Graduale von 1974 eine reiche Auswahl von Gesängen bereit, bis hin zu einigen Alleluia mit ihren Versen. Im folgenden wird ausschließlich auf die klassische Totenmesse eingegangen, wie sie seit dem Konzil von Trient im 16. Jh. verbindlich festgelegt war und in den aktuellen Ausgaben des Gregorianischen Chorals nach wie vor angeboten wird. Da jedoch die Sequenz *Dies irae* heute nicht mehr Bestandteil der Totenmesse ist, wird sie hier aus dem Kontext der Totenmesse herausgelöst und separat am Schluss besprochen.

Der im Graduale Novum, Band I, S. 409, wiedergegebene Introitus *Requiem aeternam* weicht an manchen Stellen von der vertrauten Melodie des Graduale Romanum von 1908 und 1974 ab. Hier wurde einer Melodiefassung der Vorzug gegeben, die sich eng an den Vorgaben der Handschrift Laon 239 orientiert. Unverändert geblieben aber ist der ruhige Fluss der Melodie, der eine gelöste, friedvolle Atmosphäre verströmt.

Von ausgesprochen österlichem Charakter ist das Graduale *Requiem aeternam* aufgrund seines wie befreit dahinfließenden Melos, das über weite Strecken an das Graduale des Ostersonntags erinnert. Auch der Tractus *Absolve* verbreitet österliches Fluidum, entspricht doch seine Melodieführung exakt jenem Prototyp der Tractus im VIII. Modus, wie er in den Cantica der Osternacht vorliegt.

Das Offertorium *Domine Iesu Christe* ist gallikanischen Ursprungs, wie vor allem die zahlreichen rezitativischen Passagen auf der Grundtonstufe *re* und der häufige Aufstieg in die Oberquart zur musikalischen Ausformung wichtiger Sinnakzente des Textes zeigen. Darüber hinaus ist es das einzige Offertorium, das im Graduale Romanum von 1908 und 1974 sowie im Graduale Novum noch zusammen mit einem Solovers wiedergegeben ist. Die Communio *Lux aeterna* findet sich erstmals in Handschriften seit dem 11. Jh. In den meisten dieser Handschriften liegt eine gegenüber dem Graduale Romanum von 1908 und 1974 leicht veränderte Wiedergabe der Melodie vor, die zweifellos eine musikalische Bereicherung darstellt und die nun im Graduale Novum als Alternative zur bekannteren traditionellen Melodiefassung wiedergegeben ist.

Abschließend ist festzuhalten, dass die gregorianischen Gesänge der Totenmesse weit entfernt sind von trister Stimmungslage, dass sie vielmehr dem österlichen Aspekt des Todes und, damit verbunden, einem hoffnungsvollen Ausblick auf die Vollendung im Jenseits Raum geben.

GESANGSTEXTE

Introitus *Requiem aeternam* (cf. 4 Esr 2,34.35; V. Ps 64/65,2)

Requiem aeternam dona eis, Domine: et lux perpetua luceat eis.	Ewige Ruhe schenke ihnen, Herr, und das ewige Licht leuchte ihnen.
V. Te decet hymnus, Deus, in Sion: et tibi reddetur votum in Ierusalem.	V. Dir gebührt der Lobgesang, Gott, auf dem Zion, dir erfüllt man ein Gelübde in Jerusalem.

Graduale *Requiem aeternam* (cf. 4 Esr 2,34.35; V. Ps 24/25,13)

Requiem aeternam dona eis, Domine: et lux perpetua luceat eis.	Ewige Ruhe schenke ihnen, Herr, und das ewige Licht leuchte ihnen.
V. Anima eius in bonis demorabitur: et semen eius hereditabit terram	V. Seine Seele wird in Gutem weilen, und seine Nachkommenschaft wird das Land erben.

Tractus *Absolve*

Absolve, Domine, animas omnium fidelium defunctorum ab omni vinculo delictorum.	Löse, Herr, die Seelen aller verstorbenen Gläubigen von jeder Fessel der Sünden.
V. Et gratia tua illis succurrente, mereantur evadere iudicium ultionis.	V. Und deine Gnade komme ihnen zu Hilfe, damit sie gewürdigt werden, dem Gericht der Rache zu entkommen.
V. Et lucis aeternae beatitudine perfrui.	V. und die Seligkeit des ewigen Lichtes zu genießen.

Offertorium *Domine Iesu Christe*

Domine Iesu Christe,	Herr Jesus Christus,
Rex gloriae,	König der Herrlichkeit,
libera animas omnium	befreie die Seelen
fidelium defunctorum	aller verstorbenen Gläubigen
de poenis inferni	von den Strafen der Hölle
et de profundo lacu:	und von der tiefen Grube!
libera eas	Befreie sie
de ore leonis,	aus dem Rachen des Löwen,
ne absorbeat	damit sie die Unterwelt
eas tartarus,	nicht verschlinge,
ne cadant	damit sie nicht
in obscurum:	in die Finsternis fallen.
sed signifer	Vielmehr möge sie der
sanctus Michael	heilige Bannerträger Michael
repraesentet eas in lucem sanctam:	in das heilige Licht führen,
quam olim	das du einst Abraham
Abrahae promisisti,	und seiner Nachkommenschaft
et semini eius.	verheißen hast.
V. Hostias et preces tibi,	V. Opfer und Lobgebete,
Domine, laudis offerimus:	Herr, bringen wir dir dar.
tu suscipe pro animabus illis,	Du nimm sie an für jene Seelen,
quarum hodie	deren Gedächtnis
memoriam facimus:	wir heute begehen.
fac eas, Domine, de morte	Lass sie, Herr, vom Tod
transire ad vitam.	hinübergehen zum Leben.

Communio *Lux aeterna* (cf. 4 Esr 2,35; V. Ps 70/71,1)

Lux aeterna luceat eis,	Ewiges Licht leuchte ihnen,
Domine: cum sanctis	Herr, zusammen
tuis in aeternum,	mit deinen Heiligen in Ewigkeit,
quia pius es.	denn du bist gütig.
V. In te, Domine, speravi,	V. Auf dich, o Herr, habe ich gehofft,
non confundar in aeternum:	möge ich auf ewig nicht zuschanden
in iustitia tua libera me	werden. In deiner Gerechtigkeit
et eripe me.	befreie mich und reiß mich heraus!

B. Begräbnisliturgie

Für die verschiedenen Stationen der Begräbnisliturgie ist im nachkonziliaren Ordo Cantus Missae und im Graduale Romanum von 1974 eine große Anzahl von Gesängen vorgesehen, die aus dem Repertoire der gesungenen Stundenliturgie übernommen wurden. Zum größeren Teil handelt es sich um Antiphonen, die meist mit Psalmengesang verbunden werden, zum geringeren Teil um Responsoria prolixa, deren ursprünglicher liturgischer Ort der Lesegottesdienst des nächtlichen Stundengebetes der Matutin, auch Vigil genannt, ist. Aus diesem reichen Angebot sind u. a. besonders das Responsorium prolixum *Subvenite, Sancti Dei* und die bekannten Antiphonen *In paradisum, Chorus angelorum* und *Ego sum resurrectio* hervorzuheben.

Auch von diesen und weiteren Gesängen der Begräbnisliturgie gilt, was bereits für die Gesänge der Totenmesse festgestellt wurde: Sie sind nicht Ausdruck depressiver Stimmung, sondern Ausdruck gespannter und hoffnungsvoller Jenseitserwartung, wie sie besonders treffend im Text der Antiphon *Sitivit anima mea* zum Ausdruck kommt: „Sitivit anima mea ad Deum vivum: quando veniam, et apparebo ante faciem Domini?“ (Es dürstet meine Seele nach dem lebendigen Gott. Wann werde ich kommen und erscheinen vor dem Angesicht des Herrn?).

GESANGSTEXTE

Responsorium prolixum *Subvenite, Sancti Dei*

Subvenite Sancti Dei, occurrite Angeli Domini: suscipientes animam eius: offerentes eam in conspectu Altissimi.	Kommt zu Hilfe, ihr Heiligen Gottes, eilt entgegen, ihr Engel des Herrn. Nehmt seine Seele in Empfang und bringt sie vor das Angesicht des Allerhöchsten!
V. Suscipiat te Christus, qui vocavit te,	V. Es nehme dich auf Christus, der dich gerufen hat,

et in sinum Abrahae Angeli deducant te.	und in Abrahams Schoß mögen Engel dich geleiten.

Antiphonen *In paradisum, Chorus angelorum, Ego sum resurrectio* (Joh 11,25.26)

In paradisum deducant te angeli, in tuo adventu suscipiant te martyres, et perducant te in civitatem sanctam, Ierusalem.	Zum Paradies mögen Engel dich geleiten, bei deiner Ankunft mögen die Märtyrer dich in Empfang nehmen und dich führen in die heilige Stadt, Jerusalem.
Chorus angelorum te suscipiat, ut cum Lazaro, quondam paupere, aeternam habeas requiem.	Der Chor der Engel möge dich aufnehmen, damit du mit Lazarus, dem einst Armen, die ewige Ruhe haben mögest.
Ego sum resurrectio et vita: qui credit in me, etiam si mortuus fuerit, vivet; et omnis qui credit in me, non morietur in aeternum.	Ich bin die Auferstehung und das Leben. Wer an mich glaubt, wird, auch wenn er gestorben ist, leben. Und jeder, der an mich glaubt, wird in Ewigkeit nicht sterben.

Antiphon *Sitivit anima mea* (Ps 41/42,3; Verse: Ps 41/42,6.7)

Sitivit anima mea ad Deum vivum: quando veniam, et apparebo ante faciem Domini?	Es dürstet meine Seele nach dem lebendigen Gott. Wann werde ich kommen und erscheinen vor dem Angesicht des Herrn?
V. 6: Quare tristis es, anima mea, et quare conturbaris in me?	V. 6: Warum bist du betrübt, meine Seele, und warum bist du unruhig in mir?
V. 7: Spera in Deo, quoniam adhuc confitebor illi, salutare vultus mei et Deus meus.	V. 7: Hoffe auf Gott, denn ich will ihn noch preisen: Heil meines Angesichts und mein Gott.

C. Sequenz Dies irae

Die Totensequenz *Dies irae* wird dem Franziskaner Thomas von Celano zugeschrieben, der im 13. Jh. gelebt hat. Bis zur Liturgiereform nach dem Zweiten Vatikanischen Konzil war sie regulärer Bestandteil der Totenmesse. Jetzt ist sie dort nicht mehr vorgesehen. Als Grund wird stets angeführt: die streckenweise düstere Stimmung, die einer österlich hoffnungsvollen Blickrichtung des erlösten Menschen auf das Jenseits wenig förderlich sei. Andererseits ist die starke und sehr bildhafte Ausdruckskraft, mit der hier das Weltgericht und der Ernst der Todessituation des Menschen dargestellt werden, nicht zu bestreiten. Diese hat zu allen Zeiten viele Menschen tief berührt und nicht zuletzt viele namhafte Komponisten zu großartigen Schöpfungen ihrer Kunst inspiriert. So sei mit diesem kurzen Kommentar zur gregorianischen Totensequenz vor allem deren künstlerischem Rang und musikgeschichtlichem Stellenwert Rechnung getragen.

GESANGSTEXT

Dies irae, dies illa, solvet saeclum in favilla: teste David cum Sibylla.	Tag des Zornes, jener Tag löst die Welt in Asche auf, nach dem Zeugnis von David und der Sibylla.
Quantus tremor est futurus, quando iudex est venturus, cuncta stricte discussurus!	Welch ein Beben wird dann sein, wenn der Richter kommen und alles streng beurteilen wird!
Tuba mirum spargens sonum per sepulcra regionum, coget omnes ante thronum.	Die Posaune wird dann wundersamen Klang über die Gräber der Regionen verbreiten und alle vor den Thron zwingen.
Mors stupebit et natura, cum resurget creatura, iudicanti responsura.	Der Tod wird staunen und die Natur, wenn die Kreatur aufersteht, um dem Richter zu antworten.
Liber scriptus proferetur, in quo totum continetur, unde mundus iudicetur.	Ein geschriebenes Buch wird hervorgeholt werden, in dem alles enthalten ist, aufgrund dessen die Welt gerichtet wird.

Iudex ergo cum sedebit,
quidquid latet apparebit:
nil inultum remanebit.

Der Richter wird dann, wenn er sich setzt, alles offenbaren, was verborgen ist, nichts wird ungerächt bleiben.

Quid sum miser tunc dicturus,
quem patronum rogaturus,
cum vix iustus sit securus?

Was werde ich Armer dann sagen, wen als meinen Fürsprecher bitten, wenn doch kaum der Gerechte sicher ist?

Rex tremendae maiestatis,
qui salvandos salvas gratis,
salva me, fons pietatis.

König von solch furchterregender Majestät, der du die Erlösungsbedürftigen ohne ihr Zutun rettest, erlöse mich, Quelle der Güte.

Recordare Iesu pie,
quod sum causa tuae viae:
ne me perdas illa die.

Gedenke, gütiger Jesus, dass ich die Ursache deines Weges bin, lass mich an jenem Tag nicht zugrunde gehen.

Quaerens me, sedisti lassus:
redemisti crucem passus:
tantus labor non sit cassus.

Auf der Suche nach mir hast du dich ermattet hingesetzt und hast mich, das Kreuz erleidend, erlöst. Solche Mühsal möge nicht fruchtlos sein.

Iuste iudex ultionis,
donum fac remissionis,
ante diem rationis.

Gerechter Richter der Vergeltung, schenke Vergebung vor dem Tag der Abrechnung.

Ingemisco, tamquam reus:
culpa rubet vultus meus:
supplicanti parce Deus.

Ich seufze wie ein Angeklagter, von Schuld wird rot mein Gesicht, verschone den Flehenden, Gott.

Qui Mariam absolvisti,
et latronem exaudisti,
mihi quoque spem dedisti.

Der du Maria freigesprochen und den Schächer erhört hast, du hast auch mir Hoffnung gegeben.

Preces meae non sunt dignae:
sed tu bonus fac benigne,
ne perenni cremer igne.

Meine Bitten sind nicht würdig, aber du, Gütiger, erweise dich gnädig, damit ich nicht in ewigem Feuer brenne.

Inter oves locum praesta, et ab haedis me sequestra, statuens in parte dextra.	Unter den Schafen gewähre mir den Platz und von den Böcken trenne mich, indem du mich auf die rechte Seite stellst.
Confutatis maledictis, flammis acribus addictis, voca me cum benedictis.	Wenn die Zurückgewiesenen verflucht und scharfen Flammen übergeben sind, rufe mich zusammen mit den Gesegneten.
Oro supplex et acclinis, cor contritum quasi cinis: gere curam mei finis.	Ich bitte flehend und geneigten Hauptes, das Herz zerrieben wie Asche: trage Sorge für mein Ende.
Lacrimosa dies illa, qua resurget ex favilla iudicandus homo reus:	Tränenreich ist jener Tag, an dem aus Asche aufersteht der Mensch als Angeklagter zum Gericht.
huic ergo parce Deus. Pie Iesu Domine, dona eis requiem. Amen.	Diesem also lass Schonung zuteil werden. Gütiger Herr Jesus, schenke ihnen Ruhe. Amen.

Hinweis: Eine Einspielung der hier behandelten Gesänge ist zu finden auf der CD *Sitivit in te anima mea. Aschermittwoch, Mariä Himmelfahrt, Allerheiligen und Totenliturgie im Gregorianischen Choral.* Schola Gregoriana Monacensis, Leitung: Johannes B. Göschl, ISBN 978-3-8306-7847-2.

XVI. DIE HOCHFESTE DREIFALTIGKEIT, FRONLEICHNAM, HERZ JESU, CHRISTKÖNIG UND KIRCHWEIHE

Vorbemerkung

In diesem letzten Kapitel des Buches handelt es sich schließlich um die Propriumsgesänge der Messe von vier Festen, die im engeren Sinn nicht die Grundstruktur des Kirchenjahres berühren: der Hochfeste Dreifaltigkeit, Fronleichnam, Herz Jesu und Christkönig. Sie orientieren sich nämlich nicht primär an den heilsgeschichtlichen Ereignissen im Leben Jesu, die den zeitlichen Ablauf des Kirchenjahres maßgeblich bestimmen, sondern thematisieren eher allgemein theologische Glaubensinhalte, weswegen sie gerne Ideenfeste oder dogmatische Feste genannt werden. Alle diese vier Feste haben gemeinsam, dass sie ziemlich spät verbindlich für die ganze Kirche (des römisch-katholischen Ritus) eingeführt wurden, im Fall des Herz-Jesu- und Christkönigsfestes sogar erst im 19. bzw. 20. Jh. Von daher leuchtet es unmittelbar ein, dass die in den aktuellen Choralausgaben diesen Festen zugewiesenen Gesänge größtenteils nicht dem Kernrepertoire des Gregorianischen Chorals angehören. Vielmehr handelt es sich mehrheitlich um (mehr oder weniger glückliche) Adaptationen älterer Vorbilder, was nicht zuletzt für das älteste dieser vier Messproprien, jenes des Dreifaltigkeitsfestes, gilt.

Im Unterschied zu den genannten vier Messproprien gehören die Gesänge des fünften Messpropriums, das für das Fest der Weihe einer Kirche bzw. das Jahresgedächtnis einer Kirchweihe bestimmt ist, ohne jede Ausnahme dem Urbestand des gregorianischen Repertoires an. Sie zeichnen sich ohne Ausnahme durch eine nahezu perfekte Symbiose zwischen den Texten und ihrer musikalischen Einkleidung sowie durch geistlichen Tiefgang und künstlerische Ausdruckskraft auf hohem Niveau aus.

1. Dreifaltigkeitssonntag

Die Verehrung der Heiligsten Dreifaltigkeit geht in frühchristliche Zeit zurück und hat sich vor allem in der Auseinandersetzung mit dem Arianismus ausgeprägt und theologisch-dogmatisch artikuliert. Dennoch sollte es noch mehrere Jahrhunderte dauern, bis sich ein eigenes der Heiligsten Dreifaltigkeit gewidmetes Fest durchsetzen konnte. Zwar ist schon um 800 eine Votivmesse zu Ehren der Trinität bezeugt, deren Gesänge in gregorianischen Handschriften seit ca. 900 überliefert sind. Ein für die ganze Kirche verbindliches Fest wurde jedoch erst unter Papst Johannes XXII. im Jahr 1334 eingeführt. Diese lang andauernde zögerliche Haltung der kirchlichen Autoritäten scheint ihre Spuren auch auf die kompositorische Qualität dieser Messgesänge hinterlassen zu haben, denn offensichtlich mangelte es dem (den) „Komponisten“ an der erforderlichen kreativen Motivation, um für dieses in weiten Kreisen unbeliebte Fest ein Messproprium von künstlerischer Originalität auf hohem Niveau zu schaffen. Vielmehr begnügte(n) er(sie) sich fast ausschließlich mit Adaptationen älterer (authentischer) Vorbilder auf neue Texte, die zudem gelegentlich eine feiner entwickelte Sensibilität für die Erfordernisse des Wort-Ton-Verhältnisses vermissen lassen.

Der Introitus *Benedicta sit,* eine melodische Adaptation des Introitus *Invocabit me* des Ersten Fastensonntags, zeichnet sich ohne Zweifel durch einen insgesamt zielstrebigen und schönen Melodiefluss aus. Dennoch ist an zwei Stellen eine „Entgleisung“ gegenüber dem Original festzustellen: Auf der Endsilbe von „Trinitas“ besitzt die viertönig aufsteigende Figur, anders als im Original, keine anstauende und auf das folgende Wort hinführende Funktion, sondern die einer kadenzierenden Floskel, während die Figur auf der ersten Silbe des nachfolgenden Wortes „atque“ – im Original in typisch kadenzvorbereitender Funktion – ziemlich deplaziert als Reintonationsfloskel erscheint. Und der melodische Höhepunkt des gesamten Stückes bei „confitebor“ findet sich nicht – wie im Original bei „glorificábo“ – auf der Akzentsilbe, sondern – wiederum ziemlich deplaziert – auf der unbetonten Silbe „confitébimur“.

Die erneuerte Liturgie nach dem Zweiten Vatikanischen Konzil sieht für das Lesejahr C anstelle des Introitus *Benedicta sit* den Introitus *Caritas Dei* vor, der seit dem Mittelalter der Messe des Samstags der Quatemberwoche nach Pfingsten zugewiesen war. Er soll hier ebenfalls wenigstens erwähnt werden, zumal in ihm ein Gesang des gregorianischen Kernrepertoires von unvergleichlicher Schönheit und Innigkeit vorliegt.

Das Graduale *Benedictus es, Domine* ist eine weitestgehende Adaptation des originalen Graduale *Constitues eos* vom Fest der Apostelfürsten Petrus und Paulus. Und obwohl auch hier gegenüber dem Original einige Akzentverschiebungen in der Melodieführung festzustellen sind, wird dies durch die weitgehend melismatische Vertonung etwas ausgeglichen und als weniger störend empfunden. Ähnliches gilt für das Offertorium *Benedictus sit*, dessen Melodieführung sich über weite Strecken am originalen Offertorium *Constitues eos* – ebenfalls vom Fest Peter und Paul – orientiert.

Für das Alleluia mit Vers *Benedictus es, Domine* scheint es kein älteres Vorbild zu geben. Folglich dürfte es der einzige Gesang des seit dem Mittelalter überlieferten Dreifaltigkeitspropriums sein, das für dieses Fest explizit und ohne Anlehnung an ältere Vorlagen komponiert wurde. Es darf spekuliert werden, ob die zweimal isoliert auftretende Tristropha zu Beginn des Soloverses und zu Beginn der Wiederaufnahme der Jubilus-Melodie gegen Ende des Soloverses symbolisch für die Dreifaltigkeit zu deuten ist.

Die Communio *Benedicimus Deum* lehnt sich in einer relativ freien Bearbeitung an die Communio *Feci iudicium* vom Fest der hl. Prisca an. Interessant und theologisch aufschlussreich ist der melodische Höhepunkt des Stückes bei dem Wort „nobiscum“ (mit uns /

an uns), zeigt er doch deutlich, dass die Offenbarung des Geheimnisses der Heiligsten Dreifaltigkeit nicht auf theologische Spekulationen über das Verhältnis der drei göttlichen Personen zielt, sondern auf das Heilswirken Gottes des Vaters durch seinen Sohn im Heiligen Geist mit uns und an uns Menschen und der ganzen Schöpfung („quia fecit nobiscum misericordiam suam" – denn er hat an uns sein Erbarmen gewirkt).

GESANGSTEXTE

Introitus *Benedicta sit* (cf. Tob 12,6; V. cf. Dan 3,57b)

Benedicta sit sancta Trinitas, atque indivisa Unitas: confitebimur ei, quia fecit nobiscum misericordiam suam.	Gepriesen sei die Heilige Dreifaltigkeit und die ungeteilte Einheit. Wir wollen sie rühmen, denn sie hat uns Barmherzigkeit erwiesen.
V. Benedicamus Patri et Filio cum Sancto Spiritu, laudemus et superexaltemus eum in saecula.	V. Lasst uns preisen den Vater und den Sohn mit dem Heiligen Geist, lasst uns ihn loben und erheben in Ewigkeit.

Introitus *Caritas Dei* (Röm 5,5; 8, 11; V. Ps 87/88,2)

Caritas Dei diffusa est in cordibus vestris, alleluia: per inhabitantem Spiritum eius in nobis, alleluia, alleluia.	Die Liebe Gottes ist ausgegossen in eure Herzen, alleluia; durch seinen Geist, der in uns wohnt, alleluia, alleluia.
V. Domine Deus salutis meae: in die clamavi, et nocte coram te.	V. Herr, Gott meines Heils, am Tag schreie ich und des Nachts vor Dir.

Graduale *Benedictus es, Domine* (Dan 3,55; V. Dan 3,56)

Benedictus es, Domine, qui intueris abyssos, et sedes super Cherubim.	Gepriesen bist du, Herr, der du die Tiefen ergründest und thronst über den Cherubim.

V. Benedictus es
in throno regni tui,
et laudabilis in saecula.

V. Gepriesen bist du
auf dem Thron deines Königtums
und lobwürdig in Ewigkeit.

Alleluia mit Vers *Benedictus es, Domine* (Dan 3,52)

Alleluia.

V. Benedictus es, Domine
Deus patrum nostrorum,
et laudabilis in saecula.

Alleluia.

V. Gepriesen bist du, Herr,
Gott unserer Väter,
und lobwürdig in Ewigkeit.

Offertorium *Benedictus sit* (cf. Tob 12,6)

Benedictus sit Deus Pater,
unigenitusque Dei Filius,
Sanctus quoque Spiritus:
quia fecit nobiscum
misericordiam suam.

Gepriesen sei Gott, der Vater,
und der eingeborene Sohn Gottes
sowie auch der Heilige Geist;
denn er hat uns
seine Barmherzigkeit erwiesen.

Communio *Benedicimus Deum* (Tob 12,6; V. Dan 3,58)

Benedicimus Deum caeli,
et coram omnibus viventibus
confitebimur ei:
quia fecit nobiscum
misericordiam suam.

V. Benedicite, Angeli Domini,
Domino, benedicite,
caeli Domini, Domino.

Wir preisen den Gott des Himmels,
und vor allen Lebenden
rühmen wir ihn,
denn er hat uns
seine Barmherzigkeit erwiesen.

V. Preist, ihr Engel des Herrn,
den Herrn, preist, ihr Himmel
des Herrn, den Herrn!

2. Fronleichnam

Der im deutschen Sprachraum gebräuchliche Name dieses Festes leitet sich aus dem Mittelhochdeutschen von vrone = Herr und licham = lebendiger Leib her. Der heute offiziell eingeführte Titel „Hochfest des Leibes und Blutes Christi" hat sich hingegen im Sprachgebrauch des Volkes nicht durchgesetzt.

Im Zuge einer seit dem 12. Jh. mächtig aufblühenden eucharistischen Frömmigkeit hat sich ein eigenes Fest zu Ehren des Sakramentes der Eucharistie – wohl ausgehend vom Bistum Lüttich – mehr und mehr ausgebreitet und wurde schließlich 1264 von Papst Urban IV. für die ganze Kirche vorgeschrieben, obwohl es sich definitiv erst unter Papst Johannes XXII. Anfang des 14. Jhs. durchsetzen konnte. Thomas von Aquin soll den Auftrag erhalten haben, für Messe und Stundengebet dieses Festes die entsprechenden Texte zusammenzustellen bzw. neu zu schaffen. Dabei wurden in das Proprium Missae zum Teil Gesänge aus dem Fundus des gregorianischen Kernrepertoires aufgenommen, so der Introitus *Cibavit eos* und das Graduale *Oculi omnium*, zum anderen Teil neue Gesänge, die nicht immer von hoher künstlerischer Inspiration zeugen, wie besonders der Fall der vorkonziliaren (in den aktuellen Ausgaben nicht mehr vorhandenen) Communio *Quotiescumque manducabitis* zeigt.

Der Introitus *Cibavit eos*, der die Eucharistiefeier des Fronleichnamsfestes feierlich eröffnet, ist in der neutestamentlichen Deutung des gregorianischen Komponisten als Lobpreis auf die eucharistische Speise zu verstehen. Sein straff geführter Melodieverlauf erreicht bezeichnenderweise bei der Textstelle „... saturavit eos" (... sättigte er sie) seinen melodischen und expressiven Höhepunkt. Das Graduale *Oculi omnium* und die Communio *Qui manducat* wurden bereits im Zusammenhang mit den Gesängen der Abendmahlsmesse des Gründonnerstags bzw. jenen der Messe des XV. Sonntags im Jahreskreis kommentiert.

Das Alleluia mit Vers *Caro mea* ist eine spätgregorianische Komposition, genauer: eine ziemlich notengetreue Adaptation des etwas älteren Alleluia mit Vers *Laetabitur iustus*. Wie für diese Spätzeit nicht unüblich, durchschreitet die Melodie den Tonraum einer Undezime, mit vielen Höhepunkten an textlichen Sinnspitzen, so besonders bei „ ... vere est potus" (... ist wahrhaft ein Trank) und „qui manducat ..." (wer [mein Fleisch] isst ...).

Die Thomas von Aquin zugeschriebene Dichtung der Sequenz *Lauda Sion* ist eine beeindruckende Darstellung der eucharistischen Theologie in der Denkweise und den Ausdrucksformen des Hochmittelalters. Typisch auch hier der große Tonumfang, der sich sogar über eine Duodezime erstreckt. Schließlich wird im Offertorium *Portas caeli,* einem dem gregorianischen Kernrepertoire angehörigen Gesang, in der Vorstellung und Deutung des gregorianischen Komponisten die Brücke geschlagen zwischen Altem und Neuem Testament, die Verbindung hergestellt zwischen dem Manna des Alten Bundes und dem Brot der Engel (panem Angelorum), das in der Eucharistie gereicht wird. Besonders eindrucksvoll hier die Passage bei „panem Angelorum", die ob der mehrfach pulsierenden, filigranen Tonvervielfachungen von tiefer mystischer Ergriffenheit zeugt.

GESANGSTEXTE

Introitus *Cibavit eos* (Ps 80/81,17; V. Ps 80/81,2)

Cibavit eos ex adipe frumenti, alleluia: et de petra, melle saturavit eos, alleluia, alleluia, alleluia.	Er speiste sie mit dem Mark des Weizens, alleluia, und mit Honig aus dem Felsen sättigte er sie, alleluia, alleluia, alleluia.
V. Exsultate Deo adiutori nostro: iubilate Deo Iacob.	V. Jauchzt Gott, unserem Helfer; jubelt dem Gott Jakobs zu!

Alleluia mit Vers *Caro mea* (Joh 6,56f.)

Alleluia.	Alleluia.
V. Caro mea vere est cibus, et sanguis meus vere est potus: qui manducat meam carnem, et bibit meum sanguinem, in me manet, et ego in eo.	V. Mein Fleisch ist wahrhaft eine Speise, und mein Blut ist wahrhaft ein Trank. Wer mein Fleisch isst und mein Blut trinkt, bleibt in mir und ich in ihm.

Sequenz *Lauda Sion Salvatorem* (Thomas von Aquin)

Lauda Sion salvatorem, lauda ducem et pastorem, in hymnis et canticis.	Lobe, Zion, den Heiland, lobe den Führer und Hirten in Hymnen und Gesängen.

Quantum potes, tantum aude:
quia maior omni laude,
nec laudare sufficis.

Was du kannst, das wage;
denn er ist größer als alles Lob,
und Du kannst ihn nicht genug loben.

Laudis thema specialis,
panis vivus et vitalis
hodie proponitur.

Der besondere Gegenstand des Lobes:
lebendiges und Leben spendendes
Brot wird heute gereicht.

Quem in sacrae mensa cenae,
turbae fratrum duodenae
datum non ambigitur.

Dieses wurde am Tisch des heiligen
Mahles der zwölfköpfigen Schar der
Brüder ohne jeden Zweifel gegeben.

Sit laus plena, sit sonora,
sit iucunda, sit decora
mentis iubilatio.

Voll sei das Lob; klangvoll,
freudig und geziemend
des Geistes Jubellied.

Dies enim solemnis agitur,
in qua mensae prima recolitur
huius institutio.

Denn der Tag wird festlich begangen,
an dem die Einsetzung
dieses Mahles gefeiert wird.

In hac mensa novi Regis,
novum Pascha novae legis,
phase vetus terminat.

In diesem Mahl des neuen Königs
hat das neue Pascha des neuen
Gesetzes die alte Zeit beendet.

Vetustatem novitas,
umbram fugat veritas,
noctem lux eliminat.

Das Alte weicht dem Neuen,
der Schatten der Wahrheit,
das Licht vertreibt die Nacht.

Quod in cena Christus gessit,
faciendum hoc expressit
in sui memoriam.

Was im Mahl Christus getan hat,
das soll nach seinem Willen
zu seinem Gedächtnis geschehen.

Docti sacris institutis,
panem, vinum in salutis
consecramus hostiam.

Belehrt durch heilige Anordnungen,
weihen wir Brot und Wein
zur Opfergabe des Heiles.

Dogma datur christianis,
quod in carnem transit panis,
et vinum in sanguinem.

Der Glaube lehrt die Christen,
dass zu Fleisch wird Brot
und Wein zu Blut.

Quod non capis, quod non vides,
animosa firmat fides,
praeter rerum ordinem.

Was du nicht begreifen und nicht
sehen kannst, hält ein starker
Glaube gegen die natürliche
Ordnung der Dinge fest.

Sub diversis speciebus,
signis tantum, et non rebus,
latent res eximiae.

Unter verschiedenen Gestalten,
die nur Zeichen, nicht der
Wirklichkeit entsprechen,
verbergen sich große Dinge.

Caro cibus, sanguis potus:
manet tamen Christus totus
sub utraque specie.

Das Fleisch als Speise und das Blut
als Trank; dennoch bleibt der ganze
Christus in jeder der beiden Gestalten.

A sumente non concisus,
non confractus, non divisus:
integer accipitur.

Von dem, der davon nimmt, wird
er nicht zerstückelt, nicht
zerbrochen und nicht geteilt,
sondern unversehrt empfangen.

Sumit unus, sumunt mille:
quantum isti, tantum ille:
nec sumptus consumitur.

Es nimmt einer und es nehmen
tausend: wieviel diese erhalten,
soviel auch jener, doch er bleibt
durch den Genuss unversehrt.

Sumunt boni, sumunt mali:
sorte tamen inaequali,
vitae vel interitus.

Davon nehmen Gute, davon nehmen
Böse, doch mit ungleichem Los
zum Leben oder zum Untergang.

Mors est malis, vita bonis:
vide paris sumptionis
quam sit dispar exitus.

Tod für die Bösen, Leben für die Guten.
Siehe, welch ungleicher Ausgang
denen zukommt, die von
dem Gleichen nehmen.

Fracto demum sacramento,
ne vacilles, sed memento
tantum esse sub fragmento,
quantum toto tegitur.

Wenn schließlich das Zeichen (der
Hostie) gebrochen wurde, zweifle
nicht, sondern denke daran: in
einem Bruchteil davon ist ebenso
viel enthalten wie im ganzen Stück.

Nulla rei fit scissura:
signi tantum fit fractura,
qua nec status, nec statura
signati minuitur.

Es geschieht keine Vernichtung
der Wirklichkeit, nur das Zeichen
wird gebrochen, wodurch weder der
Zustand noch die Gestalt des
Bezeichneten gemindert wird.

Ecce panis Angelorum,
factus cibus viatorum:

Siehe, das Brot der Engel
ist zum Brot der Pilger geworden.

vere panis filiorum, non mittendus canibus.	Es ist wahrhaft das Brot der Söhne und Töchter und darf nicht den Hunden hingeworfen werden.
In figuris praesignatur, cum Isaac immolatur, Agnus Paschae deputatur, datur manna patribus.	In Bildern wurde es vorgezeichnet, als Isaak geopfert wurde, als das Paschalamm geschlachtet und den Vätern Manna gereicht wurde.
Bone pastor, panis vere, Iesu, nostri miserere: tu nos pasce, nos tuere, tu nos bona fac videre in terra viventium.	Guter Hirte, wahres Brot, Jesus, erbarme dich unser. Du, weide uns und sieh auf uns, lass uns Gutes sehen im Land der Lebenden.
Tu qui cuncta scis et vales, qui nos pascis hic mortales: tuos ibi commensales, cohaeredes et sodales fac sanctorum civium.	Du, der du alles weißt und vermagst, der du uns Sterbliche hier weidest, mache die Deinen dort zu Tischgenossen, Miterben und Gefährten der heiligen Bewohner.
Amen. Alleluia.	Amen. Alleluia.

Offertorium *Portas caeli* (Ps 77/78,23.24.25)

Portas caeli aperuit Dominus: et pluit illis manna, ut ederent: panem caeli dedit illis: panem Angelorum manducavit homo, alleluia.	Die Pforten des Himmels öffnete der Herr, und er ließ ihnen Manna regnen, damit sie davon essen. Das Brot des Himmels gab er ihnen, das Brot der Engel aß der Mensch, alleluia.

3. Herz-Jesu-Fest

Die Verehrung des am Kreuz geöffneten Herzens Jesu als Symbol der bedingungslosen Liebe und Hingabe Jesu bis zum Tod findet sich bereits bei den Kirchenvätern, erlebte einen starken Auftrieb durch die Mystik des 13. und 14. Jhs. und wirkte dann weiter bis tief in die

Neuzeit hinein. Rom verhielt sich – wie bei anderen Ideenfesten auch – lange Zeit abwartend bis skeptisch, bis schließlich Papst Pius IX. im Jahr 1856 ein eigenes Fest verbindlich für die ganze Kirche vorschrieb. Die meisten Propriumsgesänge dieser Festmesse sind neogregorianische Kompositionen aus den 20er Jahren des 20. Jhs., die sich aber großenteils an alten, authentisch gregorianischen Vorbildern orientieren.

Dies gilt bereits für den Introitus *Cogitationes Cordis eius*, der sich zu Beginn eng an den Introitus *Domine, refugium* vom Dienstag in der ersten Fastenwoche, im weiteren Verlauf mehr an den Introitus *Laetare Ierusalem* vom Vierten Fastensonntag anlehnt. Das Graduale *Dulcis et rectus Dominus* ist weitestgehend eine ziemlich notengetreue Übernahme der Melodie des Graduale *Ecce quam bonum* vom XXVIII. Sonntag im Jahreskreis. Bezeichnenderweise wird in beiden Gradualia die Liebe thematisiert: im älteren Vorbild die geschwisterliche Liebe, in der jüngeren Adaptation (in neutestamentlicher Deutung) die Liebe Jesu, der Sünder und Demütige auf den rechten Weg führt. Ob wohl der neuzeitliche Bearbeiter des Graduale *Dulcis et rectus Dominus* damit zum Ausdruck bringen wollte, dass der von Jesus vorgezeichnete Weg die sicherste Garantie für liebevollen geschwisterlichen Umgang ist?

Im Alleluia mit Vers *Tollite iugum meum* – ebenfalls eine neogregorianische Komposition des 20. Jhs. – ergeht an die Jünger Jesu die Einladung zur Kreuzesnachfolge, um von Jesu Güte und Demut zu lernen und so Frieden für die eigene Seele zu finden. Der weiträumige und großenteils melismatische Melodieverlauf ist sehr geeignet, die spirituelle Tiefe dieses Textes auszuloten. Das hier vorgesehene Offertorium *Improperium exspectavit*, der einzige Gesang aus der Blütezeit gregorianischer Kompositionskunst, wurde bereits im Zusammenhang des Messpropriums des Palmsonntags, wo es seinen ursprünglichen Ort hat, kommentiert. In der Communio *Unus militum* schließlich, einer Adaptation der Communio *Qui biberit aquam*, die sich in den alten Handschriften im Messproprium des Freitags der dritten Fastenwoche findet, wird der Blick auf die Durchbohrung des Herzens Jesu am Kreuz gelenkt und damit auf einen zentralen Aspekt christlicher Glaubensüberlieferung, derzufolge das durchbohrte Herz Jesu seit der Zeit der Kirchenväter als Ursprung und Quelle der Sakramente und der Kirche gedeutet wird.

GESANGSTEXTE

Introitus *Cogitationes Cordis eius* (Ps 32/33,11.19; V. Ps 32/33,1)

Cogitationes Cordis eius in generatione et generationem: ut eruat a morte animas eorum et alat eos in fame.	Die Gedanken seines Herzens währen von Geschlecht zu Geschlecht, damit er ihre Seelen dem Tod entreiße und sie in der Hungersnot nähre.
V. Exsultate, iusti, in Domino: rectos decet collaudatio.	V. Jubelt, ihr Gerechten, im Herrn, den Redlichen ziemt der Lobpreis.

Graduale *Dulcis et rectus* (Ps 24/25,8; V. Ps 24/25,9)

Dulcis et rectus Dominus: propter hoc legem dabit delinquentibus in via.	Gütig und aufrichtig ist der Herr, deshalb gibt er den Sündern das Gesetz auf dem Weg.
V. Diriget mansuetos in iudicio, docebit mites vias suas.	V. Er leitet die Sanften im Recht und lehrt die Milden seine Wege.

Alleluia mit Vers *Tollite iugum meum* (Mt 11,29)

Alleluia.	Alleluia.
V. Tollite iugum meum super vos, et discite a me, quia mitis sum et humilis corde, et invenietis requiem animabus vestris.	V. Nehmt mein Joch auf euch und lernt von mir, denn ich bin sanft und demütig von Herzen. So werdet ihr Ruhe finden für eure Seelen.

Communio *Unus militum* (Joh 19,34; V. Ps 88/89,2)

Unus militum lancea latus eius aperuit,	Einer der Soldaten öffnete mit der Lanze seine Seite,

et continuo exivit sanguis et aqua.	und sogleich flossen Blut und Wasser hervor.
V. Misericordias Domini in aeternum cantabo.	V. Das Erbarmen des Herrn will ich in Ewigkeit besingen.

4. Christkönigssonntag

Das Christkönigsfest, das jüngste der Ideenfeste, wurde erst 1925 unter Papst Pius XI. eingeführt. Es hat sowohl einen dogmengeschichtlichen als auch einen im ersten Drittel des 20. Jhs. aktuell politischen Hintergrund. Äußerer Anlass war die 1600-Jahr-Feier des Ersten Allgemeinen Konzils von Nicäa im Jahr 325. Andererseits versteht sich die Einführung eines eigenen Festes der Königsherrschaft Christi als Antwort des Papstes auf den in Europa immer mehr um sich greifenden Faschismus. Das Proprium dieser Festmesse enthält ohne jede Ausnahme neogregorianische Gesänge des 20. Jhs., wobei es sich aber jeweils um Adaptationen älterer Vorbilder handelt.

So zeigt der Introitus *Dignus est Agnus* eine weitgehende Übernahme der Melodie des Introitus *Dum sanctificatus fuero* des Mittwochs der vierten Fastenwoche. Der Adaptation kann man bescheinigen, den Erfordernissen des Textes auf bestmögliche Weise gerecht geworden zu sein. Ähnliches gilt für das Graduale *Dominabitur,* das eine Adaptation des Graduale *Omnes de Saba venient* von Epiphanie darstellt, auch wenn hier der melodische Höhepunkt bei „Et adorabunt eum …“ (Und anbeten werden ihn …) im Solovers, den Vergleich mit der entsprechenden Passage „Surge et illuminare“ (Steh auf und werde licht!) im Original nicht aushält.

Das Alleluia mit Vers *Potestas eius* orientiert sich weitestgehend am Alleluia mit Vers *Christus resurgens,* das in den alten Handschriften unterschiedlichen Tagen der Osterwoche bzw. unterschiedlichen Sonntagen der Osterzeit zugewiesen ist. Auch hier lassen sich kaum schwerwiegende Verstöße gegen das Wort-Ton-Verhältnis feststellen. Die Melodie des Offertoriums *Postula a me* setzt sich vor allem aus

Passagen zweier unterschiedlicher Gesangsstücke aus alter Zeit zusammen, nämlich des Offertoriums *Tui sunt caeli* der Tagesmesse von Weihnachten und des Offertoriums *Laetentur caeli* der Mitternachtsmesse von Weihnachten. Ein Vergleich mit diesen Originalstücken zeigt, dass durch das Adaptationsverfahren zwar manche Textsilben etwas anders gewichtet werden, aber im Großen und Ganzen doch den Erfordernissen des Textes genügend Rechnung getragen wurde.

Die Communio *Sedebit Dominus* schließlich ist eine weitgehende Adaptation der adventlichen Communio *Ecce Dominus veniet*. Die Melodieführung hebt die drei Sinnspitzen des Textes „Rex in aeternum" (König auf ewig), „benedicet populo suo" (er wird sein Volk segnen) und „in pace" (im Frieden) klar hervor. Die frohe Botschaft dieses Textes aus Psalm 28/29 in neutestamentlicher Deutung und im liturgischen Kontext des Christkönigsfestes lautet: Das Königtum Christi ist keine Schreckensherrschaft, sondern ein Königtum des Friedens zum Segen aller Menschen und der ganzen Schöpfung.

GESANGSTEXTE

Introitus *Dignus est Agnus* (Offb 5,12; 1,6; V. Ps 71/72,1)

Dignus est Agnus, qui occisus est, accipere virtutem, et divinitatem, et sapientiam, et fortitudinem, et honorem. Ipsi gloria et imperium in saecula saeculorum.	Würdig ist das Lamm, das getötet wurde, zu empfangen Macht und Gottheit und Weisheit und Kraft und Ehre. Ihm sei Herrlichkeit und Herrschaft in alle Ewigkeit.
V. Deus, iudicium tuum Regi da: et iustitiam tuam Filio Regis.	V. Gott, dein Gericht gib dem König, und dein gerechtes Walten dem Königssohn.

Graduale *Dominabitur* (Ps 71/72,8; V. Ps 71/72,11)

Dominabitur a mari usque ad mare, et a flumine usque ad terminos orbis terrarum.	Er wird herschen von Meer zu Meer und vom Strom bis zu den Enden des Erdkreises.

V. Et adorabunt eum omnes reges terrae: omnes gentes servient ei.	V. Und anbeten werden ihn alle Könige der Erde, alle Völker ihm dienen.

Alleluia mit Vers *Potestas eius* (Dan 7,14)

Alleluia.	Alleluia.
V. Potestas eius, potestas aeterna, quae non auferetur: et regnum eius, quod non corrumpetur.	V. Seine Herrschaft ist eine ewige Herrschaft, die (ihm) nicht weggenommen wird. Und sein Königtum wird nicht zugrunde gehen.

Offertorium *Postula a me* (Ps 2,8)

Postula a me, et dabo tibi gentes hereditatem tuam, et possessionem terminos terrae.	Fordere von mir, und ich gebe dir die Völker zum Erbe, und zum Besitz die Enden der Erde.

Communio *Sedebit Dominus* (Ps 28/29,10.11; V. Ps 28/29,1)

Sedebit Dominus Rex in aeternum: Dominus benedicet populo suo in pace.	Der Herr thront als König in Ewigkeit, der Herr segnet sein Volk mit Frieden.
V. Afferte Domino, filii Dei: afferte Domino filios arietum.	V. Bringt dem Herrn, ihr Söhne Gottes, bringt dem Herrn junge Widder dar!

5. Kirchweihfest

Ein eigenes Fest für die Weihe einer Kirche bzw. für deren Jahresgedächtnis ist bereits in der christlichen Antike bezeugt, zuerst in Jerusalem um das Jahr 400. Von dort gelangte es bald nach Rom und breitete sich im ganzen Abendland aus. In den ältesten gregorianischen Handschriften mit musikalischer Notation, so im Cantatorium St. Gallen 359 und im Codex 239 von Laon – beide aus dem ersten Drittel des 10. Jhs. –, sind die für dieses Fest vorgesehenen Messgesänge dem Jahresgedächtnis der Weihe des römischen Pantheons von einem heidnischen Tempel zu einer christlichen Kirche zu Ehren der Gottesmutter Maria und aller heiligen Martyrer (Dedicatio Basilicae Sanctae Mariae ad Martyres) gewidmet. In anderen gregorianischen Handschriften, so schon im Codex 121 von Einsiedeln aus der zweiten Hälfte des 10. Jhs., ist dieses Messproprium nur noch mit dem allgemeinen Titel „In Dedicatione Ecclesiae" (zur Weihe einer Kirche) versehen, woraus man schließen kann, dass sich die in den drei genannten Handschriften übereinstimmend angeführten Propriumsgesänge sehr bald für die Weihefeste aller Kirchen durchsetzten. In der Tat ist dies das klassische und einzige Messproprium des Kirchweihfestes bis zur Liturgiereform nach dem Zweiten Vatikanischen Konzil geblieben. Während heute, als Frucht der Liturgiereform, eine größere Anzahl von Gesängen angeboten wird, beschränken wir uns hier auf die seit alter Zeit überlieferte klassische Kirchweihmesse.

Der Introitus *Terribilis est locus iste* beschreibt das Besondere des „ehrfurchtgebietenden Ortes", nämlich jene Dimension, die Himmel und Erde verbindet und in den Bereich des Göttlichen hineinragt. So sind denn auch in der Melodieführung die entsprechenden Sinnschwerpunkte des Textes „domus Dei" (Haus Gottes), „porta caeli" (Pforte des Himmels) und „aula Dei" (Vorhof Gottes) klar und markant hervorgehoben.

Auch das Graduale *Locus iste* vertieft in seinem Chorstück den sakramentalen Charakter der Kirche („inaestimabile sacramentum") als Nahtstelle zwischen Himmel und Erde und verweist andererseits in seinem Solovers auf die Liturgie des Himmels, die durch die teilweise reiche melismatische Ausgestaltung der Textpassage „Deus, cui adstat Angelorum chorus" (Gott, vor dir steht der Chor der Engel) hörbar gemacht wird. Der Gedanke der Einheit irdischer und himmlischer Liturgie hat in diesem Graduale einen musikalisch-künstlerisch vollendeten Ausdruck gefunden.

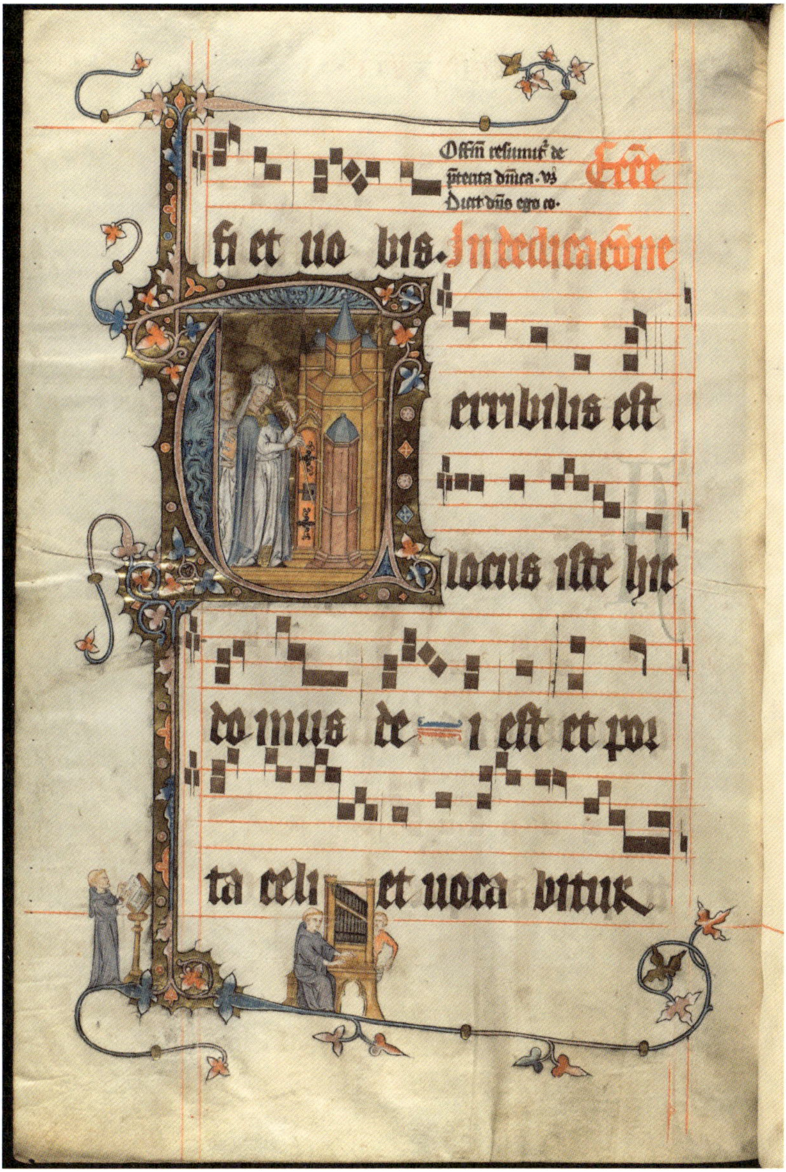

Introitus *Terribilis est* aus dem „Wettinger Graduale“, fol. 175v, 1330-35, Aarau, Aargauer Kantonsbibliothek, MsWettFm 1

Im Alleluia mit Vers *Adorabo* wird das Gebäude der Kirche als Ort der Anbetung und des Lobpreises Gottes besungen, dies mit ausgeprägten Melismata bei den textlichen Sinnspitzen „adorabo“ (ich will anbeten ...) und „confitebor“ (ich will preisen ...). Das Offertorium *Domine Deus, in simplicitate* hebt den Gedanken der Kirche als der in der Feier der Liturgie versammelten Gemeinschaft der Glaubenden hervor. Von freudiger Bereitschaft zur Ganzhingabe und übergroßer Freude an der liturgischen Gemeinschaft ist hier die Rede, und dies unterstreicht der Komponist bei den Textstellen „laetus obtuli universa“ (... habe ich freudig alles hingegeben) und „vidi cum ingenti gaudio“ ([und dein Volk, das versammelt ist] sah ich mit übergroßer Freude) mit unüberhörbarer Emphase. Wie der Alleluiavers beschreibt auch die Communio *Domus mea* die Kirche als Ort des Gebetes, zugleich aber auch als Ort der Geborgenheit und Zuflucht, an dem die Bittenden erhört werden, die Suchenden finden und den Anklopfenden aufgetan wird.

GESANGSTEXTE

Introitus *Terribilis est locus iste* (cf. Gen 28,17.22; V. Ps 83/84,2f.)

Terribilis est locus iste: hic domus Dei est, et porta caeli: et vocabitur aula Dei.	Ehrfurchtgebietend ist dieser Ort: Hier ist das Haus Gottes und die Pforte des Himmels, und er wird Vorhof Gottes genannt werden.
V. Quam dilecta tabernacula tua, Domine virtutum: concupiscit, et deficit anima mea in atria Domini.	V. Wie liebenswert sind deine Zelte, Herr der Mächte. Es verlangt und vergeht meine Seele nach den Höfen des Herrn.

Graduale *Locus iste* (cf. Gen 28,17)

Locus iste a Deo factus est, inaestimabile sacramentum, irreprehensibilis est.	Dieser Ort ist von Gott geschaffen, ein unschätzbares Geheimnis und untadelig ist es.

V. Deus, cui adstat Angelorum chorus, exaudi preces servorum tuorum.	V. Gott, vor dir steht der Chor der Engel, erhöre die Bitten deiner Diener.

Alleluia mit Vers *Adorabo* (Ps 137/138,2)

Alleluia.	Alleluia.
V. Adorabo ad templum sanctum tuum: et confitebor nomini tuo.	V. Anbeten will ich zu deinem heiligen Tempel hin und preisen deinen Namen.

Offertorium *Domine Deus, in simplicitate* (1 Chr 29,17f.)

Domine Deus, in simplicitate cordis mei laetus obtuli universa: et populum tuum, qui repertus est, vidi cum ingenti gaudio: Deus Israel, custodi hanc voluntatem, Domine Deus.	Herr und Gott, in der Einfachheit meines Herzens bringe ich freudig alles zum Opfer dar. Und das Volk, das versammelt ist, sehe ich mit übergroßer Freude. Gott Israels, erhalte diesen Willen, Herr und Gott.

Communio *Domus mea* (Mt 21,13; 7,8; V. Ps 83/84,5)

„Domus mea, domus orationis vocabitur", dicit Dominus: „in ea omnis, qui petit, accipit: et qui quaerit, invenit, et pulsanti aperietur."	„Mein Haus soll ein Haus des Gebetes genannt werden", spricht der Herr. „Jeder, der in ihm bittet, empfängt, und wer sucht, der findet, und wer anklopft, dem wird aufgetan."
V. Beati qui habitant in domo tua: in saecula saeculorum laudabunt te.	V. Selig, die in deinem Hause wohnen, in alle Ewigkeit werden sie dich loben.

Hinweis: Eine Einspielung der hier behandelten Messproprien ist zu finden auf der CD *Caritas Dei diffusa est. Die Hochfeste Dreifaltigkeit, Fronleichnam, Herz Jesu, Christkönig und Kirchweihe im Gregorianischen Choral.* Schola Gregoriana Monacensis, Leitung: Johannes B. Göschl, ISBN 978-3-8306-7864-9.

ANHANG: DAS GREGORIANISCHE ORDINARIUM MISSAE

Das gregorianische Ordinarium Missae, das die Gesänge *Kyrie, Gloria, Credo, Sanctus* und *Agnus Dei* sowie den Entlassruf *Ite missa est* umfasst, unterscheidet sich in vielerlei Hinsicht von den Gesängen des gregorianischen Proprium Missae. Während in letzteren von Tag zu Tag, von Fest zu Fest wechselnde, gegebenenfalls auf die Thematik der jeweiligen Eucharistiefeier abgestimmten Texte vertont wurden, enthalten die Gesänge des Ordinarium Missae stets dieselben Texte. Diese Einschränkung in Bezug auf das Textrepertoire erweist sich aber andererseits auch als Vorzug, der sich in einer Vielzahl von Vertonungen der immer gleichbleibenden Texte äußert, und dies im Unterschied zu den Propriumsgesängen der Messe, die – von wenigen Ausnahmen abgesehen – in der jeweiligen Gesangsart (Introitus, Graduale usw.) nur eine einzige Melodie für den betreffenden Text aufweisen.

Ein anderer, bedeutsamer Unterschied betrifft das Alter und die Entstehungsgeschichte der Ordinariumsgesänge. Die Rede ist von einem Zeitraum von etwa 1000 Jahren. So gibt es einige Ordinariumsgesänge, die schon in frühester Zeit entstanden sind und dann bis zu ihrer ersten schriftlichen Aufzeichnung mündlich überliefert wurden, wie z. B. die Gesänge der sog. Missa mundi mit Kyrie XVI, Gloria XV, Sanctus und Agnus Dei XVIII der Vatikanischen Choralausgabe (Editio Vaticana). Andere Ordinariumsgesänge wiederum stammen aus viel späterer Zeit, wie u. a. die meisten Gesänge der sog. Missa de angelis, Nr. VIII inklusive Credo III der Editio Vaticana, die im Zeitraum vom 15. bis 17. Jh. entstanden sind. Mit dieser chronologischen Einordnung ist ein wesentlicher Unterschied zu den

Propriumsgesängen der Messe angesprochen, deren Kernrepertoire spätestens im 9. Jh. abgeschlossen ist.

Die Entstehungsgeschichte der Ordinariumsgesänge über einen Zeitraum von ca. 1000 Jahren ist auch einer der Hauptgründe für ihre deutlich ausgeprägte stilistische Heterogenität, und dies wiederum im Unterschied zu den Propriumsgesängen, die bei aller dem jeweiligen Text geschuldeten Individualität ein hohes Maß an stilistischer Homogenität aufweisen. So finden sich unter den Ordinariumsgesängen einige von sehr einfacher Machart, wie z. B. die Gesänge der oben genannten Missa mundi, deren hohes Alter nicht zuletzt durch sehr einfache, archaische modale Strukturen ausgewiesen ist. Dann gibt es Gesänge, die sich seit dem 8. Jh. unter dem Einfluss des sog. Oktoechos, der Lehre von den acht Modi (= Kirchentonarten), mit einer sehr viel reicheren melodischen Ausstattung bis hin zu weitläufigen melismatischen Ausformungen präsentieren, was vor allem bei einigen *Kyrie* festzustellen ist, deren Tonumfang zudem gelegentlich beträchtlich, bis zu einer Duodezime, erweitert sein kann. Schließlich lassen einige Ordinariumsgesänge der Spätzeit schon eine deutliche Tendenz zur tonalen Musik erkennen, was wiederum vor allem auf die Gesänge der Missa de angelis inklusive Credo III der Editio Vaticana zutrifft.

Nicht unerwähnt bleiben soll, dass die Zusammenstellung der Ordinariumsgesänge zu ganzen „Messzyklen“ in den aktuellen Choralausgaben nicht ursprünglich, sondern letztlich erst im Zusammenhang mit der Vorbereitung und Erarbeitung des *Kyriale Romanum* der Editio Vaticana von 1905 erfolgt ist. Ähnliches ist von der (nicht obligatorischen) Zuweisung dieser Messzyklen zu bestimmten Festen bzw. bestimmten Zeiten des Kirchenjahres zu sagen. Und nicht zuletzt sei noch darauf hingewiesen, dass die im Kyriale Romanum veröffentlichten Ordinariumsgesänge mit insgesamt 18 „Messen“, 6 Credos und weiteren 20 *Cantus ad libitum* nur einen geringen Teil des gesamten seit dem Mittelalter überlieferten Repertoires abdecken.

Im Allgemeinen gelten die gregorianischen Ordinariumsgesänge als ein Repertoire von unterschiedlicher regionaler Herkunft, das dem Empfinden des Volkes näher steht als ein Großteil der Propriumsgesänge, die als vergleichsweise strenger wahrgenommen werden. In der Tat ist das Ordinarium Missae von seiner ursprünglichen Bestimmung her ein Volksgesang, der sich allerdings im Laufe der Zeit mehr und mehr zu einem Gesang für geschulte Sängergruppen entwickelt hat. Wie dem auch sei: Die größere „Popularität" der Ordinariumsgesänge schließt nicht aus, dass unter ihnen kostbare Perlen gregorianischer Kompositionskunst zu finden sind, die zum Teil eine große Herausforderung der Sänger/innen unter dem zweifachen Aspekt der stimmlichen Beanspruchung und einer genuin gregorianischen Interpretation darstellen.

Kyrie

Das *Kyrie* wurde im 5. Jh. aus der griechischen Liturgie in die Messe des römischen Ritus übernommen, ohne dass der griechische Text ins Lateinische übertragen worden wäre. Zu Anfang war es als Teil einer Litanei der Antwortruf der Gemeinde auf einzelne solistisch vorgetragene Gebetsintentionen. Etwas später, wohl unter Papst Gregor dem Großen (590–604), wurde es aus dem Kontext der Litanei herausgelöst und entwickelte sich zu einer selbständigen musikalischen Form. Von Anfang an eher ein an Christus gerichteter Huldigungsruf, wurde es seit dem 8./9. Jh. zu einem Lobpreis der drei göttlichen Personen mit drei an Gott Vater gerichteten *Kyrie*, drei an Christus gerichteten *Christe* und drei an den Hl Geist gerichteten *Kyrie*. Aber von Anfang an war der Lobpreis Gottes immer auch verbunden mit der Bitte um sein Erbarmen (eleison = erbarme dich!).

Je mehr das *Kyrie* zu einer selbständigen musikalischen Form wurde, desto mehr entwickelte es sich aus einem schlichten, überwiegend syllabisch geformten Antwortruf (wie etwa im Kyrie XVI)

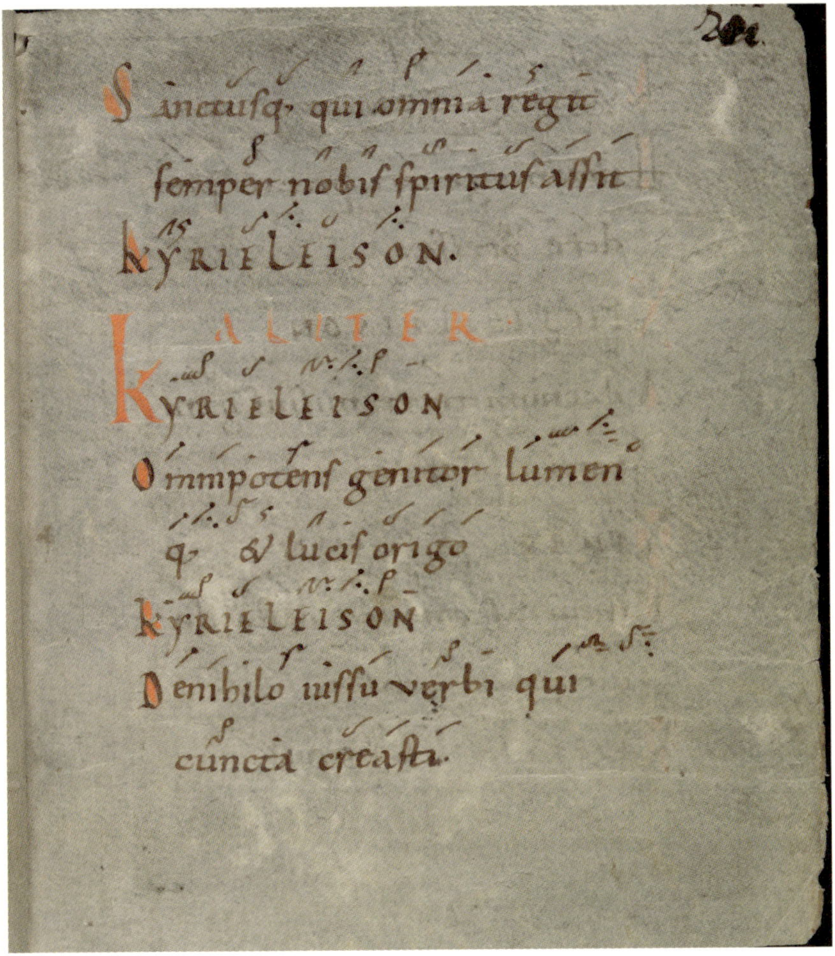

Kyrie I der Vaticana aus St. Gallen Codex 484, p. 211,
1. Drittel 10. Jh., Stiftsbibliothek St. Gallen

zu einem melodisch reich ausgestalteten Gesang von geradezu lyrischem Charakter, der geschulten Sängergruppen vorbehalten war (und ist). Charakteristisch dafür ist bei allen musikalisch entwickelten Kyrie-Melodien ein mehr oder weniger ausgeprägtes Melisma über den beiden angrenzenden e-Silben *Kyrie eleison,* die von Anfang an zu einer einzigen Silbe zusammengezogen wurden. Und je tonreicher sich die musikalische Form entfaltete, desto mehr ist auch die Tendenz zu einer beträchtlichen Ausweitung des Tonumfangs, mitunter bis zu einer Duodezime, erkennbar, so z. B. bei Kyrie ad libitum VI (= I A Pro Dominicis) und Kyrie ad libitum I, Kyrie VI sowie Kyrie IX und X.

Bei manchen Kyrie-Melodien ist unschwer zu erkennen, dass sie Varianten ein und derselben Grundmelodie sind, so Kyrie ad libitum X (= XI A) und Kyrie XI B, Kyrie ad libitum XI (= XVII A) und Kyrie XVII B sowie Kyrie X und Kyrie IX. Dabei ist grundsätzlich die A-Fassung die ältere, die B-Fassung eine etwas jüngere und tonreichere Bearbeitung. Auch Kyrie X ist in den mittelalterlichen Quellen als etwas älter bezeugt als Kyrie IX und präsentiert sich zudem etwas schlichter als letzteres. Kyrie ad libitum VI (= I A) schließlich zeigt im ersten und dritten *Kyrie* sowie im ersten und dritten *Christe* auffallende Ähnlichkeit mit Kyrie I, geht aber im übrigen eigene Wege.

Seit der Liturgiereform nach dem 2. Vatikanum können die drei Anrufungen – 3mal *Kyrie,* 3mal *Christe,* 3mal *Kyrie* – auf je zwei reduziert werden, es sei denn die kompositorische Struktur verlangt die je dreifache Ausführung.

Fast alle Kyrie der Editio Vaticana tragen einen lateinischen Titel, z. B. *Lux et origo, Cum iubilo, Orbis Factor* usw. Diese Titel stellen den Beginn des jeweiligen Tropustextes dar und erinnern daran, dass seit dem 9./10. Jh. viele Kyrie-Melodien tropiert wurden, d. h. dass den einzelnen Tönen des Kyrie-Melismas ein frei gedichteter Text unterlegt wurde. Dabei ist es manchmal nicht leicht zu sagen, was früher war: die „reine" Kyrie-Melodie oder die tropierte Form.

Kyrie eleison,	Herr, erbarme dich,
Christe eleison,	Christus, erbarme dich,
Kyrie eleison.	Herr, erbarme dich.

Gloria

Das Gloria, auch *Hymnus angelicus* genannt wegen seines Einleitungsteils, dessen Text an den Gesang der Engel über dem Stall von Betlehem – nach Lukas 2,14 – erinnert, geht wohl in Teilen auf ein griechisches Original des 2. Jhs. zurück. Der endgültige und aktuelle Text stammt aus dem 9. Jh. Er setzt sich in seinem Hauptteil aus zwei Strophen zusammen, deren erste einen Lobpreis auf Gott Vater und deren zweite einen Lobpreis auf Christus enthält und die schließlich im Schlussteil mit einem erneuten Lobpreis auf Christus und der Nennung des Hl. Geistes in eine trinitarische Doxologie mündet. Zu Anfang war das Gloria den Bischofsmessen vorbehalten. Heute ist es für die Messen aller Sonntage außerhalb der Advents- und Fastenzeit sowie für die Messen an Festen und Hochfesten obligatorisch vorgeschrieben.

Unter kompositorisch-stilistischem Aspekt ist auch hier eine Entwicklung aus sehr einfachen, psalmodisch-rezitativischen Formen, wie z. B. im Gloria XV der Editio Vaticana, bis hin zu musikalisch reich ausgestalteten Melodien festzustellen. Letztere verzichten zwar meist auf ausgeprägtere melismatische Ausschmückungen, andererseits zeigt sich in ihnen eine gewisse Tendenz zur Ausweitung des Tonraumes, gelegentlich über eine Dezime hinaus, wie z. B. in Gloria II und IX sowie ganz besonders in Gloria ad libitum I, das Papst Leo IX. (1049–1054) zugeschrieben wird. Und bei den späten Gloria-Vertonungen kündigt sich bereits eine klar tonal ausgerichtete Melodieführung an, wie am deutlichsten im Gloria der Missa de angelis (Nr. VIII der Editio Vaticana) zu sehen (und zu hören) ist.

Ein Sonderfall ist das Gloria IV ad libitum (*More ambrosiano*), dessen überwiegend rezitativische Melodieführung im Wechsel mit insgesamt sechs Interpunktionsmelismata auf den ersten Blick auf ein hohes Alter hinzudeuten scheint. In Wirklichkeit handelt es sich um eine sehr späte, textlich verkürzte und modifizierte Adaptation des Hymnus *Laus magna angelorum*, der seinen Ort nicht in der Messe hatte, sondern im Offizium, genauer: in der Matutin. Die lateinische Fassung ist erstmals in einem irischen Antiphonar des 7. Jhs. bezeugt. In einer Handschrift von Mailand aus dem 12. Jh. sind Text und Melodie des lateinischen Hymnus unverkürzt wiedergegeben, und in der ambrosianischen Liturgie von heute ist der Hymnus wieder vorgesehen: unverkürzt im Offizium, in verkürzter Form als Gloria in der Messe. Wichtige Informationen zur Frage der Herkunft dieses Gloria verdanke ich meinem italienischen Kollegen Claudio Accorsi.

Gloria in excelsis Deo	Ehre sei Gott in der Höhe
et in terra pax hominibus	und Friede auf Erden den Menschen,
bonae voluntatis.	die guten Willens sind.
Laudamus te,	Wir loben dich,
benedicimus te,	wir preisen dich,
adoramus te,	wir beten dich an,
glorificamus te,	wir rühmen dich
gratias agimus tibi	und danken dir,
propter magnam gloriam tuam,	denn groß ist deine Herrlichkeit.
Domine Deus, Rex caelestis,	Herr und Gott, König des Himmels,
Deus Pater omnipotens.	Gott, allmächtiger Vater.
Domine Fili unigenite,	Herr, eingeborener Sohn,
Jesu Christe,	Jesus Christus,
Domine Deus, Agnus Dei,	Herr und Gott, Lamm Gottes,
Filius Patris,	Sohn des Vaters,
qui tollis	du nimmst hinweg
peccata mundi,	die Sünden der Welt:
miserere nobis;	erbarme dich unser;
qui tollis	du nimmst hinweg
peccata mundi,	die Sünden der Welt:
suscipe deprecationem nostram.	nimm an unser Gebet;

Qui sedes	du sitzest
ad dexteram Patris,	zur Rechten des Vaters:
miserere nobis.	erbarme dich unser.
Quoniam tu solus Sanctus,	Denn du allein bist der Heilige,
tu solus Dominus,	du allein der Herr,
tu solus Altissimus,	du allein der Höchste,
Jesu Christe,	Jesus Christus,
cum Sancto Spiritu:	mit dem Heiligen Geist, in der
in gloria Dei Patris. Amen.	Herrlichkeit Gottes des Vaters. Amen.

Credo

In die Editio Vaticana sind insgesamt sechs Vertonungen des Credos der Messe aufgenommen worden. Ihr Text stellt eine Zusammenfassung des auf den Konzilien von Nizäa (325) und Konstantinopel (381) formulierten und verkündeten Glaubensgutes dar und wird deshalb *Nizäno-Konstantinopolitanisches Glaubensbekenntnis* genannt. Erste Spuren der Einführung des Credos im Abendland führen nach Spanien, wo es erstmals gegen Ende des 5. Jhs., anfangs im Kontext der Taufliturgie, belegt ist. Sehr viel später, um 800, ist es als Bestandteil der Messe im gesamten Frankenreich zu finden. Und doch sollten noch mehr als 200 Jahre vergehen, bis auf Drängen des fränkischen Kaisers Heinrich II. auch Rom seinen Widerstand gegen die Einführung des Credos in die Messe aufgab. In der römischen Liturgie von heute ist das Credo für die Messen aller Sonntage und Hochfeste des Kirchenjahres vorgeschrieben.

Als Proklamation und Bekenntnis des Glaubens weisen alle sechs Credos der Editio Vaticana eine größtenteils syllabische Vertonung und rezitativische Melodieführung auf. Vor allem trifft dies auf Credo I, die älteste der sechs Melodiefassungen, zu sowie auf Credo II und V, die eine mit Credo I verwandte Variante darstellen, am wenigsten auf Credo VI, das nicht mehr rein syllabisch vertont ist, sondern über einzelnen Silben Gruppen von zwei bis vier Tönen aufweist.

Im Graduale Novum, Band II, wird erstmals eine Vertonung des Apostolischen Glaubensbekenntnisses (*Credo Apostolicum*) angeboten. Sein Text, der wesentlich kürzer als der des Nizäno-Konstantinopolitanischen Glaubensbekenntnisses ist, soll einer frommen Legende nach auf die Apostel zurückgehen. Er ist in der lateinischen Fassung seit dem 4. Jh. belegt, stimmt aber inhaltlich weitestgehend mit der griechischen Fassung eines gut 100 Jahre älteren Glaubensbekenntnisses überein, das Hippolyt von Rom, dem bedeutendsten abendländischen Theologen des 3. Jhs., zugeschrieben wird. Die sehr spät bezeugte Melodiefassung des *Credo Apostolicum* zeigt eine größtenteils syllabische Vertonung von geradezu psalmodischer Machart mit den wesentlichen Elementen der Psalmodie: Intonation (Initium) – Tenor – Mittelkadenz // Reintonation – Tenor – Schlusskadenz. Dass nun auch eine lateinische Version des Apostolischen Glaubensbekenntnisses mit einer entsprechenden Singfassung zur Verfügung steht, ist ein echter Fortschritt und wird wohl von mehr als nur einer Choralschola dankbar begrüßt werden.

I. Credo (Nizäno-Konstantinopolitanisches Glaubensbekenntnis)

Credo in unum Deum,	Ich glaube an den einen Gott,
Patrem omnipotentem,	den Vater, den Allmächtigen,
factorem caeli	der alles geschaffen hat,
et terrae,	Himmel und Erde,
visibilium omnium,	die sichtbare
et invisibilium.	und die unsichtbare Welt.
Et in unum Dominum	Und an den einen Herrn
Iesum Christum,	Jesus Christus,
Filium Dei unigenitum	Gottes eingeborenen Sohn,
et ex Patre natum	aus dem Vater geboren
ante omnia saecula.	vor aller Zeit:
Deum de Deo, lumen de lumine,	Gott von Gott, Licht vom Licht,
Deum verum de Deo vero.	wahrer Gott vom wahren Gott,
Genitum, non factum,	gezeugt, nicht geschaffen,
consubstantialem Patri,	eines Wesens mit dem Vater;

per quem omnia facta sunt.
Qui propter nos homines
et propter nostram salutem
descendit de caelis.
Et incarnatus est
de Spiritu
Sancto ex Maria virgine,
et homo factus est.
Crucifixus etiam pro nobis
sub Pontio Pilato,
passus et sepultus est.
Et resurrexit tertia die,
secundum Scripturas.
Et ascendit in caelum:
sedet ad dexteram Patris.
Et iterum venturus
est cum gloria,
iudicare vivos
et mortuos,
cuius regni
non erit finis.
Et in Spiritum Sanctum,
Dominum et vivificantem,
qui ex Patre
Filioque procedit.
Qui cum Patre et Filio
simul adoratur et conglorificatur:
qui locutus est
per prophetas.
Et unam, sanctam, catholicam
et apostolicam Ecclesiam.
Confiteor unum baptisma
in remissionem peccatorum.
Et exspecto resurrectionem
mortuorum, et vitam venturi
saeculi. Amen.

durch ihn ist alles geschaffen.
Für uns Menschen
und zu unserem Heil
ist er vom Himmel herabgestiegen,
hat Fleisch angenommen
durch den Heiligen Geist
von der Jungfrau Maria
und ist Mensch geworden.
Er wurde für uns gekreuzigt
unter Pontius Pilatus,
hat gelitten und ist begraben worden,
ist am dritten Tag auferstanden
nach der Schrift
und aufgefahren in den Himmel.
Er sitzt zur Rechten des Vaters
und wird wiederkommen
in Herrlichkeit,
zu richten die Lebenden
und die Toten;
seiner Herrschaft
wird kein Ende sein.
Ich glaube an den Heiligen Geist,
der Herr ist und uns lebendig macht,
der aus dem Vater
und dem Sohn hervorgeht,
der mit dem Vater und dem Sohn
angebetet und verherrlicht wird,
der gesprochen hat
durch die Propheten.
Und an die eine, heilige, katholische
und apostolische Kirche.
Ich bekenne die eine Taufe
zur Vergebung der Sünden
und erwarte die Auferstehung
der Toten und das Leben
der kommenden Welt. Amen.

II. Credo (Apostolisches Glaubensbekenntnis)

Credo in Deum.	Ich glaube an Gott,
Patrem omnipotentem,	den allmächtigen Vater,
Creatorem caeli	den Schöpfer des Himmels
et terrae.	und der Erde.
Et in Iesum Christum,	Und an Jesus Christus,
Filium eius unicum,	seinen einzigen Sohn,
Dominum nostrum,	unsern Herrn,
qui conceptus est	der, empfangen
de Spiritu Sancto,	vom Heiligen Geist, aus der
natus ex Maria Virgine,	Jungfrau Maria geboren wurde,
passus sub Pontio Pilato,	gelitten hat unter Pontius Pilatus,
crucifixus, mortuus, et sepultus,	gekreuzigt, getötet und begraben
descendit ad inferos,	wurde, der zur Unterwelt hinabfuhr,
tertia die resurrexit	am dritten Tag auferstanden
a mortuis,	ist von den Toten,
ascendit ad caelos,	der zum Himmel auffuhr
sedet ad dexteram	und zur Rechten Gottes,
Dei Patris omnipotentis,	des allmächtigen Vaters, sitzt
inde venturus est	und von dort wiederkommen wird,
iudicare vivos	zu richten die Lebenden
et mortuos.	und die Toten.
Credo in Spiritum Sanctum,	Ich glaube an den Heiligen Geist,
sanctam Ecclesiam catholicam,	die heilige katholische Kirche,
sanctorum communionem,	die Gemeinschaft der Heiligen,
remissionem peccatorum,	die Vergebung der Sünden,
carnis resurrectionem,	die Auferstehung des Fleisches
vitam aeternam. Amen.	und das ewige Leben. Amen.

Sanctus

Der zweiteilige Text des Sanctus der Messe verweist auf Jesaja 6, 3, wo die Rede ist von einer Vision des Jesaja anlässlich seiner Berufung zum Propheten, und ein Zitat aus Matthäus 21, 9, das den Huldigungsruf der Menge beim Einzug Jesu in Jerusalem vor seiner Passion wiedergibt. Die Einführung des Sanctus in die Liturgie der römischen Messe dürfte wohl schon im 4./5. Jh. erfolgt sein, obwohl seine endgültige lateinische Textfassung wohl erst aus dem 7. Jh. stammt. Unter liturgischem Gesichtspunkt ist es wichtig, das Sanctus nicht isoliert zu betrachten, sondern als Teil des Eucharistischen Hochgebetes, wo es die nahtlose Fortsetzung der vorausgehenden Präfation und die unmittelbare Überleitung zum weiteren Verlauf des Hochgebetes darstellt.

Unter musikalisch-stilistischem Aspekt ist auch hier wieder eine Entwicklung aus sehr einfachen Formen der Frühzeit, wie z. B. im Sanctus der Messe XVIII, bis hin zu melodisch aufwendigeren Vertonungen, wie z. B. in den Sanctus der Messen II, IV, VII, VIII, IX, XI, zu nennen.

Da das Sanctus von seiner liturgischen Bedeutung her eine Antwort der *ganzen* Gemeinde auf die vorausgehende Präfation ist, soll es nach Möglichkeit nicht alternierend zwischen zwei Gruppen oder zwischen Solo und Gemeinde, sondern als Ganzes von der ganzen Gemeinde bzw. – im Fall anspruchsvollerer Vertonungen – vom ganzen Chor oder von der ganzen Schola ausgeführt werden.

Sanctus, sanctus, sanctus	Heilig, heilig, heilig,
Dominus Deus Sabaoth.	Herr, Gott Zebaoth.
Pleni sunt caeli et terra	Erfüllt sind Himmel und Erde
gloria tua.	von deiner Herrlichkeit.
Hosanna in excelsis.	Hosanna in der Höhe.
Benedictus qui venit	Hochgelobt sei, der da kommt
in nomine Domini.	im Namen des Herrn.
Hosanna in excelsis.	Hosanna in der Höhe.

Agnus Dei

Das Agnus Dei der Messe ist ein Gesang, der den Ritus der Brotbrechung unmittelbar vor der Austeilung der eucharistischen Gaben an die Gläubigen begleiten soll. Ende des 7. Jhs. wurde er aus der Ostkirche in die römische Messe übernommen. Sein Text erinnert sowohl an Jesaja 53, 7, wo die Rede ist vom leidenden Gottesknecht, der wie ein Lamm zur Schlachtbank geführt wird, als auch an Joh 1, 29, wo Johannes der Täufer auf den erwarteten Messias hinweist mit den Worten: „Ecce Agnus Dei, ecce qui tollit peccata mundi" (Seht das Lamm Gottes, das hinwegnimmt die Sünden der Welt).

Einmal mehr ist auch hier wieder auf den deutlichen kompositorisch-stilistischen Unterschied zwischen sehr frühen einfachen Formen, wie im Agnus Dei der Messe XVIII, und späteren, melodisch weitläufigeren Formen, wie in den Messen II, III, V, VI, IX, XVII, hinzuweisen.

Von seinem Ursprung her weist das Agnus Dei der Messe – ähnlich wie das Kyrie der Messe – eine litaneiartige Form auf, die aus einer Anrufung Christi, des Lammes Gottes, und der Bitte des Volkes um Erbarmen und Frieden besteht. Vor diesem Hintergrund empfiehlt es sich – entgegen der herkömmlichen Praxis, nach der Intonation *Agnus Dei* mit *qui tollis* ... sofort den ganzen Chor bzw. die ganze Gemeinde einsetzen zu lassen –, den oder die Vorsänger bis inklusive ... *peccata mundi* singen zu lassen, bevor dann die Gemeinde mit dem Ruf *miserere nobis* bzw. *dona nobis pacem* den Gesang zu Ende führt. Die kompositorische Struktur auch der entwickelteren Formen würde dem nicht entgegenstehen.

Agnus Dei,	Lamm Gottes,
qui tollis	du nimmst hinweg
peccata mundi,	die Sünden der Welt,
miserere nobis.	erbarme dich unser.
Agnus Dei,	Lamm Gottes,
qui tollis	du nimmst hinweg
peccata mundi,	die Sünden der Welt,
miserere nobis.	erbarme dich unser.
Agnus Dei,	Lamm Gottes,
qui tollis	du nimmst hinweg
peccata mundi,	die Sünden der Welt,
dona nobis pacem.	gib uns Frieden.

Ite missa est

Ein Entlassruf am Ende der Messe mit dem Wortlaut *Ite missa est* scheint schon um das Jahr 400 belegt zu sein. Seine wörtliche Übersetzung ist: Geht, es ist Entlassung! Somit wird mit diesem Ruf das Ende der Messe angezeigt. Und davon stammt auch die Bezeichnung „Messe", die synonym für „Eucharistiefeier" gebraucht wird. Da unmittelbar dem *Ite missa est* der Schlusssegen der Messe vorausgeht, handelt es sich um eine Entlassung, die unter dem besonderen Schutz Gottes steht. Und da andererseits aus dem Wort „missa" auch das Wort „missio" (= Sendung) herauszuhören ist, lässt sich dieser Entlassruf auch im Sinne von Sendung und Auftrag interpretieren: Geht, ihr seid gesandt!

In der Editio Vaticana ist für alle Ordinarien, die ein Gloria enthalten, ein eigenes *Ite missa est* inklusive Antwortruf *Deo gratias* vorgesehen. Bei den restlichen Ordinarien ohne Gloria (XVI, XVII, XVIII), bei denen vor der Liturgiereform *Ite missa est* durch *Benedicamus Domino* ersetzt war, singt man nun ebenfalls *Ite missa est*, wobei jeweils die melodisch schlichte Form der Messe XV wiederholt wird.

Mit Ausnahme der Ordinarien III und XV ist die Melodie des *Ite missa est – Deo gratias* stets dem Kyrie des jeweiligen Ordinariums entlehnt, dabei meist dem ersten *Kyrie eleison*, im Ordinarium I allerdings dem vorletzten *Kyrie eleison*, und im Ordinarium VII ist es dem *Christe eleison* nachgebildet. Diese enge Beziehung zum Kyrie der jeweiligen Messe erklärt auch, warum die meisten Ite missa est melismatisch ausgestaltet sind, eben wie die betreffenden Kyrie. Dabei kann das Melisma, das im Fall des Kyrie die angrenzenden e-Silben *Kyrie eleison* (bzw. *Christe eleison*) ausschmückt, im Fall des Ite missa est – Deo gratias entweder nur über der zweiten Silbe *Ite – Deo* stehen oder sich auf die zweite und dritte Silbe *Ite missa est – Deo gratias* verteilen.

Ite missa est.	Gehet hin, ihr seid gesandt.
Deo gratias.	Dank sei Gott.

Für weiterführende Literatur zum *Ordinarium Missae* sei empfohlen: Ferdinand HABERL, *Das Kyriale Romanum. Liturgische und musikalische Aspekte,* in: Schriftenreihe des Allgemeinen Cäcilien-Verbandes für die Länder der deutschen Sprache, Band 10, Bonn/Regensburg 1975.

Zur Interpretation der Gesänge des Ordinarium Missae

Eine wichtige Anmerkung erscheint zum Schluss noch angebracht. Sie betrifft die Interpretation der Ordinariumsgesänge unter besonderer Berücksichtigung der rhythmischen Ausführung. Hier stellt sich nämlich von vornherein die Frage: Ist es sinnvoll, die in manchen frühen mittelalterlichen Quellen ab dem 10. Jh. sporadisch vorhandenen Neumennotationen der rhythmischen Gestaltung der Gesänge zu Grunde zu legen? In der Tat gibt es einige Handschriften des frühen 10. und des frühen und späten 11. Jhs. der Notationsfamilie von St. Gallen – andere Notationsfamilien sind unter rhythmischem Aspekt sehr viel weniger aussagekräftig –, die rhythmisch relevante Neumierungen für manche Ordinariumsgesänge enthalten, wie z. B. für alle Gesänge des Ordinariums I (Lux et origo) der Editio Vaticana. So können mit einigem Gewinn die Codices 381, 484 (beide frühes 10. Jh), 376, 378 (beide um 1070) und 380 (um 1080) der Stiftsbibliothek St. Gallen sowie die in einem weiteren Sinn ebenfalls der St. Galler Notationsschule zuzurechnenden Codices lit. 5, lit. 6 (beide um 1000) und lit. 7 (vor 1024) der Staatsbibliothek Bamberg und die Codices Clm 14322 und Clm 14083 (beide 1. Drittel des 11. Jhs.) der Staatsbibliothek München in Bezug auf rhythmische Differenzierungen in den dort vorhandenen Ordinariumsgesängen konsultiert werden. Ein großes Problem besteht aber darin, dass die Neumierungen dieser Handschriften an manchen Stellen nur schlecht oder gar nicht mit der Melodiefassung der Editio Vaticana in Einklang zu bringen sind. Es werden wohl noch Jahre vergehen, bis eine mit den St. Galler Neumennotationen möglichst genau übereinstimmende Melodiefassung erstellt werden kann (sofern dies überhaupt möglich ist). So bietet sich für den Moment der Kompromiss an, die rhythmisch relevanten Neumierungen der genannten Handschriften der Notationsschule von St. Gallen für die rhythmische Ausführung der Gesänge dort – und nur dort – zu Grunde zu legen, wo sie nach menschlichem Ermessen einigermaßen mit dem Melodieverlauf der Editio Vaticana korrespondieren. Für nicht wenige Ordinariumsgesänge kommt dies von vornherein nicht in Betracht, da sie in der St. Galler Notationsfamilie entweder gar nicht oder nur in sehr späten Handschriften bezeugt sind. In der Folge bedeutet dies: es empfiehlt sich, von Fall zu Fall jeweils neu zu entscheiden, ob und inwieweit es möglich und sinnvoll ist, vorhandenen Neumierungen rhythmisch aussagekräftiger Handschriften der Schreibfamilie von St. Gallen zu folgen. Ist dies der Fall, dann allerdings warten in Bezug auf die rhythmische Gestaltung einige Überraschungen, die nicht in jeder Hinsicht den vertrauten Hör- und Singgewohnheiten entsprechen dürften, die aber in den genannten Handschriften gut belegt sind.

Hinweis: Die Ordinariumsgesänge der Messe wurden auf folgenden drei CDs eingespielt: CD *Kyriale Romanum I. Ordinarium Missae I-VI im Gregorianischen Choral,* ISBN 978-3-8306-8030-7; CD *Kyriale Romanum II. Ordinarium Missae VII-XIII im Gregorianischen Choral,* ISBN 978-3-8306-8109-0; CD *Kyriale Romanum III. Ordinarium XIV-XVIII und Cantus ad libitum im Gregorianischen Choral,* ISBN 978-3-8306-8110-6. Schola Gregoriana Monacensis, Leitung: Johannes B. Göschl.

INDEX
ALLER BESPROCHENEN GESÄNGE

Die Zahlen rechts der einzelnen Gesänge beziehen sich auf die Seitenzahlen, unter denen sich im Buch die betreffenden Stellen in den Kommentartexten bzw. Gesangstexten finden. Dort wo unter den Spalten „Kommentartext" und „Gesangstext" zwei Seitenzahlen angegeben sind (was auf vier Fälle zutrifft), bedeutet dies, dass das Stück zweimal an den Sonn- und hohen Festtagen des Kirchenjahres vorkommt und folglich im Buch zweimal besprochen und mit dem betreffenden Gesangstext wiedergegeben wird. Dort wo nur unter der Spalte „Kommentartext" zwei Seitenzahlen angegeben sind (was auf zwei Fälle zutrifft), bedeutet dies, dass das betreffende Stück an zwei unterschiedlichen Stellen des Buches ausführlicher erörtert wird.

Vocem iucunditatis
Vierter Ostersonntag bis Pfingsten

Choralschola Graces & Voices
Leitung: Franz Karl Prassl

63:00 Minuten, EOS 7542, 978-3-8306-7592-1

In excelso throno
Sonntage im Jahreskreis I-V, XXXIII

Schola Gregoriana Monacensis
Leitung: Johannes B. Göschl

78:00 Minuten, EOS 7637, ISBN 978-3-8306-7637-9

Salvum me fecit
Sonntage im Jahreskreis VI-X

Consortium Vocale Oslo
Leitung: Alexander Schweitzer

76:13 Minuten, EOS 7784, ISBN 978-3-8306-7784-0

Gustate et videte
Sonntage im Jahreskreis XI-XV

Schola Gregoriana Monacensis
Leitung: Johannes B. Göschl

70:05 Minuten, EOS 7698, ISBN 978-3-8306-7698-0

Refloruit caro mea
Sonntage im Jahreskreis XVI-XX und XXXI

Schola Gregoriana Monacensis
Leitung: Johannes B. Göschl

75:55 Minuten, EOS 7770, ISBN 978-3-8306-7770-3

Mirabilia fecit Dominus
Sonntage XXI-XXV und XXXII

Consortium Vocale Oslo
Leitung: Alexander M. Schweitzer

80:12 Minuten, EOS 7819, ISBN 978-3-8306-7819-9

Testimonia tua meditatio mea
Sonntage XXVI–XXX, XXXIV

Schola Gregoriana Monacensis
Leitung: Johannes B. Göschl

71:20 Minuten, EOS 7797, ISBN 978-3-8306-7797-0

Sitivit in te anima mea
Aschermittwoch, Mariä Himmelfahrt, Allerheiligen und Totenliturgie

Schola Gregoriana Monacensis
Leitung: Johannes B. Göschl

80:33 Minuten, EOS 7847, ISBN 978-3-8306-7847-2

Caritas Dei diffusa est
Dreifaltigkeit, Fronleichnam, Herz Jesu, Christkönig, Kirchweih
Schola Gregoriana Monacensis, Leitung: Johannes B. Göschl
73:17 Minuten, EOS 7864, ISBN 978-3-8306-7864-9

Alle Einspielungen wurden auf der Grundlage des Graduale Novum vorgenommen.